Andreas Hatz

Gesellschaftlicher Wandel und Notwehrrecht

Andreas Hatz

Gesellschaftlicher Wandel und Notwehrrecht

Parallelen und Interdependenzen zwischen Notwehr und gesellschaftlich-politischer Entwicklung

Tectum Verlag

Andreas Hatz
Gesellschaftlicher Wandel und Notwehrrecht. Parallelen und Interdependenzen zwischen Notwehr und gesellschaftlich-politischer Entwicklung
Zugl. Diss. Johann Wolfgang Goethe-Universität Frankfurt 2018
D30

ISBN 978-3-8288-4308-0
eBook 978-3-8288-7244-8

Printed in Germany

Informationen zum Verlagsprogramm finden Sie unter
www.tectum-verlag.de

Bibliografische Informationen der Deutschen Nationalbibliothek
Die Deutsche Nationalbibliothek verzeichnet diese Publikation in der Deutschen Nationalbibliografie; detaillierte bibliografische Angaben sind im Internet über http://dnb.ddb.de abrufbar.

Bibliographic information published by the Deutsche Nationalbibliothek
The Deutsche Nationalbibliothek lists this publication in the Deutsche Nationalbibliografie; detailed bibliographic data are available online at http://dnb.ddb.de.

Danksagung

Die vorliegende Arbeit ist vom Promotionsausschuss der Rechtswissenschaftlichen Fakultät der Johann Wolfgang Goethe-Universität Frankfurt am Main im Sommersemester 2016 als Dissertation angenommen worden.

An dieser Stelle möchte ich meinen ganz besonderen Dank den Menschen aussprechen, ohne deren Mithilfe das Gelingen dieser Promotion niemals zustande gekommen wäre.

Mein herzlicher Dank gilt zunächst meinem Doktorvater, Herrn Prof. Dr. Cornelius Prittwitz für die Betreuung dieser Arbeit, vor allem durch die interessanten Gespräche, in denen zahlreiche Ideen entwickelt werden konnten, die mir den richtigen Blick auf die Thematik gegeben haben, die mich aber auch stets zum konsequenten Verfolgen dieser interessanten Forschungfrage bestärkt und ermutigt haben. Diese Gespräche werden mir stets als wertvolle und konstruktive Stütze in Erinnerung bleiben.

Ebenfalls herzlich bedanken möchte ich mich bei Herrn Prof. Dr. Klaus Günther für die schnelle Erstellung des Zweitgutachtens und die zeitnahe Durchführung des mündlichen Prüfungsverfahrens, sowie bei Herrn Prof. Dr. David von Mayenburg für die prompte Übernahme des Prüfungsvorsitzes und sein Mitwirken in der Prüfungskommission.

Mein außerordentlicher Dank gilt meiner lieben Frau Nicole, ohne deren bemerkenswerte Geduld und deren Verständnis, Motivation und Mithilfe in dieser anstrengenden Zeit ein solches Projekt neben meiner beruflichen Karriere, dem Hausbau und der Betreuung unserer neugeborenen Zwillinge niemals hätte gelingen können.

Horrenberg/Frankfurt am Main
Dr. Andreas Hatz

Inhaltsverzeichnis

A. Einführung - Gegenstand und Fragestellung der Arbeit....... 1

B. Heutige Voraussetzungen und Grundprinzipien im Notwehrrecht 4

I. Die einzelnen Voraussetzungen der Notwehr 4

1. Notwehrlage 4

a) Angriff 4

b) Gegenwärtigkeit des Angriffs 5

c) Rechtswidrigkeit des Angriffs 5

2. Notwehrhandlung 6

a) Erforderlichkeit 6

b) Gebotenheit 6

II. Die Grundprinzipien des Notwehrrechts 7

1. Dualistische Notwehrlehre 7

a) Das Individualschutzprinzip 8

b) Das Rechtsbewährungsprinzip 8

c) Die Vereinbarkeit beider Gedanken 9

2. Monistische Notwehrlehren 9

a) Individuelle Notwehrbegründung 10

aa) Der Selbsterhaltungstrieb des Menschen 10

bb) Die Pflicht zur Notwehr 10

cc) Das Urrecht des Menschen 10

dd) Begründung aus Opfersicht 11

ee) Begründung aus Tätersicht 11

b) Überindividuelle Konzepte 11

aa) Notwehrbegründung nach Schmidhäuser 11

bb) Notwehrbegründung aufgrund der Lehre vom Gesellschaftsvertrag 12

C. Kurzer Abriss der historischen Entwicklung der Notwehr..13

I. Germanisches Recht (ca. 90 v. Chr.- ca. 500 n. Chr.) 14

II. Fränkische Zeit (Frühmittelalter, ca. 500 n. Chr.- 900 n. Chr.) 17

III. Mittelalterliches Recht (ca. 900 – 1500 n. Chr.) 18

IV. Das Notwehrrecht in der frühen Neuzeit (ca. 1500- 1800) 21

1. Aufklärung, Naturrechtslehre und Vernunftrecht 21

a) Der Einfluss auf das Notwehrrecht 21

b) Die Cautio Criminalis Carolina CCC 22

c) Das Notwehrrecht in der Cautio Criminalis Carolina CCC 23

2. Gemeinrechtliche Wissenschaft 24

3. Weitere bekannte territoriale Werke der Strafgesetzgebung dieser Zeit . 25

a) Codex Juris Bavarici criminalis von 1751 25

b) Das Josephinische Strafgesetzbuch von 1787 25

c) Allgemeines Landrecht für die Preußischen Staaten von 1794 26

d) Bayerisches StGB von 1813 26

e) Preußisches StGB von 1851 27

f) StGB des Deutschen Reiches von 1871 28

V. Das Notwehrrecht im Nationalsozialismus 28

VI. Maßnahmen der Alliierten nach der Kapitulation 1945 28

VII. Strafrechtänderungsgesetz von 1969 28

VIII. Strafrechtänderungsgesetz von 1975 29

IX. Gegenwärtige Entwicklungen im Notwehrrecht 29

D. Die Entwicklung des Notwehrrechts in totalitären und autoritären Regimen 30

I. Problematik bei der Differenzierung der verschiedenen Systeme 31

1. Totalitäre Systeme 31

2. Autoritäre Systeme 32

3. Totalitäre und autoritäre Staatsformen 32

4. Einfluss der Systeme auf das Notwehrrecht 34

II. Das Notwehrrecht im deutschen Kaiserreich 34

1. Das Strafgesetzbuch von 1871 34

a) Der Wortlaut des § 52 RStGB - ein Vergleich mit den beeinflussenden Rechtsordnungen ... 35
b) Reichsgerichtsrechtssprechung in jener Zeit ... 36
III. Das Notwehrrecht im Nationalsozialismus ... 37
1. Allgemeine Entwicklungstendenzen im Strafrecht des NS-Staates ... 38
2. Auswirkungen dieser Entwicklung auf das Strafrecht – Reformbemühungen und die Versuche der Schaffung eines neuen Strafgesetzbuches ... 40
3. Das bisherige Notwehrrecht ... 42
4. Der Rechtsgedanke der Weimarer Republik ... 42
5. Das Strafrecht in der Weimarer Republik ... 42
6. Kritik der nationalsozialistischen Strömung ... 43
7. Einfluss der Umstrukturierung auf das Notwehrrecht ... 45
a) Die Rechtswidrigkeit ... 45
b) Der Wortlaut des Entwurfs ... 46
aa) Der Einschub „Wer Notwehr übt, handelt recht“ ... 47
bb) Die Gebotenheit ... 48
cc) Das Erfordernis der „gesunden Volksanschauung“ – Erklärungsversuche durch die amtliche Strafrechtskommission ... 50
c) Die Betrachtung der Notwehr durch die Literatur ... 54
aa) Definitionsversuche für ein „gesundes Volksempfinden“ ... 54
bb) Einschränkungen der Notwehrausübung gemessen am Kriterium der gesunden Volksanschauung- die Entwicklung von sog. Fallgruppen ... 56
(1) Notwehr bei krassem Missverhältnis zwischen angegriffenem und verteidigtem Rechtsgut ... 56
(1.1) Vorbemerkung ... 56
(1.2) Bisherige Ansätze ... 56
(1.3) Grundlegende Veränderungen im Nationalsozialismus ... 57
(1.4) Zwischenergebnis ... 58
(2) Notwehr bei schuldunfähigen, irrendem oder vermindert schuldfähigem Angreifer ... 59
(2.1) Vorbemerkung ... 59

(2.2) Bisherige Ansätze 59
(2.3) Veränderungen im Nationalsozialismus 60
(2.4) Zwischenergebnis 62
(3) Notwehr im Rahmen von engen persönlichen Be–
ziehungen 62
(3.1) Vorbemerkung 62
(3.2) Bisherige Ansätze... 63
(3.3) Veränderungen im Nationalsozialismus.......................... 63
(3.4) Zwischenergebnis.. 65
(4) Notwehr bei Angriffsprovokation.. 65
(4.1) Vorbemerkung.. 65
(4.2) Bisherige Ansätze... 66
(4.3) Veränderungen im Nationalsozialismus.......................... 67
(4.4) Zwischenergebnis.. 68
cc) Ergebnis für die Betrachtung der Notwehr durch die Literatur.... 68
d) Die Anwendung der Notwehr durch die Rechtsprechung 69
aa) Allgemein 70
(1) Das neue Bild des Richters im Nationalsozialismus............... 70
(2) Zusammenfassung der gesellschaftspolitischen Veränderung
des Richterleitbildes 74
(3) Die Veränderungen in den Staatsanwaltschaften.................... 75
(4) Die Veränderungen des Leitbildes der Rechtsanwaltschaft.... 75
bb) Auslegung und Anwendung von Gesetzen durch die
Rechtsprechung 77
cc) Konkrete Auswirkungen auf das Notwehrrecht – Untersuchung
der Reichsgerichtsrechtsprechung.. 78
(1) Die Erforderlichkeit 80
(2) Die Betrachtung der jeweiligen Fallgruppen durch die
Rechtsprechung 82
(2.1) Notwehr bei krassem Missverhältnis zwischen ange–
griffenem und verteidigtem Rechtsgut.................................... 83

(2.2) Notwehr bei schuldunfähigen, irrendem oder vermindert schuldfähigem Angreifer 84
(2.3) Notwehr im Rahmen von engen persönlichen Beziehungen 86
(2.4) Notwehr bei Angriffsprovokation oder sonst vorwerfbarer Herbeiführung der Notwehrlage 88
(2.5) Zusammenfassung der Fallgruppen 93
e) Exkurs 93
aa) Notwehrausübung durch SA- und SS- Leute 93
bb) Die Einordnung der sog. Staatsnotwehr 96
(1) Notwehrrecht des Einzelnen gegen den Staat 96
(2) Notwehrrecht des Einzelnen zu Gunsten des Staates 97
(3) Notwehrrecht der Staatsorgane 99
(4) Zwischenergebnis 101
f) Zusammenfassung und Endergebnis der Entwicklung der Notwehr im Nationalsozialismus 101
IV. Die Entwicklung des Notwehrrechts in der DDR 102
1. Die Entwicklung des Strafrechts im sozialistischen System der DDR 104
2. Auswirkungen der gesellschaftspolitischen Entwicklung auf das Strafrecht 106
3. Der Einfluss dieser Entwicklung auf das Notwehrrecht 109
a) Die Analyse des Wortlautes 111
aa) Konkrete Veränderungen der einzelnen Elemente der Notwehr im Vergleich zur westdeutschen Entwicklung 113
bb) Notwehrfähiges Rechtsgut 113
cc) Die Gegenwärtigkeit des Angriffs 115
dd) Die Rechtswidrigkeit des Angriffs 118
ee) Abwehr in einer der Gefährlichkeit des Angriffs angemessenen Weise 119
ff) Zwischenergebnis 121
b) Anwendung der Notwehr durch die Rechtsprechung 122
aa) Das Bild des Strafrichters im Sozialismus 122

bb) Staatsanwaltschaften 124
cc) Einzelne ausgesuchte Urteile zum Notwehrrecht 124
(1) Gegenwärtiger Angriff 125
(2) Fälle mit Bezug zur sozialistischen Staats-und Gesell–schaftsordnung 125
(3) Abwehr in einer der Gefährlichkeit des Angriffs angemes–senen Weise 126
(4) Zwischenergebnis 126
4. Ergebnis zur Notwehr im Sozialismus der DDR 127
5. Gesamtergebnis zum Notwehrrecht in totalitären und autoritären Systemen. 128

E. Die Gegenprobe – die Tendenzen in der Entwicklung des Notwehrrechts nach 1945 bis heute in der Bundesrepublik Deutschland 130
I. Gesellschaftliche und politische Veränderungen und deren Einfluss auf das Notwehrrecht 131
1. Die Entwicklung der Notwehr in der Rechtsprechung 132
a) Erforderlichkeit 132
b) Zusammenfassung und Ergebnis der Untersuchung der Erforder–lichkeit 139
c) Sozialethische Einschränkungen 140
aa) Die dogmatische Herleitung der sozialethischen Einschrän–kungen 140
bb) Die Entwicklung der einzelnen Fallgruppen 140
(1) Notwehr bei krassem Missverhältnis zwischen angegriffe–Nem und verteidigtem Rechtsgut 141
(1.1) Zwischenergebnis 144
(2) Notwehr bei schuldunfähigen, irrendem oder vermindert Schuldfähigem Angreifer 145
(2.1) Zwischenergebnis 148
(3) Notwehr im Rahmen von engen persönlichen Beziehungen 149

(3.1) Zwischenergebnis 154
(4) Notwehr bei Angriffsprovokation bzw. auf andere Weise verschuldetem Angriff 156
(4.1) Zwischenergebnis 168
d) Gesamtergebnis Rechtsprechung 170
2. Die Entwicklung der Notwehr in der Literatur 171
a) Erforderlichkeit 171
b) Die Entwicklung der einzelnen Fallgruppen 17
(1) Notwehr bei krassem Missverhältnis zwischen angegriffen–em und verteidigtem Rechtsgut 171
(1.1) Zwischenergebnis 176
(2) Notwehr bei schuldunfähigen, irrendem oder vermindert schuldfähigem Angreifer 180
(2.1) Zwischenergebnis 181
(3) Notwehr im Rahmen von engen persönlichen Beziehungen 181
(3.1) Zwischenergebnis 184
(4) Notwehr bei Angriffsprovokation bzw. sonst verschuldetem Angriff 185
(4.1) Zwischenergebnis 191
c) Gesamtergebnis Literatur 192
3. Ergebnis der Gegenprobe 192

F. Zusammenfassung und Würdigung des gefundenen Ergebnisses 194

G. Schlussbetrachtung 198

Literaturverzeichnis

AHRENDT, HANNAH: „Elemente und Ursprünge totaler Herrschaft“, 6. Auflage, München, 1998.

ARENS, OSKAR: „Die zeitgemäße Gestaltung der Widerstandsdelikte“, Würzburg-Aumühle, 1939.

ASCHE, ROLF DANIEL: „Die DDR - Justiz vor Gericht - eine Bestandsaufnahme“, Dissertation zur Erlangung des Doktorgrades der juristischen Fakultät der Georg-August-Universität zu Göttingen, 2008.

BAR, CARL LUDWIG VON: „Gesetz und Schuld im Strafrecht – Bd. 3: Die Befreiung von Schuld und Strafe durch das Strafgesetz“, Guttentag/Berlin 1909.

BAUMANN, JÜRGEN: „Rechtsmissbrauch bei Notwehr“, MDR 1962, S. 349-350.

BELING, ERNST: „Grundzüge des Strafrechts“, 11. Auflage, Tübingen 1930.

BERNER, ALBERT FRIEDRICH: „Lehrbuch des deutschen Strafrechts“, 18. Auflage, Leipzig 1898.

BERNER, ALBERT FRIEDRICH: „Die Notwehrtheorie, Archiv des Criminalrechts“, Halle 1848, S. 547-598.

BERTEL, CHRISTIAN: „Notwehr gegen verschuldete Angriffe“ in: Zeitschrift für die gesamte Strafrechtswissenschaft ZStW 84, 1972, S. 1-36.

BINDING, KARL: „Handbuch des Strafrechts“, Bd. 1, Leipzig 1885.

BITZILEKIS, NIKOLAOS: „Die neue Tendenz zur Einschränkung des Notwehrrechts - unter besonderer Berücksichtigung der Notwehr–provokation“; Berlin 1984.

BLOHM, HERBERT: „Feuerbach und das Reichsstrafgesetzbuch von 1871“, Breslau-Neukirch, 1935.

BOBERACH, HEINZ: „Richterbriefe - Dokumente zur Beeinflussung der deutschen Rechtsprechung 1942 – 1944“, Boppard am Rhein, 1975.

BOCKELMANN, PAUL: „Notwehr gegen verschuldete Angriffe“, in: Festschrift für Richard M. Honig, Göttingen 1970, S. 19-31.

BOCKELMANN, PAUL: „Notrechtsbefugnisse der Polizei“, in: Festschrift für Eduard Dreher zum 70. Geburtstag am 29. April 1977, Berlin/New York, S. 235-250.

BÖHME, WALTRAUD: „Kleines politisches Wörterbuch“, 3. Auflage, Berlin, DDR, 1978.

BRACKMANN, KARL-HEINZ/BIRKENHAUER, RENATE: „NS-Deutsch, „Selbstverständliche“ Begriffe und Schlagwörter aus der Zeit des Nationalsozialismus“, Europäisches Übersetzer-Kollegium Straelen, Glossar Nr. 4, Darmstadt, 1988.

BUCHHOLZ, ERICH: „Legalität und Gleichheit“, Neue Justiz, 1961.

BURR, CHRISTIAN: „Notwehr und staatliches Gewaltmonopol“, in: JR 1996 Heft 6, S. 230.

BUSCHMANN, ARNO: „Kaiser und Reich, Klassische Texte zur Verfassungsgeschichte des Heiligen Römischen Reiches Deutscher

Nation vom Beginn des 12. Jahrhunderts bis zum Jahre 1806“, München, 1984.

DAHM, GEORG: „Das Ermessen des Richters im nationalsozialistischen Strafrecht“, DStR 1934, S. 87 ff.

DAHM, GEORG: „Deutsches Recht – Die geschichtlichen und dogmatischen Grundlagen des geltenden Rechts. Eine Einführung“, 2. Aufl., Stuttgart 1963.

DAHM, GEORG: „Verbrechen und Tatbestand“, in: Larenz (Hrsg.) Grundfragen der neuen Rechtswissenschaft, Berlin 1935.

DIEM, HERMANN: „Kirche und Antisemitismus“ in: Flitner, Deutsches Geistesleben und Nationalsozialismus, Tübingen 1965.

DILCHER, HERMANN: „Besteht eine Verhältnismäßigkeit oder ein Verschuldenserfordernis für Notwehr?“ In: Festschrift für Heinz Hübner zum 70. Geburtstag, Berlin/New York 1984.

DÖLLING, DIETER/ DUTTGE, GUNNAR/ RÖSSNER, DIETER: „Gesamtes Strafrecht, Handkommentar“, 2. Auflage, Baden-Baden, 2011.

DREHER, FRANZ: „Die Veränderungen des Rechtsanwaltsrechts in der Zeit von 1933 bis 1945“, Tübingen 1947.

DREHER, EDUARD/TRÖNDLE, HERBERT: „Strafgesetzbuch und Nebengesetze“, 38. Auflage, München 1978.

DREIER, HORST/PAULY, WALTER: „Die deutsche Staatsrechtslehre in der Zeit des Nationalsozialismus“, in: Veröffentlichungen der Vereinigung der Deutschen Staatsrechtslehrer, 2001.

DUFT/HEILBORN/MÜLLER/PRUSS/SCHLEGEL/TEICHLER/WEBER: „Strafrecht der Deutschen Demokratischen Republik“, Kommentar zum Strafgesetzbuch, 4. Auflage, Berlin, 1984.

EISENHARDT, ULRICH: „Deutsche Rechtsgeschichte“, 4. Auflage, München, 2004.

ENGELMANN, ROGER/ VOLLNHALS, CLEMENS: „Justiz im Dienste der Parteiherrschaft, Rechtspraxis und Staatssicherheit in der DDR“ in: Analysen und Dokumente- Wissenschaftliche Reihe des Bundesbeauftragten für die Unterlagen des Staatssicherheitsdienstes der ehemaligen Deutschen Demokratischen Republik, Bd. 16, Berlin 1999.

ENGELS, DIETER: „Der partielle Ausschluss der Notwehr bei tätlichen Auseinandersetzungen zwischen Ehegatten“, GA 1982, S. 109-125.

ENGLÄNDER, ARMIN: „Grund und Grenzen der Nothilfe“, Tübingen, 2008.

FASTEN, INES: „Die Grenzen der Notwehr im Wandel der Zeit“, Hamburg 2011.

FELBER, ROLAND: „Die Rechtswidrigkeit des Angriffs in den Notwehrbestimmungen“, München 1979.

FEUERBACH VON, PAUL JOHANN ANSELM: „Lehrbuch des Gemeinen in Deutschland gültigen peinlichen Rechts“, 14. Auflage, Gießen 1847.

FISCHER, THOMAS: „Kommentar zum Strafgesetzbuch“, 56. Auflage, München 2009; 58. Auflage, München 2011.

FOCKE, ERNSTGÜNTER: „Notwehr in Lehre und Rechtsprechung - zum Strafgesetz in Deutschland und Italien“, Inaugural-Dissertation zur Erlangung des juristischen Doktorgrades der Rechts- und Staatswissenschaftlichen Fakultät der Friedrich- Wilhelms- Universität zu Berlin, Breslau-Neukirch, 1939.

FREISLER, ROLAND: „Das Rechtsdenken des jungen Europa“, Berlin 1943.

FREISLER, ROLAND: „Staatsnotwehr im Lichte des National–sozialismus“, DJ 1935.

FREISLER, ROLAND: „Nationalsozialistisches Recht und Rechts–denken“, Berlin 1938.

FRIEDEBURG VON, ROBERT: „Widerstandsrecht und Konfes–sionskonflikt, Notwehr und gemeiner Mann im deutsch-britischen Vergleich 1530 bis 1669“ Berlin 1999.

FRIEDRICH, CARL JOACHIM: „Totalitäre Diktatur“, Stuttgart 1957.

FRISTER, HELMUT: „Die Notwehr im System der Notrechte“, in: Goltdammer`s Archiv für Strafrecht GA 1988, S. 291-316. (zitiert: Frister GA 1988).

FUHRMANN, MANFRED: „Tacitus. Germania. Lateinisch / Deutsch.“ Übersetzt, erläutert und mit einem Nachwort herausgegeben von Manfred Fuhrmann. (RUB 9391). Stuttgart 1972.

GEIB, GUSTAV: „Lehrbuch des deutschen Strafrechts“, Bd. 2, Leipzig 1862.

GEILEN, GERD: „Eingeschränkte Notwehr unter Ehegatten?“, JR 1976, Seite 214-318.

GEILEN, GERD: „Notwehr und Notwehrexzess“, Jura 1981, Seite 370-380.

GENONI, MAURIZIO: „Die Notwehr im Völkerrecht“, Zürich, 1987.

GERATS,HANS/ LESCHKAS, JOHN/ RENNEBERG, JOACHIM: „Lehrbuch des Strafrechts der Deutschen Demokratischen Republik, Allgemeiner Teil“, 2. Auflage, Berlin1959.

GERBER, HANS: „Staatsrechtliche Grundlinien des neuen Reiches“, Tübingen 1933.

GEYER, AUGUST: „Die Lehre von der Notwehr, Eine strafrechtliche Abhandlung, Jena 1857.

GMÜR, RUDOLF/ ROTH, ANDREAS: „Grundriss der deutschen Rechtsgeschichte, 7. Auflage, Berlin 1996; 10. Auflage, München 2003.

GOHDES, OTTO: „NS-Schulungsbrief“, 1. Jahrgang, 1. Folge, März 1934.

GRÄFF, HEINRICH/ RÖNNE LUDWIG: „Das Strafgesetzbuch für die Preußischen Staaten, und das Gesetz über die Einführung desselben, vom 14. April 1851, nebst deren Ergänzungen und Erläuterungen durch Gesetzgebung und Wissenschaft“, Breslau 1853.

GRUCHMANN, LOTHAR: „Justiz im Dritten Reich 1933 bis 1940“, 3.Auflage, München 2001.

GRÜNEWALD, ANNETTE: „Notwehreinschränkung – insbesondere bei provoziertem Angriff“ in: Zeitschrift für die gesamte Strafrechts–wissenschaft ZStW, Bd. 122, Heft 1, S. 51-86.

GÜRTNER, FRANZ/ FREISLER, ROLAND: „Das neue Strafrecht – Grundsätzliche Gedanken zum Geleit, Berlin 1936.

GUTMANN, ALEXANDER: „Die Berufung auf das Notwehrrecht als Rechtsmissbrauch“ in: NJW 1962, S. 286 ff.

HAAS, ROBERT: „Notwehr und Nothilfe - Zum Prinzip der Abwehr rechtswidriger Angriffe“, Frankfurt am Main/Bern/Las Vegas 1978.

HAFT, FRITJOF: „Strafrecht Allgemeiner Teil“, 9. Auflage, München, 2004.

HÄLSCHNER, HUGO: „Das gemeine Deutsche Strafrecht“, Bd. 1, Die allgemeinen strafrechtlichen Lehren, Bonn 1881.

HALL, KARL ALFRED: „Sicherungsverwahrung und Sicherungsstrafe“ in: Zeitschrift für die gesamte Strafrechtswissenschaft ZStW 70, (1958), S. 41-63.

HASSEMER, WINFRIED: „Die provozierte Provokation oder Über die Zukunft des Notwehrrechts“, in: Festschrift für Paul Bockelmann, München 1979, S. 225-244.

HATTENHAUER, HANS: „Europäische Rechtsgeschichte“, 4. Auflage, Heidelberg, 2004.

HEILBORN, HANS/ SCHMIDT, HELMUT/ WEBER, HANS: „Strafrecht der Deutschen Demokratischen Republik, Kommentar zum Strafgesetzbuch“, Bd. 1, Berlin, 1969, (zitierte Bearbeiter: Neuhof, Werner; Orschekowsky, Walter).

HEINTSCHEL-HEINEGG VON, BERND: „Beck'scher Online-Kommentar zum Strafgesetzbuch“, München, 2014, (zitierter Bearbeiter: Momsen).

HENKEL, HEINRICH: „Die Unabhängigkeit des Richters in ihrem neuen Sinngehalt“, Hamburg, 1934.

HILDEBRANDT, HEINZ: „Rechtsfindung im neuen deutschen Staate“, Berlin/Leipzig 1935.

HILGENDORF, ERIC: „Beobachtungen zur Entwicklung des deutschen Strafrechts“ in: Hilgendorf/Weitzel (Hrsg.) Der Strafgedanke in seiner historischen Entwicklung, Schriften zum Strafrecht, Heft 189, Berlin 2007.

HIMMELREICH, KLAUS: „Erforderlichkeit der Abwehrhandlung, Gebotensein der Notwehrhandlung, Provokation und Rechtsmissbrauch, Notwehrexzess, in: Goltdammer`s Archiv für Strafrecht, 1966, Seite 129 ff. (zitiert: Himmelreich GA 1966).

HIMMELREICH, KLAUS: „Notwehr und Nothilfe: insbesondere zur sog. Interessenabwägung, MDR 1967, S. 361-366.

HINÜBER, OSKAR LEUER/ TEGTMEYER, WERNER: „Strafrecht unter Berücksichtigung des kommenden Rechts, Allgemeiner Teil", in: Schaeffer (Hrsg.) Schriftenreihe Neugestaltung von Recht und Wirtschaft, Heft 8, Leipzig 1944.

HIPPEL, REINHARD V.: „Die allgemeinen Lehren vom Verbrechen in den Entwürfen", in: Zeitschrift für die gesamte Strafrechtswissen–schaft, Bd. 42 (1921), Seite 404 ff. (zitiert: Hippel ZStW 42).

HIRSCH, HANS JOACHIM: „Die Notwehrvoraussetzung der Rechts-widrigkeit des Angriffs", in: Festschrift für Eduard Dreher zum 70. Geburtstag, Berlin/New-York 1977, S 211-233.

HIRSCH, MARTIN/ MAJER, DIEMUT/ MEINCK, JÜRGEN: „Recht, Verwaltung und Justiz im Nationalsozialismus, ausgewählte Schriften, Gesetze und Gerichtsentscheidungen von 1933 bis 1945", Köln 1984.

HIS, RUDOLF: „Das Strafrecht des Deutschen Mittelalters, Teil 1, Die Verbrechen und ihre Folgen im allgemeinen", Leipzig 1920.

HIS, RUDOLF: „Die Geschichte des Deutschen Strafrechts bis zur Karolina", Berlin, 1928.

HITLER, ADOLF/ SCHOLZ-KLINK, GERTRUD: „Reden an die deutsche Frau", Reichsparteig, Nürnberg, 8. September 1934.

HOFFMANN-RIEM, WOLFGANG: „Übergang der Polizeigewalt auf Private? - Überlegungen zur Entwicklung gewerblicher Sicherheits–kräfte", ZRP 1977, 277-284.

HOLD VON FERNECK, ALEXANDER: „Die Rechtswidrigkeit, Bd. II", Jena, 1905.

HRUSCHKA, JOACHIM: „Strafrecht nach logisch-analytischer Methode", 2. Auflage, Berlin/New York 1987.

HUBER, ERNST RUDOLF: „Die Einheit der Staatsgewalt", in: DJZ, 39. Jahr–gang, 1934.

JAKOBS, GÜNTHER: „Rechtszwang und Personalität"; 499. Sitzung vom 05.März 2008 in Düsseldorf - Vorträge G 418, Nordrhein-Westfälische Akademie der Wissenschaften, Paderborn 2008.

JAKOBS, GÜNTHER: „Strafrecht, Allgemeiner Teil - Die Grundlagen und die Zurechnungslehre", 1. Auflage, Berlin 1983.

JAKOBS, GÜNTHER: „Strafrecht, Allgemeiner Teil - Die Grundlagen und die Zurechnungslehre, 2. Auflage, Berlin 1993.

JESCHECK, HANS-HEINRICH: „Strafrecht und Strafrechtanwendung in der sowjetisch besetzten Zone Deutschlands", in: Recht und Staat in Geschichte und Gegenwart – eine Sammlung von Vorträgen und Schriften aus dem Gebiet der gesamten Strafrechtswissenschaften, Heft 252, Tübingen 1962.

JESCHECK, HANS-HEINRICH/ WEIGEND, THOMAS: „Lehrbuch des Strafrechts Allgemeiner Teil", 5. Auflage, Berlin 1996.

JESSE, ECKHARD: „War die DDR totalitär?" In: Aus Politik und Zeit–geschichte 40 (1994), S. 12–23.

JESSE, FRANZ: „Die Tragweite der Notwehr", Leipzig 1928.

JOECKS, WOLFGANG: „StGB Studienkommentar, 2. Auflage, München, 2001.

KERN, EDUARD: „Der Rechtsstaatsgedanke im Strafrecht und Straf–verfahrensrecht von der Reichsgründung bis zur Gegenwart", in: Freiburger Universitätsreden, Heft 9, Freiburg im Breisgau, 1933.

KERN, EDUARD: „Das Führertum in der Rechtspflege" in: Freiburger Universitätsreden, Heft 18, Freiburg im Breisgau, 1935.

KERN, EDUARD: „Grade der Rechtswidrigkeit" in: Zeitschrift für die gesamte Strafrechtswissenschaft, Bd. 64 (1952), S. 255 ff. (zitiert: Kern ZStW 64).

KERRL, HANNS: „Nationalsozialistisches Strafrecht, Denkschrift des Preußischen Justizministers“, Berlin 1933.

KILIAN, INES: „Die Dresdner Notwehrstudie, Zur Akzeptanz des deutschen Notwehrrechts in der Bevölkerung, Studien zum Strafrecht“, Bd. 45, Baden-Baden, 2011.

KINDER, HERMANN/ HILGEMANN, WERNER: „Weltgeschichte, Bd. 1 - Von den Anfängen bis zur französischen Revolution, 14. Auflage, 1979.

KINDHÄUSER, URS: „Strafgesetzbuch, Kommentar“, 3. Aufl. Baden-Baden, 2006.

KLEE, KARL: „Rechtfertigungs- und Entschuldigungsgründe“, in: „Das kommende deutsche Strafrecht“, Allgemeiner Teil, Bericht über die Arbeit der amtlichen Strafrechtskommission, von: Gürtner, Franz (Hrsg.) 2. Auflage, Berlin, 1934.

KLEINHEYER, GERD: „Tradition und Reform in der Constitutio Criminalis Carolina“, in: Strafrecht, Strafprozess und Rezeption - Grundlagen, Entwicklung und Wirkung der Constitutio Criminalis Carolina, von Landau, Peter/Schroeder Friedrich-Christian (Hrsg.), Frankfurt am Main, 1984.

KLOSE, PETER: „Notrecht des Staates aus staatlicher Rechtsnot“ in: ZStW 89 (1977), S. 61 ff.

KOCH, BURKHARD: „Rechtsbegriff und Widerstandsrecht-Notwehr gegen rechtswidrige Ausübung von Staatsgewalt im Rechtsstaat und unter dem Nationalsozialismus“, Schriften zum öffentlichen Recht, Bd. 478, Berlin, 1985.

KÖHLER, MICHAEL: „Strafrecht, Allgemeiner Teil“, Berlin/Heidelberg, 1997.

KÖSTLIN, CHRISTIAN REINHOLD: „System des deutschen Straf–rechts, Allgemeiner Teil“, Tübingen 1855.

KOHLRAUSCH, EDUARD/ LANGE RICHARD: „Kommentar zum Reichsstrafgesetzbuch“, 37. Auflage, Berlin 1941.

KOHLRAUSCH, EDUARD/ LANGE RICHARD: „ Strafgesetzbuch mit Erläuterungen, 41. Auflage, Berlin 1956.

KOLBE, DIETER: „Reichsgerichtspräsident Dr. Erwin Bumke: Studien zum Niedergang des Reichsgerichts und der deutschen Rechtspflege“ in: Studien und Quellen zur Geschichte des deutschen Verfassungsrechts : Reihe A, Studien, Bd. 4, Karlsruhe, 1975.

KRATZSCH, DIETER: „Das (Rechts-) Gebot zu sozialer Rücksicht–nahme als Grenze des strafrechtlichen Notwehrrechts“ in: JuS 1975, 435, 441.

KRATZSCH, DIETER: „Grenzen der Strafbarkeit im Notwehrrecht“, Neue Kölner Rechtswissenschaftliche Abhandlungen, Heft 57, Berlin 1968.

KRAUSE, FRIEDRICH-WILHELM: „Notwehr bei Angriffen Schuld–loser und bei Bagatellangriffen“ in: Gedächtnisschrift für Hilde Kaufmann, Berlin/New York 1996, S. 673-688.

KRAUSE, FRIEDRICH-WILHELM: „Zur Einschränkungen der Not–wehrbefugnis“ in: Goltdammer`s Archiv für Strafrecht, 1979, S. 329-337. (zitiert: Krause GA 1979).

KRAUSE, FRIEDRICH-WILHELM: „Zur Problematik der Notwehr, Festschrift für Hans - Jürgen Bruns“, Köln 1978, S. 71-88.

KREY, VOLKER: „Strafrecht, Allgemeiner Teil“, Bd. 1, 2. Auflage, Stuttgart 2004.

KREY, VOLKER: „Zur Einschränkung des Notwehrrechts bei der Verteidigung von Sachgütern“; JZ 1979, 702-715.

KROESCHELL, KARL/CORDES, ALBRECHT/ NEHLSEN-V. STRYK, KARIN: „Deutsche Rechtsgeschichte“, Bd. 2: 1250 bis 1650, 9. Auflage, Köln 2008.

KROß, ANTJE: „Notwehr gegen Schweigegelderpressung: Zugleich ein Beitrag zu den Grundprinzipien der Notwehr“, Berlin, 2004.

KUDLICH, HANS: „Das Gesetz der Straße“, Juristische Arbeitsblätter 2011, S. 233-235.

KÜHL, KRISTIAN: „Strafrecht, Allgemeiner Teil“, 2. Auflage, München 1997.

KÜHL, KRISTIAN: „Notwehr und Nothilfe“, JuS 1993, S. 177-183.

KÜHL, KRISTIAN: „„Sozialethische“ Einschränkungen der Notwehr“, Jura 1990, S. 244-253.

LACKNER, KARL: „Strafgesetzbuch, Kommentar mit Erläuterungen“, 17. Auflage, München, 1987.

LACKNER, KARL/ KÜHL, KRISTIAN: „Strafgesetzbuch, Kommentar mit Erläuterungen“, 26. Auflage, München, 2007.

LACKNER, KARL/ KÜHL, KRISTIAN: „Strafgesetzbuch, Kommentar mit Erläuterungen“, 27. Auflage, München, 2011.

LAMPE, ERNST-JOACHIM: „Zur funktionalen Begründung des Verbrechenssystems“ in: Festschrift für Claus Roxin zum 70. Geburtstag am 15.Mai 2001, von Bernd Schünemann (Hrsg.), Berlin, 2001.

LARENZ, KARL: „Deutsche Rechtserneuerung und Rechtsphilosophie“, Tübingen 1934.

LEIPOLD, KLAUS/ TSAMBIKAKIS, MICHAEL/ ZÖLLER, MARK: „Kommentar zum Strafgesetzbuch“, 1. Auflage, Bonn, 2011, zitierter Bearbeiter: Hauck, Pierre.

LENCKNER, THEODOR: „„Gebotensein“ und „Erforderlichkeit“ der Not–wehr“ in: Goltdammer`s Archiv für Strafrecht, 1968, S. 1-10 (zitiert: Lenckner GA 1968).

LENCKNER, THEODOR: „Strafgesetzgebung in Vergangenheit und Gegen–wart“ in: Tradition und Fortschritt im Recht, Festschrift zum 500 jährigen Bestehen der Tübinger Juristenfakultät, Tübingen 1977.

LESCH, HEIKO: „Die Notwehr“ in: Widmaier, Gunter/Lesch, Heiko/Müssig, Bernd/Wallau, Rochus (Hrsg.), Festschrift für Hans Dahs, Köln 2005.

LESCHKAS, JOHN/ RENNEBERG, JOACHIM: „Strafrecht, Allge–meiner Teil“, Lehrbuch, Verlag der Deutschen Demokratischen Republik, 1. Auflage, Berlin, 1976.

LESCHKAS, JOHN/ SEIDEL, DIETMAR/ DETTENBORN, HARRY: „Studien zur Schuld“, Staatsverlag der DDR, Berlin 1975.

LIEBERWIRTH, ROLF: „Carolina“ in: Handwörterbuch zur deutschen Rechtsgeschichte (HRG), Bd. 1, Berlin 1971, Sp. 592-595.

LIMBACH, JUTTA: „Recht und Unrecht in der Justiz der DDR“ ZRP 1992, Heft 5, S. 170-175.

LINZ, JUAN: „Totalitäre und autoritäre Regime“ Bd. 4 der Schriften–reihe Potsdamer Textbücher von Raimund Krämer (Hrsg.), 3. Auflage 2009.

LISZT, FRANZ/ SCHMIDT, EBERHARD: „Lehrbuch des Deutschen Strafrechts“, 25. Auflage, Berlin und Leipzig 1927.

LK-StGB: „Leipziger Kommentar zum RStGB mit besonderer Berück–sichtigung der Rechtsprechung des Reichsgerichts“, Berlin und Leipzig, 1920, Ebermayer, Ludwig/Eichelbaum, Julius/Lobe, Adolf/Rosenberg, Werner, (Hrsg.), (zitierter Bearbeiter: Nagler).

LK-StGB: „Leipziger Kommentar zum RStGB“, 6. Auflage, Berlin1944, Ebermayer, Ludwig/Lobe, Adolf/Rosenberg, Werner (Hrsg.), (zitierter Bearbeiter: Nagler).

LK-StGB: „Kommentar zum Strafgesetzbuch“, 7. Auflage, Berlin 1954, Nagler, Johannes/Jagusch, Heinrich (Hrsg.), (zitierter Bearbeiter: Nagler/Jagusch).

LK-StGB: „Kommentar zum Strafgesetzbuch“, 8. Auflage, Berlin 1957, Nagler, Johannes/Jagusch, Heinrich (Hrsg.), (zitierter Bearbeiter: Jagusch).

LK-StGB: „Kommentar zum Strafgesetzbuch“, Bd. 1, §§ 1 bis 152, 10. Auflage, Berlin/New-York 1985,Hans-Heinrich Jescheck, Wolfgang Ruß, Günther Willms (Hrsg.), (zitierter Bearbeiter: Jescheck).

LK-StGB: „Kommentar zum Strafgesetzbuch“, Bd. 2, §§ 32 bis 60, 10. Auflage, Berlin/New-York 1985, (zitierte Bearbeiter: Spendel, Jescheck).

LK-StGB: „Kommentar zum Strafgesetzbuch“, Bd. 2, §§ 32 bis 55, 12. Auflage, Berlin 2006, (zitierte Bearbeiter: Rönnau, Thomas/Hohn, Christian).

LOYOWSKY, MICHAEL: „Politische NS-Justiz in Hessen, Form, Wolfgang /Schiller, Theo (Hrsg.) Bd. 2, Marburg, 2005.

LÜKEN, ERHART-JOSEF: „Der Nationalsozialismus und das materielle Strafrecht – Ein Beitrag zur Strafrechtsgeschichte“, Dissertation zur Erlangung des Doktorgrades der juristischen Fakultät der Georg-August-Universität zu Göttingen, Göttingen 1988.

LUHMANN, NIKLAS: „Einführung in die Theorie der Gesellschaft“ 1. Auflage, Heidelberg, 2005.

MAIWALD, MANFRED: „Einführung in das italienische Strafrecht und Strafprozessrecht“, Frankfurt am Main, 2009.

MARXEN, KLAUS: „Der Kampf gegen das liberale Strafrecht - Eine Studie zum Antiliberalismus in der Strafrechtswissenschaft der zwanziger und dreißiger Jahre“, Schriften zum Strafrecht, Bd. 22, Berlin, 1975.

MARXEN, KLAUS: „Die „sozialethischen“ Grenzen der Notwehr““, Frankfurt am Main 1979.

MARXEN, KLAUS/ WERLE, GERHARD: „Strafjustiz und DDR-Unrecht“, Bd. 5/1. Teilband, Rechtsbeugung, Berlin 2007.

MATT, HOLGER/ RENZIKOWSKI, JOACHIM: „Kommentar zum Strafgesetzbuch“, 1. Auflage, München 2013 (zitierter Bearbeiter: Engländer, Armin).

MATT, HOLGER: „Strafrecht, Allgemeiner Teil I“, München 1996.

MAURACH, REINHART: „Deutsches Strafrecht, Allgemeiner Teil“, 3. Auflage, 1965.

MAYER, HELLMUTH: „Strafrecht Allgemeiner Teil“, Stuttgart 1953.

MEDER, STEPHAN: „Rechtsgeschichte“, 3. Auflage, Köln, 2008.

MERKEL, REINHARD: „§ 14 Abs. 3 Luftsicherheitsgesetz: Wann und warum darf der Staat töten?“ In: JZ 2007, S. 373-385.

MERTENS, BERND: „Rechtsetzung im Nationalsozialismus“, Beiträge zur Rechtsgeschichte des 20. Jahrhunderts, Tübingen 2009.

MERTINS, WOLFGANG: „Rückzug der Strafrechts - mehr Freiheit?“ in: Goltdammer`s Archiv für Strafrecht 1980, S. 41. (zitiert: Mertins GA 1980).

MEYER VON, HUGO: „Lehrbuch des deutschen Strafrechts“, 4. Auflage, Erlangen 1888.

MEZGER, EDMUND: „Die materielle Rechtswidrigkeit im kommenden Strafrecht“, ZStW 55 (1936) S. 1ff.; Anm. zu RGSt 71, 133, JW 1937, 1787.

MILANES, ALEXANDER: „Notwehr - Zur strategischen Operationa–lisierung legalisierter Gewalt“ in: Ordnungen der Gewalt, Beiträge zu einer politischen Soziologie der Gewalt und des Krieges, Neckel, Sighard, Schwab-Trapp, Michael (Hrsg.), Opladen, 1999.

MIRIEVSKY, ERICH: „Die Volksanschauung und ihrer Berücksichtigung in der Strafrechtswissenschaft des 19. Jahrhunderts und der bisherigen Rechtsprechung des Reichsgerichts in Strafsachen“, Inaugural-Dissertationen zur Erlangung der Doktorwürde bei der juristischen Fakultät der Universität Leipzig, 1940.

MITSCH, WOLFGANG: „Tödliche Schüsse auf flüchtende Diebe“, in: JA 1989, S. 79-84.

MOMMSEN, WOLFGANG: „Der autoritäre Nationalstaat: Verfassung, Gesellschaft und Kultur im deutschen Kaiserreich“, 2. Auflage, Frankfurt am Main, 1990.

MONTENBRUCK, AXEL: „Thesen zur Notwehr“, Heidelberg 1983.

MOOSHEIMER, THOMAS: „Die actio injuriarum aestimatoria im 18. und 19. Jahrhundert (Tübinger Rechtswissenschaftliche Abhandlungen)“, Bd. 86, Tübingen, 1997.

MÜNCH, KARL: „Über Notwehr gegen schuldlos handelnde Menschen und gegen Tiere“, Marburg 1934.

NEUMANN, ULFRID: „Gustav Radbruch-Gesamtausgabe Bd. 11 (Strafrechtsgeschichte)“, Heidelberg, 2001.

NEUMANN, ULFRID: „Individuelle und überindividuelle Begründung des Notwehrrechts“ in: Modernes Strafrecht und ultima-ratio-Prinzip, Lüderssen, Klaus/Nestler-Tremel, Cornelius/Weigend, Ewa (Hrsg.), Frankfurt am Main 1990.

NEUMANN, ULFRID: „Zurechnung und „Vorverschulden“, Vorstudien zu einem dialogischen Modell strafrechtlicher Zurechnung“, Berlin 1985.

NOACK, ERWIN: „Kommentar zur Reichs-Rechtsanwaltsordnung“, 2. Auflage, Leipzig 1937.

NOHLEN, DIETER/ WALDMANN, PETER/ ZIEMER, KLAUS: „Lexikon der Politik, Autoritäre Systeme, Bd. 4. Die östlichen und südlichen Länder“, München 1997 (zitierter Bearbeiter: Nohlen, Dieter).

OETKER, FRIEDRICH: „Notwehr und Notstand“ in: Festgabe für Reinhard von Frank zum 70. Geburtstag, Bd. 1, Tübingen 1930, Hegler, August (Hrsg.), (zitierter Bearbeiter: Oetker, Friedrich).

OLSHAUSEN VON, JUSTUS: „Kommentar zum Strafgesetzbuch für das Deutsche Reich“, Bd. 1, 11. Aufl., Berlin 1927; 12. Aufl., Berlin 1942.

OPPENHOFF, FRIEDRICH: „Das Strafgesetzbuch für das Deutsche Reich nebst dem Einführungs-Gesetze vom 31. Mai 1870 und dem Ein–führungs-Gesetze für Elsass-Lothringen vom 30. August 1871“, 2. Auflage, Berlin 1872.

ORSCHEKOWSKI, WALTER: „Rechtfertigungsgründe im Strafrecht der Deutschen Demokratischen Republik“, Deutsches Institut für Rechtswissenschaft, Schriftenreihe Strafrecht, Heft 4, Berlin 1956.

OSTLER, FRITZ: „Die deutschen Rechtsanwälte 1871 bis 1971“, Essen 1971.

OTTO, HARRO: „Rechtsverteidigung und Rechtsmissbrauch im Strafrecht“, Festschrift für Thomas Würtenberger, Berlin 1977.

OTTO, HARRO: „Grundkurs Strafrecht, Allgemeine Strafrechtslehre“, 7. Auflage, Berlin 2004.

PAULI, GERHARD: „Die Rechtsprechung des Reichsgerichts in Strafsachen zwischen 1933 und 1945 und ihre Fortwirkung in der Rechtsprechung des Bundesgerichtshofs“, Berlin/New York 1992.

PAWLIK, MICHAEL: „Der rechtfertigende Notstand: zugleich ein Beitrag zum Problem strafrechtlicher Solidaritätspflichten“, Berlin/New York 2002.

PETERS, KARL: „Die Umgestaltung des Strafgesetzes 1933 bis 1945“ in: Flitner, Deutsches Geistesleben und Nationalsozialismus, Tübingen 1965.

PETTERS, WALTER: „Strafgesetzbuch“, 7. Auflage, Berlin/München, 1949.

POULEAS, ALEXANDROS: „Sozialethische Einschränkungen von Rechtfertigungsgründen am Beispiel der strafrechtlichen Notrechte“, Frankfurt am Main 2008.

PRINZ, OLIVER: „Heeresverfassung und Militärstrafrecht in der ehemaligen DDR“ in: Bauer, Andreas/Theisen, Frank/Welker Karl (Hrsg.), Studien zur Rechts- und Zeitgeschichte, Liber discipulorum Prof. Dr. Wulf Eckart Voss zum 60. Geburtstag, Göttingen 2005.

PRITTWITZ, CORNELIUS: „Zum Verteidigungswillen bei der Notwehr“ in: Goltdammer`s Archiv für Strafrecht 1980, S. 385. (Zitiert: Prittwitz GA 1980).

PÜSCHEL, WILHELM: „Der Niedergang des Rechts im Dritten Reich“, 1. Auflage, Baden-Baden 1947.

PUFFENDORF, SAMUEL VON: „Über die Pflicht des Menschen und des Bürgers nach dem Gesetz der Natur“, 1. Auflage, 1994.

RADBRUCH, GUSTAV. „Die Peinliche Gerichtsordnung Kaiser Karls V. von 1532 (Carolina)“, Leipzig 2000.

RATHCKE, EINHARD: „Das Güterabwägungsprinzip in der Lehre vom Ausschluss der Rechtswidrigkeit“, Köln 1935.

REIFNER, UDO/ SONNEN, BERND-RÜDEGER: „Strafjustiz und Polizei im Dritten Reich“, Frankfurt/New York, 1984.

REINHARD, WOLFGANG: „Geschichte der Staatsgewalt: Eine vergleichende Verfassungsgeschichte Europas von den Anfängen bis zur Gegenwart“, München, 2003.

RENZIKOWSKI, JOACHIM: „Notstand und Notwehr, strafrechtliche Abhandlungen“, Bd. 90, Berlin 1994.

RENZIKOWSKI, JOACHIM: „Rechtfertigung und Entschuldigung im Strafrecht der ehemaligen DDR“, in: ZStW 106 (1994), S. 1.

RETTLER, WILHELM: „Der strafrechtliche Schutz des sozialistischen Eigentums in der DDR“: Juristische Zeitgeschichte - Beiträge zur modernen deutschen Strafgesetzgebung, Materialien zu einem historischen Kommentar, Berlin/New York, 2010.

RIENEN, RAFAEL, VAN: „Die "sozialethischen" Einschränkungen des Notwehrrechts - Die Grenzen privater Rechtsverteidigung und das staatliche Gewaltmonopol“, 1. Auflage, Baden-Baden 2009.

ROCKSTUHL, HARALD: „Zivilgesetzbuch der DDR 1975-1990“, 2. Aufl., Bad Langensalza 2015, (zitiert: Rockstuhl, ZGB § 18 I ZGB-DDR).

ROHRER, FRANK: „Strafjustiz im Dritten Reich und in der SBZ/DDR, die personelle und organisatorische Neuordnung des Justizapparat des ihm den totalitären Diktaturen (1933 bis 1955) mit ihren Auswirkungen auf die Rechtsprechung zum politischen Strafrecht“, Frankfurt am Main 2007.

ROSENTHAL, WALTHER: „Strafrechtsreform der SED“, Bonn und Berlin, 1968, (zitierter Bearbeiter: Rosenthal, Walter).

ROSENTHAL, WALTHER: „Das neue politische Strafrecht der „DDR““ ,Frankfurt am Main/Berlin, 1968.

ROXIN, CLAUS: „Die provozierte Notwehrlage“, ZStW 75 (1963), S. 541-590.

ROXIN, CLAUS: „Die sozialethischen „Einschränkungen des Notwehrrechts“, in: ZStW 93 (1981), S. 68-104.

ROXIN, CLAUS: „Strafrecht, Allgemeiner Teil“, Bd. 1: Grundlagen. Der Aufbau der Verbrechenslehre, 4. Auflage, München 2006.

RUDOLPHI, HANS-JOACHIM: „Notwehrexzess nach provoziertem Angriff“ in: JuS 1969, S. 461-466.

RÜPING, HINRICH/ JEROUSCHEK, GÜNTER: „Grundriss der Strafrechtsgeschichte, 5. Auflage, München, 2007.

RUFFMANN, KARL-HEINZ: „Autokratie, Absolutismus, Totalitarismus, Bemerkungen zu drei historischen Schlüssel–begriffen“, in: Jesse, Eckhard (Hrsg.): Totalitarismus im 20. Jahrhundert – eine Bilanz der internationalen Forschung, 2. Auflage, Bonn 1996.

RUMPF, MAX: „Richter und Volksgemeinschaft“, DJZ 1934, S. 377-379.

SATZGER, HELMUT/ SCHMITT, BERTRAM/ WIDMAIER, GUNTER: „Strafgesetzbuch Kommentar“, 1. Auflage, Köln 2009 (zitierter Bearbeiter: Rosenau).

SCHÄDLER, SARAH: „Justizkrise und Justizreform im National–sozialismus, Beiträge zur Rechtsgeschichte des 20. Jahrhunderts“, Tübingen 2009.

SCHAFFSTEIN, FRIEDRICH: „Politische Strafrechtswissenschaft“ in: Der deutsche Staat der Gegenwart, Heft 4, Hamburg, 1934.

SCHAFFSTEIN, FRIEDRICH: „Die allgemeinen Lehren vom Verbrechen in ihrer Entwicklung durch die Wissenschaft des ge–meinen Strafrechts“, Berlin 1930.

SCHAFFSTEIN, FRIEDRICH: „Notwehr und Güterabwägungsprinzip“, MDR 1952, S. 132-136.

SCHERENBERG VON, CARL-FRIEDRICH: „Die sozialethischen Einschränkungen der Notwehr“, Schriften zum Strafrecht und Strafprozessrecht, Bd. 105, Frankfurt am Main, 2009.

SCHMELZEISEN, GUSTAV-KLEMENS: „Die Überwindung der Starrheit im neuzeitlichen Rechtsdenken“, Berlin 1933.

SCHMIDHÄUSER, EBERHARD: „Begründung der Notwehr“ in: Goltdammer`s Archiv für Strafrecht GA 1991, S. 97 ff. (zitiert: Schmidhäuser GA 1991).

SCHMIDHÄUSER, EBERHARD: „Über die Wertstruktur der Notwehr“ in: Festschrift für Richard M. Honig, zum 80. Geburtstag, Göttingen 1970.

SCHMIDHÄUSER, EBERHARD: „Strafrecht Allgemeiner Teil“, Studienbuch, 2. Auflage, Tübingen 1984.

SCHMIDT, HELMUT/ BEYER, KARL-HEINZ: „Der Stand der Arbeiten am sozialistischen Strafgesetzbuch“, NJ 1960, 310, 316.

SCHMIDT, EBERHARD: „Einführung in die Geschichte der deutschen Strafrechtspflege“, 3. Auflage, Göttingen, 1995

SCHMIDT, EBERHARD: „Leitsätze zum Thema Notwehr, Notstand und Nötigungsnotstand, Erster Teil: Notwehr“ in: Niederschriften über die Sitzungen der Großen Strafrechtskommission, Bd. 2, Nr. 21, Bonn 1958.

SCHMIDT-RÄNTSCH, JÜRGEN: „Richterrecht in den neuen Ländern“, DtZ 2/1991, 33, 64.

SCHMIDT, ROLF: „Strafrecht Allgemeiner Teil, Grundlagen der Straf-barkeit“, 2. Auflage, Bremen 2003.

SCHMITT, CARL: „Der Weg des deutschen Juristen“, DJZ 1934, Sp.691.

SCHMITT, CARL: „Nationalsozialismus und Rechtsstaat“, JW 1934, S. 713ff.

SCHMITT, CARL: „Neue Leitsätze für die Rechtspraxis“ in: JW 1933, 2793; Dahm u.a., Leitsätze über die Stellung und Aufgabe des Richters, DRW 1936.

SCHMITT, CARL: „Über die drei Arten des rechtswissenschaftlichen Denkens“, Hamburg 1934.

SCHMITT-LERMANN, HANS: „Die Lehre von der Notwehr in der Wissenschaft des gemeinen Strafrechts, strafrechtliche Abhandlungen“, Heft 357, Breslau-Neukirch 1935.

SCHÖNKE, ADOLF: „Strafgesetzbuch für das Deutsche Reich, Kommentar, 1. Auflage, München 1942;
2. Auflage, München 1944.

SCHÖNKE, ADOLF/ SCHRÖDER, HORST: „Strafgesetzbuch Kommentar“, 7. Auflage, München und Berlin, 1954.

SCHÖNKE, ADOLF/ SCHRÖDER, HORST: „Strafgesetzbuch Kommentar“, 12. Auflage, München und Berlin, 1965.

SCHÖNKE, ADOLF/ SCHRÖDER, HORST: „Strafgesetzbuch Kommentar“, 26. Auflage, München 2001, zitiert: Schönke/Schröder- Lenckner/Perron.

SCHRAMM, EDWARD: „Ehe und Familie im Strafrecht: Eine straf–rechtsdogmatische Untersuchung“, Tübingen 2011.

SCHRÖDER, HORST: „Anmerkung zu BGH Urt. v. 01.08.1961 – 1 StR 197/61 in JR 1962“, 187 ff.

SCHROEDER, FRIEDRICH-CHRISTIAN: „Die Notwehr als Indikator politischer Grundanschauungen“ in: Festschrift für Reinhard Maurach, Karlsruhe 1972.

SCHROEDER, FRIEDRICH-CHRISTIAN: „Die Strafgesetzgebung in Deutschland, Eine synoptische Darstellung der Strafgesetzbücher der Bundesrepublik Deutschland und der Deutschen Demokratischen Republik“, Tübingen 1972.

SCHROEDER, FRIEDRICH-CHRISTIAN: „Das Strafrecht des realen Sozialismus - eine Entführung am Beispiel der DDR“, Opladen 1983.

SCHROEDER, KLAUS-PETER: „Vom Sachsenspiegel zum Grund–gesetz, Eine deutsche Rechtsgeschichte in Lebensbildern", München 2001.

SCHUBERT, WERNER: „Akademie für Deutsches Recht 1933 – 1945", Protokolle der Ausschüsse, Bd. 1, Berlin/New York.

SCHÜTZE, THEODOR REINHOLD: „Lehrbuch des Deutschen Strafrechts", 2. Auflage, Leipzig 1874.

SCHUMANN, HERIBERT: „Zum Notwehrrecht und seinen Schranken" in: JuS 1979, S. 559-566.

SCHULTZ, WALTER: „Die allgemeine Aufsicht als neue Aufgabe der Staatsanwaltschaft", NJ 1953, S. 673-676.

SCHWARZ, OTTO: „Strafgesetzbuch mit allen wichtigen Nebengesetzen und Verordnungen", 5. Auflage, München und Berlin 1938.

SCHWARZE, FRIEDRICH OSKAR VON: „Commentar zum StGB für das Deutsche Reich", 1. Auflage, Leipzig 1871 und 3. Auflage, Leipzig 1873.

SELLERT, WOLFGANG: „Die Krise des Straf-und Strafprozessrechts und ihre Überwindung im 16. Jahrhundert durch Rezeption und Säkularisation" in: Schriften des historischen Kollegs -Säkulare Aspekte der Reformationszeit, von Angermeier, Heinz (Hrsg.), München, 1983.

SELLERT, WOLFGANG/ RÜPING, HINRICH: „Studien und Quellenbuch zur Geschichte der deutschen Strafrechtspflege", Bd. 1: Von den Anfängen bis zur Aufklärung, Aalen 1989, (zitierter Bearbeiter: Weinreich).

SIMON, DIETER: „Waren die NS – Richter „unabhängige Richter" im Sinne des § 1 GVG?" In: Justizalltag im Dritten Reich, hrsg. von Bernhard Diestelkamp und Michael Stolleis, Frankfurt am Main 1988.

SIMON, HEINZ: „Das Wesen der falschen Anschuldigung in der geschichtlichen Entwicklung und im ausländischen sowie im geltenden und kommenden deutschen Strafrecht", Dissertation zur Erlangung der Doktorwürde an der Rechts- und Staatswissenschaftlichen Fakultät der Friedrich- Wilhelms- Universität zu Berlin, Breslau-Neukirch, 1939.

SIMON, HEINZ: „Das Wesen der falschen Anschuldigung – Teil B: Das Germanische und Deutsche Strafrecht von den Volksrechten bis um die Wende des 18. Jahrhunderts", Breslau/Neukirch, 1939.

SK-StGB: „Systematischer Kommentar zum Strafgesetzbuch" Rudolphi, Hans-Joachim/Horn, Eckhard/Samson, Erich/Günther, Hans-Ludwig /Hoyer, Andreas (Hrsg.), 7., teilweise. 8. Auflage, Bd. I, Allgemeiner Teil (41. Lieferung, Stand Oktober 2005).

SPENDEL,GÜNTER: „Keine Notwehreinschränkung unter Ehegatten" in: JZ 1984, 507-509.

STERNBERG-LIEBEN, DETLEF/ STERNBERG-LIEBEN, Irene: „Zur Strafbarkeit der aufgedrängten Nothilfe" in: JuS 1999, S. 446.

STRATENWERTH, GÜNTER: „Strafrecht Allgemeiner Teil I", Die Straftat, Köln 1971.

STYKOW, PETRA: „Vergleich politischer Systeme", 6. Auflage, Paderborn, 2007.

SUPPERT, HARTMUT: „Studien zur Notwehr und notwehrähnlichen Lage", Bonn 1973.

TRÖNDLE, HERBERT/ FISCHER, THOMAS: „Strafgesetzbuch und Nebengesetzen, Kommentar", 51. Auflage 2003.

ULBRICHT, WALTER: „Staat und Recht, Ausgaben 7-12", Akademie für Staats- und Rechtswissenschaft der DDR, Walter Ulbricht (Hrsg.), Staatsdruckerei der Deutschen Demokratischen Republik, 1958.

ULLMANN, HANS-PETER: „Politik im deutschen Kaiserreich 1871 bis 1918“, Bd. 5, München, 2005.

UTTELBACH, ARTUR: „Die Verhältnismäßigkeit bei der Notwehr“, Emsdetten, 1935.

VOEGELIN, ERICH: „Der autoritäre Staat“ in: Forschungen aus Staat und Recht 119, von: Winkler, Günther (Hrsg.), Wien/New York 1997.

VORMBAUM, THOMAS: „Einführung in die moderne Strafrechtsgeschichte“, 1. Auflage, Berlin/Heidelberg, 2009.

VORMBAUM, THOMAS: „Reform des Strafgesetzbuchs: Sammlung der Reformentwürfe“, Bd. 2: 1922 bis 1939, Berlin 2008.

VORMBAUM, THOMAS/ WELP, JÜRGEN: „Das Strafgesetzbuch, Sammlung der Änderungsgesetze und Neubekanntmachungen“
1. Band: 1870-1953. Baden-Baden 1999.
2. Band, Berlin 2006.

VOß, ALMUTH: „Die Notwehrsituation innerhalb sozialer Näheverhältnisse – Eine kritische Auseinandersetzung mit den Grundsätzen der beziehungsbedingten Notwehrbeschränkung“, Freiburg im Breisgau, 2013.

WAGNER, ALBRECHT: „Die Umgestaltung der Gerichtsverfassung und des Verfahrens- und Richterrechts im nationalsozialistischen Staat“, Stuttgart 1968.

WAGNER, HEINZ: „Individualistische oder überindividualistische Notwehrbegründung“, Schriften zum Strafrecht, Bd. 55, Berlin 1984.

WEBER, ECKHARD: „Sprachliche Besonderheiten der Fehdekommunikation - Ehre und Öffentlichkeit in der Fehde des späten Mittelalters“ in: Arne Ziegler (Hrsg.), Historische Textgrammatik und historische Syntax des Deutschen, Berlin/New York 2010.

WEINKAUFF, HERMANN/ WAGNER, ALBRECHT: „Die deutsche Justiz und der Nationalsozialismus“, Bd. 1, Stuttgart, 1968 (zitierter Bearbeiter: Weinkauff).

WEINREICH, LORENZ: „Quellen zur deutschen Verfassungs-, Wirtschafts- und Sozialgeschichte bis 1250- Ausgewählte Quellen zur Geschichte des Mittelalters“, Bd. 32, Darmstadt 1977.

WEISKE, JULIUS: „Abhandlungen aus dem Gebiete des teutschen Rechts theoretischen und praktischen Inhalts“, Leipzig, 1830.

WEITZEL, JÜRGEN: „Der Strafgedanke im frühen Mittelalter“ in: Hilgendorf, Weitzel (Hrsg.), Der Strafgedanke in seiner historischen Entwicklung, Ringvorlesung zur Strafrechtsgeschichte und Straf–rechtphilosophie, Schriften zum Strafrecht, Heft 198, Berlin 2007.

WELZEL, HANS: „Das Deutsche Strafrecht – Eine systematische Dar–stellung, 3. Auflage, Berlin 1954.

WERLE, GERHARD: „Justiz-Strafrecht und Verbrechensbekämpfung im Dritten Reich“, BerlinINew York, 1989.

WESEL, UWE: „Geschichte des Rechts, Von den Frühformen bis zur Gegenwart“, 4. Auflage, München 2014.

WESSELS, JOHANNES/ BEULKE, WERNER: „Strafrecht, Allge–meiner Teil“, 32. Auflage, Heidelberg 2002.

WESSELS, JOHANNES/ BEULKE, WERNER: „Strafrecht, Allge–meiner Teil“, 42. Auflage, Heidelberg 2012.

WETZEL, HANS: „Naturrecht und materiale Gerechtigkeit“, 4. Auflage, Göttingen, 1962.

WILHELM, UWE: „Das deutsche Kaiserreich und seine Justiz, Justizkritik - politische Strafrechtsprechung – Justizpolitik“, Bd. 93, Berlin, 2006.

WITTRECK, FABIAN: „Die Verwaltung der Dritten Gewalt“, Tübingen 2006.

WOHLERS, WOLFGANG: „Einschränkungen des Notwehrrechts innerhalb sozialer Näheverhältnisse“ in: JZ 1999, 434-442.

ZIEGLER, HEINZ OTTO: „Autoritärer Staat oder totaler Staat“, Tübingen 1932.

ZIESCHANG, FRANK: „Einschränkung des Notwehrrechts bei engen persönlichen Beziehungen?“ Jura 2003, 527-532.

ZÜRCHER, ANDREAS: „Strafrecht und Strafrechtsanwendung in der Sowjetischen Besatzungszone Deutschlands“, Bern, 1963.

A. Einführung - Gegenstand und Fragestellung der Arbeit

Der Begriff der Notwehr, bzw. vielmehr deren Umschreibung, ist in sämtlichen Rechtsordnungen westlichen Ursprungs zu finden[1]. In unserer heutigen Gesellschaft wird das Recht Notwehr zu üben in gewisser Weise fast schon als etwas Selbstverständliches betrachtet, doch es ist wohl kaum als etwas Selbstverständliches[2] anzusehen - vielmehr hat es im Verlauf seiner Geschichte bis zum heutigen Zeitpunkt viele Entwicklungsstufen durchlaufen, die stets von Einschränkungen und Ausweitungen geprägt waren. Das Notwehrrecht stellt sich daher weder als etwas Abstraktes dar, noch handelt es sich hierbei um ausschließlich „übergesetzliches und vorstaatliches Urrecht, das deshalb auch keine Geschichte haben kann", wie immer wieder im Verlauf der Geschichte des Notwehrrechts von manchen Autoren[3] behauptet wurde[4], sondern es ist wohlgemerkt eines der, wenn nicht gar das älteste Notrecht in der Geschichte des Strafrechts[5].

Zu Recht bemerkt z.B. Dilcher daher, „dass die Institution der Notwehr dogmatisch nicht von den gesetzlichen Regelungen abhängig sei,

---

1 Liszt/Schmidt, § 33 I (S. 182); Kühl, JuS 93, 177; Haas, S. 16.; Einen umfassenden Überblick über die Normierung der Notwehr in ausländischen Rechtsordnungen findet sich unter anderem auch in: Jescheck/Weigend, Allgemeiner Teil, 5. Auflage 1996.

2 So auch schon Prittwitz GA 1980, S. 385, der im Rahmen der Feststellung, dass das Erfordernis einer Verteidigungsabsicht weitgehend für selbstverständlich gehalten wird, darauf hinweist, dass diese Selbstverständlichkeit weitgehend auf allgemeinen Erwägungen zum Wesen der Notwehr beruht.

3 Der Verfasser ist sich der grundsätzlichen Problematik bewusst, dass in vorliegender Arbeit sowohl die männliche, als auch die weibliche Form benutzt werden müsste, hat sich jedoch zugunsten des besseren Leseflusses dafür entschieden, durchweg die männliche Form zu verwenden. Selbstverständlich sind Vertreterinnen des weiblichen Geschlechts damit ebenso angesprochen.

4 Haas, S. 16; Krey JZ 1979, S. 702, 713; Geib, S. 228, Milanes, S. 24.

5 Momsen in: Heintschel-Heinegg, § 32, Rn. 14.

die sie in der heutigen Zeit gefunden habe, sondern ein Notwehrrecht könne auch ohne seine Normierung bejaht werden; es sei jedoch sowohl die Folge seiner Normierung, als auch Teil der geltenden überpositiven, nicht vom Staat in Kraft gesetzten Rechtsordnung"[6]. Diese Errungenschaft, so könnte man sagen, stellt den Kernpunkt von Rechtsstaatlichkeit und Zivilisation dar. Bisweilen wurde gerade die Normierung des Rechtes auf Notwehr selbst, zumindest in jüngster Zeit, sogar schon als „bestgelungen, wohlausgewogen, sowie als Musterbeispiel für gelungene Gesetzestechnik" bezeichnet[7].

Aufgrund dieser Entwicklung des Notwehrrechts ist es auch nicht weiter erstaunlich, dass sich Berichte über Konflikte mit Bezug zur Notwehr durch die Menschheitsgeschichte wie ein roter Faden ziehen und zwar bis in die heutige Zeit.

Diese Entwicklung gerade im Notwehrbereich wurde nicht zuletzt maßgeblich durch die bis heute fortdauernde Entwicklung der Gesellschaft beeinflusst, geprägt und stetig weiterentwickelt[8]. Folgende Untersuchung befasst sich, ausgehend von den heutigen Vorstellungen, mit dieser Entwicklung explizit in autoritären und totalitären Staaten. Im Anschluss soll das so gefundene Ergebnis durch einen Vergleich mit der Entwicklung in einer demokratischen Staatsform, stellvertretend der Bundesrepublik Deutschland nach 1945 bestätigt werden. Es soll hierbei die Frage geklärt werden, ob Parallelen und Interdependenzen zwischen bestimmten, ausgesuchten gesellschaftlichen, als auch politischen Entwicklungen und der Entwicklung des Notwehrrechts bestehen. Zielsetzung dieser Arbeit ist somit, anhand von u.a. Originalquellen aus der jeweiligen Zeit Veränderungen im Notwehrrecht zu finden und diese dann daraufhin zu untersuchen, welche gesellschaftlichen und politischen Entwicklungen genau zu welcher Entwicklung des Notwehrrechts geführt haben und aus welchen Gründen dies geschah bzw.

---

6 Dilcher, in: FS-Hübner, S. 447.

7 Grünewald, ZStW 122, 51, 86; ähnlich auch schon Schleifenbaum, mit Hinweis auf Binding und Oetker, die den § 53 StGB als „einen der bestgelungenen Paragraphen des Gesetzbuches" bezeichnen.

8 So auch zutreffend: Bitzilekis, S. 15, der in diesem Zusammenhang von „sich entwickelnden und wandelnden sozialpolitischen Anschauungen" spricht, aber auch Schaffstein MDR 1952, S. 132 ff., 133, der von „einem durch die sozialen Zeitströmungen gewandelten Rechtsgefühl" spricht, sowie Hilgendorf und Weitzel im Vorwort in: „Der Strafgedanke in seiner historischen Entwicklung", Schriften zum Strafrecht, Heft 189, Berlin, 2007, die bemerken, dass sich der Strafgedanke ohne Berücksichtigung der gesellschaftlichen Begleitumstände nicht verstehen lässt, was auch gleichermaßen für die Notwehr gelten muss; ebenso Fasten, die dies in einer neueren Untersuchung zur Entwicklung der einzelnen Fallgruppen des Notwehrrechts bestätigt, jedoch eine breit gefächerte Analyse über einen längeren Zeitraum vornimmt.

ob eine bestimmte Entwicklung des Notwehrrechts wiederum zu entsprechenden gesellschaftlichen oder politischen Reaktionen geführt hat. Hieraus sollen ggf. dann allgemeingültige Grundsätze entwickelt werden, die durch die nachfolgenden Untersuchungen bestätigt werden. Dabei war sich der Verfasser auch der grundsätzlichen Problematik bewusst, dass zurückliegende geschichtliche Ereignisse, da sich mit der Zeit auch die Vorstellung vom Recht in der Gesellschaft wandelt, unter Ausschluss der eigenen aktuellen Vorstellungen vom Recht als alleinigem Beurteilungsmaßstab, soweit wie möglich unter Zugrundelegung der Umstände die seinerzeit vorherrschten zu betrachten und dann mit der gebotenen Vorsicht mit der Entwicklung bis zum heute vorherrschenden Bild zu vergleichen sind. Gerade in den nachfolgend genannten autoritären und totalitären Systemen kam es nämlich häufiger vor, dass wissenschaftliche Untersuchungen und Propaganda miteinander vermengt wurden. Auch sind gerade entwicklungsbedingt nicht immer alle heute geläufigen Begriffe auch aus heutiger Sicht zu verstehen und einzuordnen. Dieser Umstand soll u.a. durch die oben bereits erwähnte Analyse - auch von interdisziplinären Originalquellen in besonderem Maße berücksichtigt werden. Nicht zuletzt aus diesem Grund werden jeder Untersuchung die dem jeweiligen System seinerzeit zugrunde gelegten Wertmaßstäbe vorangestellt.

Eine weitere, wenn auch nur beiläufige Zielsetzung dieser Arbeit ist es, vom Grundgedanken des Notwehrrechts ausgehend, einen Beitrag zum besseren Verständnis für das heutige Notwehrrecht und das Notwehrrecht der Zukunft zu leisten. Es soll in der vorliegenden Arbeit - nicht zuletzt durch diese interdisziplinäre Betrachtungsweise - ein gewisses methodisches Verständnis für das Notwehrrecht vermittelt werden, das auch eine historisch angelegte Beurteilung unseres gegenwärtigen Strafrechts ermöglicht.

B. Heutige Voraussetzungen und Grundprinzipien im Notwehrrecht

Ausgehend von dem heutigen Wortlaut des § 32 StGB ist Notwehr die Verteidigung, die erforderlich ist, um einen gegenwärtigen rechtswidrigen Angriff von sich oder einem anderen abzuwenden. Im Folgenden sollen an dieser Stelle zum besseren Verständnis, aber auch um eine Grundlage für die weitere Untersuchung zu schaffen, die einzelnen Voraussetzungen der Notwehrausübung aus heutiger Sicht kurz dargelegt werden.

I. Die einzelnen Voraussetzungen der Notwehr

1. Notwehrlage

Grundsätzlich ist für das Eingreifen des Rechtfertigungsgrundes der Notwehr das Vorliegen einer Notwehrlage erforderlich. Eine solche ist dann gegeben, wenn ein gegenwärtiger rechtswidriger Angriff auf ein notwehrfähiges Rechtsgut vorliegt[9].

a) Angriff

Unter einem Angriff versteht man das willensgetragene Verhalten eines Menschen, welches ein rechtlich geschütztes Interesse zu verletzen droht oder dieses gar verletzt[10]. Der Angriff muss jedoch nicht zwangsläufig in einem Tun, er kann vielmehr auch im Unterlassen einer gebotenen Handlung bestehen, nämlich dann, wenn den Betroffenen eine Rechtspflicht zum Handeln beziehungsweise zum tätig werden trifft und das Unterlassen aus diesem Grund nach § 13 StGB einem positiven Tun gleichsteht.[11] Die Frage, ob ein Angriff vorliegt, ist allein nach der objektiven Sachlage zur Zeit der Tat zu beantworten -

---

9 Wessels/Beulke, AT, 42. Aufl., Rn. 325.

10 Lackner/Kühl, § 32 Rn. 2; BGH NJW 2003, 1955, 1956.

11 Wessels/Beulke, AT, 42. Aufl., Rn. 326.

auf eine Vorstellung des Angegriffenen soll es demnach nicht ankommen[12].

b) Gegenwärtigkeit des Angriffs

Gegenwärtig ist ein Angriff dann, wenn er unmittelbar bevorsteht, gerade stattfindet oder noch andauert.[13] Die Unmittelbarkeit ist bei straftatbestandsmäßigen Angriffen analog § 22 StGB zu bestimmen[14]. Ein Angriff ist noch gegenwärtig, solange eine Gefahr für das Rechtsgut besteht oder die bereits eingetretene Verletzung noch vertieft werden könnte[15]. Demnach liegt z.B. kein gegenwärtiger Angriff vor, wenn nur eine latente Bedrohung zwischen zwei Angriffen besteht[16]. Alle Handlungen, die sich nicht mehr auf einen gegenwärtigen Angriff beziehen, sind deshalb nicht mehr von der Notwehr erfasst. Sie stellen ihrerseits einen Angriff des bis dahin Notwehrübenden dar. Treffend formuliert hat dies u.a. Lampe in seinem Beitrag „Zur funktionalen Begründung des Verbrechenssystems", wenn er über die Ausübung von Notwehr sagt: „dem Bedürfnis nach Selbstbehauptung dient bereits die Notwehr; sie bewahrt das Selbst oder die Machtsphäre vor der Verletzung durch rechtswidrige Angriffe. Dem Bedürfnis nach Ich- Wiederherstellung hingegen dient die Rache; sie erst beseitigt die nach dem Angriff verbliebene Verletzung des Selbst- und Machtgefühls und stellt das verlorene Selbstvertrauen wieder her. Doch während Notwehr durch Maßlosigkeit nur in den äußersten Fällen ihre rechtfertigende Wirkung verliert, nimmt Maßlosigkeit der Rache auf Anhieb jedes Recht"[17].

c) Rechtswidrigkeit des Angriffs

Wann ein Angriff rechtswidrig ist, ist umstritten. Nach einer Ansicht ist er dies, wenn er ohne rechtfertigenden Grund im objektiven Widerspruch zur Rechtsordnung steht.[18] Nach einer anderen Ansicht kommt es bei der Bestimmung der Rechtswidrigkeit lediglich auf die Person des Angegriffenen an. Danach ist ein Angriff rechtswidrig, wenn der Angegriffene den Angriff nicht zu dulden braucht[19]. Es wird schon hier ansatzweise

---

12 Sch-Sch-Lenckner /Perron,26. Aufl., § 32 Rn. 27.

13 Kindhäuser, § 32, Rn. 16, NJW 95, 973; NStZ 00, 365.

14 Vertiefend hierzu: Kühl AT, § 7, Rn. 40; weitergehend Kindhäuser 17: Konkrete Gefährdung des Rechtsguts.

15 BGH NStZ 2003, 425.

16 NStZ 1984, 21.

17 Lampe, Ernst-Joachim, S. 50.

18 Lackner/Kühl, § 32 Rn. 5; Sch-Sch-Lenckner/Perron, § 32 Rn. 19.

19 Schumann, JuS 1979, 559, 560.

deutlich, was in der folgenden Untersuchung an Bedeutung gewinnen wird, nämlich dass sich je nachdem welcher Blickwinkel der Betrachtung zugrunde gelegt wird, (individuell oder überindividuell) sich das Ergebnis teilweise erheblich verschieben kann. Da dieser Streit jedoch in zahlreichen Lehrbüchern ausgiebig behandelt wird und diese Problematik auch nicht entscheidend für diese Arbeit ist, soll dieser hier der Vollständigkeit halber nur kurz angesprochen und im Übrigen auf die einschlägige Literatur verwiesen werden.

2. Notwehrhandlung

Unter einer Notwehrhandlung ist jede mit Verteidigungswillen ausgeübte Verteidigungshandlung zu verstehen, die objektiv erforderlich und normativ geboten ist, um den Angriff abzuwehren[20].

a) Erforderlichkeit

Die Verteidigungshandlung muss des Weiteren erforderlich sein. Erforderlich ist grundsätzlich jede Handlung, welche zu einer wirksamen Verteidigung beiträgt, eine möglichst sofortige Beendigung des Angriffs erwarten lässt und die endgültige Beseitigung der Gefahr am besten gewährleistet[21]. Stehen dem Verteidiger mehrere gleich wirksame Mittel zur Verfügung, so hat er dasjenige zu wählen, welches als mildestes Mittel anzusehen ist, welches also den geringsten Schaden beim Angreifer hervorruft.[22] Dabei muss der Verteidiger jedoch dem Angriff nicht ausweichen, sondern kann zur defensiven Schutzwehr oder zur offensiven Trutzwehr greifen.[23]

b) Gebotenheit

Obwohl eine Güterabwägung nicht stattfindet und Einigkeit darüber besteht, dass das Recht dem Unrecht nicht zu weichen braucht, und daher keine Abwägung der betroffenen Güter vorausgesetzt wird, versteht es sich von selbst, dass das Notwehrrecht nicht grenzenlos gewährleistet werden kann. Vielmehr muss die Verteidigungshandlung auch geboten sein. Die Verteidigungshandlung ist dann geboten, wenn der Notwehrübende sich nicht rechtsmissbräuchlich verhält und sich im Rahmen der sozialethischen Schranken des Notwehrrechts bewegt[24]. Zuletzt muss der

---

20 Schmidhäuser, § 6 Rn. 69; BGH NJW 2003, 1955, 1956.

21 Fischer, § 32 Rn. 16ff.

22 Wessels/Beulke AT, 42. Aufl., Rn. 335; Lackner/Kühl, § 32, Rn. 9.

23 Kühl, § 7 Rn. 78f.

24 Fischer, § 32 Rn. 18; BGH NStZ 2002, 425.

Verteidiger mit Verteidigungswillen (sog. subjektives Rechtfertigungselement) handeln, d.h. er muss in Kenntnis des objektiven Rechtfertigungstatbestandes handeln und vor allem mit dem Willen, sich zu verteidigen[25]. Unbeachtlich ist, wenn der Verteidiger neben dem Willen zur Abwehr der Gefahr auch noch andere Ziele verfolgt, solange die Verteidigung im Vordergrund steht und der Verteidiger nicht ausschließlich durch die anderen Ziele geleitet wird[26]. Liegen alle genannten Voraussetzungen vor, so ist der Angegriffene mit seiner Handlung durch Notwehr gerechtfertigt.

II Die Grundprinzipien des Notwehrrechts

(Begründung der Notwehr heute - verschiedene Ansätze)

Zur Gewinnung des Bezugsrahmens für die im Folgenden zu klärenden Fragen ist eine kurze Darlegung der Dogmatik unentbehrlich, entscheidet sie doch oftmals über die jeweilige Auslegung. Heute gibt es zahlreiche Ansätze, die das Recht zur Notwehr zu begründen versuchen. Im Folgenden sollen deshalb nur die wichtigsten Ansätze zur Verständlichkeit der Notwehr aus heutiger Sicht behandelt werden.

1. Dualistische Notwehrlehre

In der Literatur als auch der Rechtsprechung ist heute die sogenannte dualistische Notwehrbegründung vorherrschend[27], die davon ausgeht, dass die Notwehr auf zwei grundlegenden Gedanken beruht (sogenannte Zwei-Elemente-Theorie), nämlich zum einen dem Gedanken des Individualschutzes und zum anderen dem überindividuellen Gedanken der Rechtsbewährung[28], aus denen die jeweils entsprechenden Folgerungen hinsichtlich des Umfangs und der Tragweite der Notwehrregelung zu ziehen sind. Vertreter der dualistischen Notwehrlehre begründen ihre Ansicht hauptsächlich damit, dass die besondere Stärke des Notwehrrechts nicht alleine individualistisch begründet werden kann. Vertreter dieser Ansicht sehen gerade im überindividualistischen Notwehraspekt, nämlich der Verteidigung der über das Persönliche hinaus verletzten Rechtsordnung den eigentlichen Grund für das schneidige Notwehrrecht[29]. Felber drückt beispielsweise diesen Aspekt treffend folgendermaßen aus: „Notwehr hat zunächst einen Interessenkonflikt zwischen

[25] Lackner/Kühl, § 32 Rn. 7; BGH NStZ 2001, 143, 144 und BGH NStZ 2001, 530.

[26] Fischer, § 32 Rn. 14.

[27] Kindhäuser, § 32, Rn. 1.

[28] BGHSt 24, 356, 359; BGH NJW 1980, 2; Kühl, JuS 1993, 177; Sternberg-Lieben, JuS 1999, 446.

[29] Roxin, ZStW 93(1981) S. 68, 71; Sch-Sch-Lenckner/Perron § 32, Rnrn. 1 f.

Angreifer und Angegriffenem zu lösen, danach kommt als zusätzlicher Aspekt die Verteidigung der Rechtsordnung dazu“[30].

a) Das Individualschutzprinzip

Das Individualschutzprinzip besagt, dass jeder Mensch das natürliche Recht hat, zum Schutz eigener oder fremder Rechtsgüter Notwehr zu üben; “Naturalis ratio permittit se defendere“[31]. Die natürliche Vernunft erlaubt es, sich zu verteidigen. Hauptsächlich steht hinter dieser Ansicht der Gedanke, dass eine Person nur dann verpflichtet ist, die Rechte einer anderen Person zu achten, wenn diese auch ihre Rechte achtet. Dieser Gedanke lässt sich hauptsächlich aus der Naturrechtslehre herleiten. Vertreter dieser Sichtweise gehen dabei insbesondere davon aus, dass nur individuelle Güter notwehrfähig seien[32]. Dieser Gedanke steht auch nicht im Widerspruch zum staatlichen Gewaltmonopol, denn das Recht auf Selbstverteidigung ist nur in solchen Situationen gegeben, in denen der Staat seiner Aufgabe, nämlich dem betroffenen Bürger Schutz vor rechtswidrigen Angriffen anderer zu bieten, nicht nachkommen kann[33].

b) Das Rechtsbewährungsprinzip

Nach dem Rechtsbewährungsprinzip hingegen, steht der Gedanke der Stabilisierung der Rechtsordnung im Vordergrund[34]. In der konkreten Notwehrsituation ist nicht nur die Selbstbehauptung maßgeblich, sondern es ist hiernach der Angegriffene immer auch Repräsentant des Rechts und dessen aktueller Verteidiger gegen das Unrecht. In diesem Zusammenhang steht auch der oft verwendete Ausspruch des bekannten Strafrechtprofessors Albert Friedrich Berner: „Das Recht braucht dem Unrecht nicht zu weichen“[35]. Dabei ist unter dem Begriff der Verteidigung der Rechtsordnung in erster Linie die staatliche Aufgabe der sog. Generalprävention zu verstehen[36]. Hauptgedanke ist hierbei, durch die Abwehrhandlung des Angegriffenen zukünftig potentielle Angreifer davon abzuhalten, einen anderen anzugreifen. Ziel dieser Überlegungen

---

30 Felber, S. 133.

31 Vgl. Lehre vom „der Weltvernunft entsprechenden Naturrecht“ nach Gaius, zitiert nach Dilcher in Hübner- FS, S. 445.

32 Haft, S. 83.

33 Hassemer, Bockelmann-FS, S. 225 ff.

34 Roxin, AT, § 15 Rdn. 2; Bockelmann, Dreher-FS, S. 243.

35 Berner, S. 107; RGSt 21, 168, 170; RGSt 55, 85; Momsen in: Heintschel-Heinegg, §32, Rn. 14; Fischer StGB, § 32, Rn. 2.

36 Kühl, JuS 1993, S. 177, 180.

ist es, allgemein die Rechtstreue in der Bevölkerung zu stärken[37]. Die Frage, in wie weit der Gedanke des Selbstschutzes oder der des Rechtsbewährungsprinzips zum Tragen kommt, wird von Vertretern der dualistischen Notwehrlehre uneinheitlich beantwortet. Nach überwiegender Ansicht ist jedoch dem Gedanken des Individualschutzes der Vorzug zu geben um solche Fälle zu vermeiden, in denen der Individualschutzes ausschließlich durch das Rechtsbewährungsprinzip gedeckt würde und zum anderen, so Vertreter dieser Ansicht, sei die Notwehr nicht ausnahmslos dem Verhältnismäßigkeitsprinzip unterworfen - und da von einer Orientierung am Gemeinwohl bei ihrer Ausübung nicht ernsthaft die Rede sein kann, lässt sie sich schon daher nicht rein überindividuell begründen[38].

c) Die Vereinbarkeit beider Gedanken

Die Vereinbarkeit dieser beiden Gedanken miteinander kann damit erklärt werden, dass das Rechtsbewährungsprinzip eine notwendige Ergänzung des Individualschutzprinzips ist, welches hingegen die tragende Säule des Notwehrgedankens bildet[39]. Diese Ansicht findet folgerichtig ihre Begründung darin, dass hierdurch grundsätzlich vermieden werden soll, dass der jeweilige Notwehrübende sich unter Berufung auf das Rechtsbewährungsprinzip in der Rolle eines Staatsorganes sieht und damit einen Schaden für die Rechtsordnung hervorruft[40]. Je nach Hervorhebung des jeweiligen Aspekts kann trotz bestehendem Antagonismus im Einzelfall die Weite der jeweiligen Notwehrbefugnis definiert werden[41].

2. Monistische Notwehrlehren

Nach der monistischen Notwehrlehre hingegen kann Notwehr nicht über ein individuelles und überindividuelles Moment zugleich verfügen, sondern muss entweder ausschließlich in der überindividualistischen Rechtsverteidigung oder allein im individualistischen Güterschutz gesehen werden.

---

37 Roxin, AT, § 15, Rn. 2.

38 Wagner, Heinz, S. 27.

39 So äußert beispielsweise Krause hierzu: "dass der Notwehr ein Selbstschutzgedanke zugrunde liege, ihr aber auch eine darüber hinausgehende Funktion innewohne, denn „Notwehr sei Selbstschutz sowie zusätzlich Bewährung der Rechtsordnung", Krause GA 1979, 332 f.

40 Kühl, § 7, Rn. 11.

41 Vertiefend hierzu: Bitzilekis, S. 47 ff.

a) Individuelle Notwehrbegründung

aa) Der Selbsterhaltungstrieb des Menschen

Man ging bereits im klassischen Altertum davon aus, dass sich aus dem Selbsterhaltungstrieb des Menschen das Recht ableiten lasse, sich selbst gegen einen Angriff zu verteidigen[42]. Dem folgt ein Teil des Schrifttums heute noch[43]. Dies erscheint jedoch deshalb bedenklich, weil der Selbsterhaltungstrieb des Menschen diesen nicht unbedingt zur Selbstverteidigung zwingt. Es ist gleichermaßen erwiesen, dass Menschen sich auf eine Gefahr nicht einlassen und gerade aufgrund dieses Selbsterhaltungstriebes vor Angriffen fliehen beziehungsweise diesen ausweichen. Teilweise wird auch eingewendet, dass der Selbsterhaltungstrieb nur da betroffen sein kann, wo es um persönliche Integrität geht, aber nicht wo Sachgüter betroffen sind[44].

bb) Die Pflicht zur Notwehr

Das Recht Notwehr zu üben wird von einigen Autoren nicht nur als ein Recht, sondern auch als eine Pflicht des Notwehrübenden gegenüber sich selbst und der Gesellschaft verstanden[45]. Dem ist jedoch nicht beizupflichten, da die Ausübung von Notwehr „nur“ ein Recht, aber keine Pflicht sein kann.

cc) Das Urrecht des Menschen

Richtigerweise wird man davon ausgehen müssen, dass es sich bei dem Recht auf Selbstverteidigung um ein Urrecht des Menschen handelt, das schon vorhanden war, bevor es irgendeine Staatsform gab. Diese Meinung wird auch heute noch überwiegend vom Schrifttum vertreten[46]. Es wird in diesem Zusammenhang von Vertretern dieser Ansicht gerne von einer vorstaatlichen und übergesetzlichen Wurzel gesprochen[47].

Das bedeutet aber nicht, dass das Notwehrrecht nicht eingeschränkt wäre; vielmehr ist hier letztlich nur die Frage einer Notwehrbegründung relevant.

---

42 Z.B. Puffendorf, S. 45 ff, aber auch Wetzel, S. 9 ff.

43 Joecks, StGB, 2001, § 32, Rn. 2; Scherenberg, S. 34; Kroß, S. 32.

44 So z.B. Haas, S. 195.

45 Haas, S. 59 f; Frister, GA 1988, 296.

46 Krey Jura 1979, S. 702, 713; Jescheck, AT, S. 336; Fischer, StGB, § 32, Rn. 2.

47 Fischer, StGB, § 32, Rn. 2.

dd) Begründung aus Opfersicht

Ein weiterer Ansatzpunkt für eine individuelle Notwehrgründung ist der Gedanke, dass die Rechtsordnung dem einzelnen Opfer nicht verbieten kann, sich gegen das Unrecht des Angreifers zu verteidigen[48]. Vielmehr lassen sich aus Opfersicht verschiedene Prinzipien heranziehen. So ist beispielsweise nach dem Prinzip der Verantwortung durch das Eingriffsopfer ein Verhalten dann gerechtfertigt, wenn es sich als Folge einer dem Opfer zurechnenden Organisation darstellt und nach dem Prinzip der Wahrnehmung des Opferinteresses ist ein Verhalten gerechtfertigt, dass sich aus der Sicht des Eingriffsopfers als vorteilhaft oder zumindest akzeptabel darstellt[49].

ee) Begründung aus Tätersicht

Nach der Herleitung der Notwehrbefugnis aus Tätersicht, wird das Täterverhalten in den Vordergrund gerückt, um ein Notwehrrecht zu erklären bzw. zu begründen. Führend ist der Gedanke, dass der Täter, gegen den Notwehr geübt wird, für seine Lage selbst verantwortlich ist und sich eigenverantwortlich in dieser Lage gebracht hat[50]. Wie oben bereits erwähnt, hat nämlich der Angreifer eine Pflicht zur Wahrung des Rechtsfriedens, die er dann im konkreten Fall missachtet hat. Diese Begründung erscheint jedoch zu ungenau um das komplexe System einer Notwehrsituation zu erklären.

b) Überindividuelle Konzepte

aa) Notwehrbegründung nach Schmidhäuser

Schmidhäuser hingegen will bei der Begründung der Notwehr ganz auf die individuelle Seite verzichten und das Notwehrrecht rein überindividuell erklären. Er sieht den Rechtsgrund der Verteidigungshandlung im Verstoß gegen die „empirische Geltung der Rechtsordnung"[51]. Unter „Rechtsordnung" ist nach Ansicht einiger Vertreter der rein überindividualistischen Notwehrbegründung in diesem Zusammenhang eine nicht unbedingt allein staatlich gesetzte, sondern auch eine in der Gesellschaft lebendige Rechtsordnung zu begreifen, die dadurch bestehe, dass jeder Einzelne geistig die Werte mittrage, die zur Grundordnung des gesellschaftlichen Zusammenlebens gehören. Schmidhäuser stützt die Notwehr deshalb allein auf den überindividuellen Gesichtspunkt der

48 Wagner, Heinz, S. 29; ebenso: Krause, Kaufmann-GS, S. 674.
49 Kindhäuser, StGB, § 32, Rn. 7.
50 So etwa Frister, GA 1988, 291, 302; Mitsch, JA 89, 79, 84.
51 Schmidhäuser, GA 1991, S. 155 ff.

Rechtsbewährung. Er führt zur Wertstruktur der Notwehr aus, auch bei ihr könne die Rechtmäßigkeit der Rechtsgutverletzung nur darauf beruhen, dass dem verletzten Gut in der konkreten Situation eine sog. „Gutsbetrachtung" vorgehe. Nach seiner Ansicht genügt es nicht, auf die Verhinderung einer rechtswidrigen Tat zu verweisen. Diese allein kann noch nicht den sog. „Wertanruf" beseitigen, der von dem Leben des Täters ausgeht. Diese Sichtweise ändere sich aber, wenn man berücksichtige, dass der Täter die Geltung der Rechtsordnung als Ganzes angreife. Schmidhäuser spricht in diesem Zusammenhang von der von ihm sog. „Selbstbehauptung des Rechts". Der Notwehreingriff in die Güter des Angreifers ist deshalb gerechtfertigt, weil im Falle eines grob rechtsmißachtenden Angriffs die Selbstbehauptung des Rechts den Vorrang vor den Rechtsgütern des Angreifers hat[52].

bb) Notwehrbegründung aufgrund der Lehre vom Gesellschaftsvertrag

Nach Ansicht einiger Autoren lässt sich das Individualschutzprinzip aus der Lehre vom Gesellschaftsvertrag herleiten. Hiernach ist das Selbsthilferecht des Einzelnen als vorstaatliches Recht gegeben, wenn der Staat nicht in der Lage ist, den notwehrübenden Bürger zu schützen[53]. Dieser Auffassung ist jedoch mit Bedenken zu begegnen, da im konkreten Fall sich der Angegriffene gegen einen rechtswidrigen Angriff nämlich dann nicht zur Wehr setzen dürfte, wenn der Staat hierzu in der Lage wäre; und dies ohne Berücksichtigung der Verhältnismäßigkeit - konkret ohne Berücksichtigung des Erforderlichkeitsmerkmals.

---

[52] Wagner, S. 13.

[53] Kühl, § 7, Rn. 8; Klose ZStW 89, 61.

C. Kurzer Abriss der historischen Entwicklung der Notwehr

Wenn schon das Notwehrrecht selbst, wie eingangs bereits angemerkt, für sich genommen nichts Selbstverständliches darstellt, so muss dies folgerichtig mindestens genauso für die Betrachtungen dieses Rechtsgrundes und seine Entwicklungsgeschichte gelten. Und eben dieser Rechtsgrund lässt sich ohne exakte Berücksichtigung seiner gesellschaftlichen Begleitumstände und seiner Entwicklung im Zusammenspiel mit diesen nicht verstehen. Die stetigen Veränderungen im Notwehrrecht selbst, aber auch die stets wechselnden Anschauungen in der Entwicklung des Notwehrrechts bis zum heutigen Zeitpunkt, soll deshalb der historische Teil der vorliegenden Arbeit verdeutlichen.

Bereits im Alten Testament wurde von Konflikten untereinander berichtet. Es wird sogar schon im alten Testament sehr konkret von „notwehrähnlichen[54]" Regelungen gesprochen, wenn es heißt:

> „*Wird ein Dieb beim Einbruch ertappt und so geschlagen, dass er stirbt, so entsteht dadurch keine Blutschuld. Doch ist darüber bereits die Sonne aufgegangen, dann entsteht Blutschuld*" (Ex 22,1).

Folglich wird der Angegriffene hiernach berechtigt, sich in einer gegenwärtigen, rechtswidrigen Unrechtssituation zur Wehr zu setzen. Die Tötung eines Angreifers nach dessen Tat, z.B. aus Rache, war hingegen nicht mehr von der oben genannten Regelung umfasst. Diese ist nämlich dann gegeben, wenn im Unterschied zum Notwehrrecht gerade kein gegenwärtiger Angriff vorliegt. Rache basiert nämlich nicht mehr auf einer vernünftigen Verteidigung gegen den gegenwärtigen Angriff,

---

[54] Dieser Begriff wurde vom Verfasser bewusst gewählt, weil schon an dieser Stelle deutlich herausgestellt werden soll, dass es sich gerade noch nicht um Notwehr, wie sie unserem heutigen Verständnis entspricht, handelte, sondern vielmehr um das Prinzip privater Rache und Sühne.

sondern ist durch Erregung und Willkür bestimmt. Jedoch war Rache für erlittenes Unrecht seinerzeit keinesfalls unbekannt; sie wurde teilweise sogar an Gegenständen, Elementen oder an Tieren als „Bestrafung“ für eine bestimmte Tat vollzogen. Bekannte Beispiele hierfür sind u.a. die Auspeitschung des Meeres durch den Perserkönig Xerxes oder gar die Tierstrafe im Alten Testament. Dort heißt es z.B. im 2. Buch Mose 21, 28:

> *„Wenn ein Ochse einen Mann oder eine Frau zu Tode stößt, so soll man ihn steinigen und sein Fleisch nicht essen, der Eigentümer des Ochsen, bleibe jedoch ungestraft“*[55].

Sich gegen „Angriffe“ oder „sonstige Repressalien“ eines anderen zu wehren ist also seit jeher ein Bedürfnis - ja sogar eine zwingende Notwendigkeit, die letztendlich aus dem Selbsterhaltungstrieb des Menschen resultiert. Jacobs geht in seinen Ausführungen zum Rechtszwang und Personalität sogar noch weiter und sieht in der konkreten Notwehrsituation eine „quasi Depersonalisierung“, die mit dem von ihm beschriebenen „Rechtszwang“ entsprechend zu handeln einhergeht[56].

I. Germanisches Recht (ca. 90 v. Chr.-ca. 500 n. Chr.)

Den nun folgenden Abhandlungen zur historischen Entwicklung des Notwehrrechts im frühen Mittelalter ist voranzustellen, dass es sich hierbei, wie eingangs bereits gesagt, eben gerade noch nicht um ein Notwehrrecht, wie wir dieses heute sehen, handelte, sondern lediglich um sog. „Notwehrähnliche“ Ansätze, bzw. vielmehr um eine Art Bußgeldzahlungs- und Selbsthilferecht[57], da es sich bei den damaligen Regelwerken nämlich noch nicht um eine einheitliche Strafgesetzgebung im heutigen Sinne handelte, sondern lediglich um einzelne und auch jeweils unterschiedlich ausgestaltete territoriale Vorschriften[58]. Weitzel weist in diesem Zusammenhang sogar auf die noch verbreitete Meinung vieler Rechtshistoriker hin, die sogar der Auffassung seien, es habe im frühen Mittelalter ein selbstständiges Strafrecht gar nicht gegeben[59].

---

55 Meder, S. 29.

56 vertiefend hierzu: Jacobs, Günther, Rechtszwang und Personalität, S. 15 ff.

57 Mertins GA 1980, 41.

58 Buschmann, Einleitung S. 1; Weber, S. 860; Heinz, S. 9.

59 Weitzel, S. 21 f.

Die Entwicklungen des Rechtsinstituts der Notwehr im deutschen Sprachraum warengeprägt von verschiedenen Epochen und Kulturen, die entsprechend auf die Rechtskultur der jeweiligen Zeit Einfluss genommen haben. In dieser Zeit war der deutsche Sprachraum geprägt von vielen einzelnen Stammesverbänden. Aus diesem Grund, kann jede Untersuchung der Entwicklung des Notwehrrechts - wie auch von einigen anderen Autoren vertreten wird[60] - zugleich als eine stellvertretende Untersuchung der Europäischen Rechtsentwicklung auf diesem Gebiet gesehen werden. Aus der germanischen Zeit selbst, gibt es so gut wie keine unmittelbaren und nur wenige mittelbare Rechtsquellen. Soweit diese schriftlich sind, stammen sie ausschließlich von römischen, aber nicht auch von germanischen Autoren[61]. Dies liegt daran, dass es seinerzeit keine geschriebenen Rechtssatzungen gab, sondern nur ein auf einer vernünftigen Ordnung beruhendes, ungeschriebenes und mündlich weitergegebenes Recht, das im sog. Thing oder Ding, der Gerichts- und Versammlungsstätte diskutiert und weiterentwickelt wurde[62]. Man muss sich diesbezüglich also fast ausschließlich auf die Richtigkeit der römischen Geschichtsschreibung verlassen.

Dem germanischen Recht war der „Begriff der Notwehr", soweit man heute weiß, unbekannt. Im Falle einer Missetat[63] konnte mit Rache oder Fehde reagiert werden, oder diese durch entsprechende Ausgleichszahlungen (sog. Sühnegeldzahlungen) abgewandt werden. Strittig ist jedoch, ob eine Art Notwehrrecht aus dem System der zwischen den jeweiligen Stammesverbänden geleisteten Ausgleichszahlungen abgeleitet werden kann. Eine namentliche „Bußloserklärung" der Notwehr findet sich z.B. auch später in den Volksrechten[64] nirgends. Haas bemerkt hierzu konsequenterweise, dass aus der Behauptung, nach germanischem Recht sei bei Vorliegen einer Notwehrsituation stets Buße zu leisten, kaum weitergehende Schlüsse gezogen werden können, zumal Blutrache und Fehde die nahezu einzigen Regulierungsmechanismen bei Konfliktsituationen waren[65]. Demzufolge kamen auch diese Rechtsordnungen meist ohne zentrale staatliche Gewalt aus (Stammesrechte waren wie gesagt zu jener Zeit vorherrschend) und rückten den

60 so u.a. in: Kroeschell, S. 152 f; Genoni, S. 8.

61 Gmür/Roth, S. 9.

62 Kinder/Hilgemann, S. 109; Heinz, S. 9.

63 Als sog. „Missetat" wurde zu jener Zeit eine unglückliche oder schlechte Tat bezeichnet, was gleichbedeutend mit dem Wort „Untat" war, so in: His, Die Geschichte des Deutschen Strafrechts bis zur Karolina, S. 1.

64 Als sog. Volksrechte werden die späteren Rechtskodifikationen der germanischen Stämme während der fränkischen Zeit zwischen 500 und 900 n. Chr. bezeichnet.

65 vertiefend zu den verschiedenen Ansichten: Haas, S. 25 f.

materiellen wie ideellen Schadensausgleich der als „Friedensbruch“ begriffenen Straftat in den Mittelpunkt. Zentraler Gedanke war diesbezüglich Sühneleistung und Buße gegenüber dem Opfer oder dessen Sippe zu erbringen.

Es war im Fehderecht sogar erlaubt, den „handhaften Täter“ bußlos zu schlagen, das heißt den auf frischer Tat betroffenen Täter zu töten. Es war jedoch in den Situationen in denen man ein notwehrähnliches Recht des Angegriffenen anerkannte, nicht etwa die konkrete Notwehrsituation selbst entscheidend, sondern es wurde bei nachträglicher Beurteilung entschieden, ob nicht vielleicht durch die Notwehrhandlung selbst ein höherer Friede gebrochen wurde. Gegebenenfalls war dann hierfür zu büßen[66]. Oftmals wurden diese Regelungen bzw. die Bemühungen, die teilweise stark überzogene Notwehranwendung abzuschwächen jedoch nicht sehr ernst genommen und von den sog. „Unfriedlichen Mitteln“, nämlich der Selbsthilfe, Fehde, Rache oder Blutrache verdrängt[67]. Im germanischen Recht konnte der Täter oder seine Familie mehr und mehr sogar Rache „abkaufen“[68]. So schreibt z.B. Tacitus in der Germania:

> “*Suspicere tam inimicitias seu patris seu propinqui quam amicitias necesse est; nec implacabiles durant; luiter enim etiam homicidium certo armentorum ec pecorum numero recipitque satisfactionem universa domus, utiliter in publicum, quia periculosiores sunt inimicitiae iuxta libertatem*“.

Was soviel bedeutet, wie:

> „*Die Feindschaften des Vaters oder Verwandten ebenso wie die Freundschaften zu übernehmen, ist zwingende Pflicht. Doch bestehen die Fehden nicht unversöhnlich fort; denn selbst ein Totschlag kann mit einer bestimmten Anzahl Groß und Kleinvieh gesühnt werden, und die ganze Sippe empfängt die Genugtuung. Das ist nützlich für die Allgemeinheit, weil Fehden bei der Ungebundenheit der Verhältnisse umso verderblicher sind*“[69].

---

66 Schmidt, S. 36.

67 Haas, S. 20 f.

68 Meder, S. 123.

69 Fuhrmann, Tacitus.

Dieses Rechtssystem der Bußzahlungen ist auch in den Volksrechten übernommen worden. Sie enthalten Tarifkataloge, die für verschiedene Delikte bestimmte Bußsummen festlegen. So heißt es z.B. in der Lex Salica zu Totschlägen an Freien:

> *„Wenn einer aber einen freien Franken oder anderen Germanen, der nach salfränkischem Gesetz lebt, tötet, werde er, dem es nachgewiesen wird, - gerichtlich „Manngeld" genannt - 8000 Pfennige, die machen 200 Schillinge zu schulden verurteilt. Wenn er ihn aber entweder mit Zweigen oder mit Rindenstücken bedeckt oder mit irgendwelchen Sachen zur Verheimlichung bedeckt, werde er, dem es nachgewiesen wird, - gerichtlich „Großmanngeld" genannt - 24000 Pfennige, die machen 600 Schillinge zu schulden verurteilt"*[70].

Man könnte deshalb also durchaus das germanische Recht als sog. „viktimologisch ausgerichtetes Recht" bezeichnen, da wie festgestellt, ausschlaggebendes Element eindeutig ein stark ausgeprägtes Kompositionensystem war, welches durch Zahlung eines Sühnegelds an das Opfer der Straftat oder dessen Familie/Gemeinschaft eine Art Ausgleich beziehungsweise Genugtuung schaffte. Herauszustellen ist, dass das germanische „Konfliktrecht" lediglich auf die Tatsache des Angriffs abstellte, jedoch sonst keine Beschränkungen hinsichtlich der Verteidigung kannte.

II. Fränkische Zeit (Frühmittelalter, ca. 500 n. Chr.-900 n. Chr.)

In der fränkischen Zeit wurden viele germanische Völkerstämme, besonders die meisten in ehemals römische Gebiete eingedrungenen, schrittweise unter der Hoheit der Könige (seit 800 Kaiser) vereinigt. All diese Völkerstämme behielten auch nach der Vereinigung ihre angestammte Rechtsordnung bei. Auch im Fränkischen Recht wurde noch nicht zwischen Straf- und Zivilprozessen unterschieden. Auch hier konnte sich der Notwehrübende im sog. Ding auf Notwehr berufen. Die Fehde war aber nach wie vor sehr verbreitet. Jedoch war sie nicht mit dem bloßen Faustrecht zu vergleichen; vielmehr war sie ihrem Wesen nach Abwehr von Unrecht und Rechtswahrung im Wege der Selbsthilfe[71]. Auch Weber, der folgerichtig auf die im Unterschied zu früher vertretenen Ansichten, nunmehr vorgenommenen rechtlichen Ausarbeitungen der Fehde hinweist, beschreibt die Fehde als die „in der

---

[70] Fuhrmann, Tacitus.
[71] Eisenhardt, Rdnrn. 94 f.

Rechtsgewohnheit verankerte, zur Klage vor Gericht, bzw. Schiedsgericht oder Zweikampf zumindest subsidiär alternative und legitime Selbsthilfe zur Durchsetzung von Rechtsansprüchen“[72].

Um jedoch das weiter bestehende Fehdewesen, das teilweise sogar ganze Familienverbände dahinraffte, zurückzudrängen, wurden im Laufe der Zeit durch die erstarkende Staatsgewalt immer mehr und auch immer grausamere Verstümmelungs- und Leibesstrafen eingeführt. Diese sollten zwar den Opfern oder ihren Angehörigen mehr Genugtuung verschaffen aber hauptsächlich sollten sie dem unerwünschten Fehdewesen ein Ende bereiten[73].

III. Mittelalterliches Recht (ca. 900-1500 n. Chr.)

Das germanische Recht bedurfte, wie bereits aufgezeigt, neben der Blutrache und der Fehde keines eigenen Notwehrrechts. Da auch das Mittelalter noch von Fehden beherrscht war, die nach wie vor eine Art Privatkrieg darstellten, entstanden in jener Zeit die ersten staatlichen Strafgesetze um diesem Treiben staatlich kontrolliert Abhilfe zu schaffen[74]. Begründet wurde diese Maßnahme damit, dass Gewalt zur Durchsetzung des Rechts nur noch der Landesherr ausüben sollte. Eigentliche Ursache hierfür war aber, dass die Landesherren ihre eigenen Machtinteressen durchsetzen wollten. Untereinander führten die Landesherren sog. ritterliche Fehden. Aus dieser Zeit stammt auch der Spruch: „Ich traue dem Frieden nicht“[75]. Wie Kroeschell hierzu zutreffend ausführt, bezog sich dieser Ausspruch, der auf die ständigen Fehden bezogen war, auf den gesamten Rechtsfrieden im Lande[76]. Der Unterschied zur einstigen Fehde bestand aber inzwischen - und dies mit steigender Tendenz - darin, dass man sich lediglich Schmähbriefe schrieb oder die gegnerischen bäuerlichen Hintersassen überfiel. Bis zu diesem Zeitpunkt wurde die Fehde noch immer nicht als Unrecht begriffen, auch nicht als Störung der staatlichen Ordnung und auch nicht als staatlich geduldete Selbsthilfe, sondern als Ausdruck der Selbständigkeit von Teilverbänden im mittelalterlichen Staat, also als gewissermaßen legitimes Überbleibsel vorstaatlichen Eigenrechts autonomer Teilgemeinschaften, besonders wie genannt, des Adels[77].

Eingeschränkt wurde dieses staatliche Monopol durch ein Notwehrrecht, etwa im Sachsenspiegel (etwa 1220 bis 1235), wo sich erstmals

72 Weber, S. 860.
73 So u.a. auch: His, Die Geschichte des Deutschen Strafrechts bis zur Karolina, S. 58.
74 LK-Spendel, § 32 Rdn. 18.
75 Kroeschell, S. 159 f.
76 Kroeschell, S. 167.
77 Wesel, S. 302; Mertens GA 1980, 41 f.

konkret der Begriff „Notwehr“ als solcher findet. Man kann nach den vorstehenden Ausführungen zum germanischen Recht also durchaus sagen, dass hier eine endgültige Abwendung vom alten germanischen Recht erfolgt ist. Notwehr, oder auch „notwer“, bzw. einfach „not“ genannt, wurde als die Verteidigung angesehen, die gegen eine Not eingesetzt wurde, d.h. gegen Gewalt[78].
Aber auch im Recht von Wiener Neustadt wurde in jener Zeit der Begriff der Notwehr zwischen 1221 und 1230 definiert, wo es heißt:

> *„Vim vi repellendo, quod vulgariter dicitur notwer“*[79].

In diesem Zusammenhang ist auch der Mainzer Reichslandfrieden zu nennen, der schon eine Besonderheit in der Geschichte der Landfrieden darstellt, da er in einer lateinischen und in einer deutschen Fassung niedergeschrieben wurde[80].

Im Mainzer Reichslandfrieden von 1235 ist bereits in § 5: *„Statuimus ... quod dicitur notwere“* von Notwehr die Rede. Dort heißt es:

> *„Beamte und Rechte sind dafür aufgestellt, dass niemand Rächer seines eigenen Schmerzes sei; denn wo die Kraft des Rechts schwindet, wütet die grausame Willkür. Deshalb setzen wir fest, dass niemand – ganz gleich, in welcher Sache ihm Schaden oder Belästigung zugefügt wurde – sich selbst rächt, bevor er nicht seine Klage vor seinem Richter vorgetragen und dem Recht gemäß bis zu einem rechtskräftigen Urteil geführt hat; es sei denn, er müsste unmittelbar zum Schutz seines Leibes oder seiner Güter Gewalt mit Gewalt abwehren – was man „Notwehr“ nennt“*[81].

Durch diese Normierung wird die Fehde zu einem untergeordneten Selbsthilfemittel erklärt und wie Schmidt treffend beschreibt, der Grundsatz „zuerst das Gericht, dann das Schwert“ hervorgehoben[82]. Dies kommt aber außer in der Notwehrnorm selbst auch besonders durch die Regelungen zur Ausübung des Fehderechts zum Ausdruck, wonach ausdrücklich normiert wurde, dass „niemand Rächer seines eigenen Unrechts werde, da hierfür Recht und Gericht geschaffen wurden und

---

78 His, Das Strafrecht des Deutschen Mittelalters, Teil 1, S. 197.
79 Schmidt, S. 88.
80 Buschmann, Kaiser und Reich, S. 80.
81 Weinreich in: Sellert/Rüping, S. 116.
82 Schmidt, S. 52.

Willkür und Grausamkeit da herrsche, wo die Autorität des Rechts fehle"83.

Der Mainzer Landfrieden gewährte außerdem auch das Recht, „Körper und Güter" zu schützen. Er konnte sich jedoch letztendlich nicht durchsetzen[84]. Erst später setzte sich durch, dass sich selbst ins Unrecht setzt, wer die Fehde gegen einen Gegner „unritterlich" fortführt, der sich zur Unterwerfung unter Gerichtsspruch oder Schiedsurteil bereit erklärt hat[85]. Die private Selbsthilfe des Deliktsopfers trat demgegenüber immer mehr in den Hintergrund[86]. Grund dieser Regelung war mitunter, dass Kirche und Religion immer mehr an Macht und Einfluss auf die Gesellschaft und die Gesetze nahmen. So verwundert es nicht, dass viele der im Sachsenspiegel gezeichneten Rechtssätze aus der Bibel übernommen wurden[87]. Ein weiterer Grund für diese Entwicklung wird auch im Zerfall der archaischen Kulturen (Zerfall von Stamm, Geschlecht und Familie) gesehen. Sie hatten bisher Leben und Überleben garantiert und verlangten dafür, wie bereits erwähnt, Ein- und Unterordnung des Einzelnen. Im Zerfall dieser alten Personalverbände äußerte sich neues Denken. Die Menschen trauten sich langsam vereinzelt, auf sich alleine gestellt, in neuen und nicht durch Abstammung begründeten Bindungen ihre Sicherung zu finden[88]. Schon hier werden erste Tendenzen sichtbar, die die Vermutung stützen, dass es im Verlauf der Geschichte immer wieder eindeutig zuordenbare gesellschaftliche Einflüsse gab, die entsprechend auf das Notwehrrecht eingewirkt haben.

In diese Zeit fällt auch der sog. Klagespiegel von 1425, der an dieser Stelle unbedingt kurz Beachtung finden sollte. Es handelt sich hierbei um ein Werk eines unbekannten Autors, welches aber schon die wesentlichen Merkmale des kommenden Notwehrgedankens enthält. Über die Notwehr war dort niedergeschrieben:

> *„Wann eyner eyn übelthat gethon hat, so er sich woeren muss, der selb soll nit gestrafft werden"*[89].

Damit wird im Klagespiegel schon recht deutlich das Selbstverteidigungsrecht festgestellt. In dieser Zeit wurde z.B. 1499 auch die Tiroler Malefizordnung als erste Landesordnung, die eigentlich eine Strafge-

---

83 Buschmann, Kaiser und Reich, S. 85 f.

84 Krey, JZ 79, 702 (704).

85 Kroeschell, S. 161.

86 Walter, Rdnr. 5.

87 Gmür/Roth, S. 56, Rdnr. 197.

88 Hattenhauer, Rdnr. 699 ff.

89 Haas S.53 ff.

richtsordnung war, erlassen. Grund hierfür war die innere Ordnung des Landes zu verbessern und zu stärken. Fehdeverbrechen wurden auch hier unter Strafe gestellt. So heißt es z.B. unter der betreffenden Norm zu den Fehdeverbrechen:

> *„Ein yeder absager*[90] *der prennt. Soll mit dem prannd. Aber sunst mit dem swert gericht werden... “*[91].

IV. Das Notwehrrecht in der frühen Neuzeit (ca. 1500-1800)

Die Epoche der frühen Neuzeit löste das „finstere Mittelalter“ ab und war geprägt von zeitgenössischem Humanismus. Sie prägte maßgeblich das bis dahin geltende Notwehrrecht. Schon im 15. Jh. war es im geistigen und sozialen Leben zu allgemeiner Unruhe gekommen. Die Hinwendung zur reinen griechischen Antike führte zunächst in Italien, dann später auch in Deutschland zur „Renaissance“ in der Kunst und im allgemeinen Lebensstil sowie zum Humanismus in den Geisteswissenschaften[92].

1. Aufklärung, Naturrechtslehre und Vernunftrecht

Häufig wurde dieses Zeitalter auch als Zeitalter des Vernunftrechts bezeichnet, ein Zeitraum, in dem die Lehre vom Naturrecht Einfluss auf die Rechtswissenschaft nahm und im 17. und 18. Jahrhundert seinen Höhepunkt erreichte[93]. Das Vernunftrecht bildete nur einen Ausschnitt aus dem Naturrecht, das auf geistige Tradition gegründet, sich von den Anfängen der hellenistischen Philosophie bis in die Gegenwart fortsetzt. Der Mensch stand nun im Mittelpunkt. Die Aufklärer setzten sich zum Ziel durch Besinnung auf die menschliche Vernunft eine neue Welt zu schaffen. Ihr Ziel war es, den Menschen aus seiner „selbstverschuldeten Unmündigkeit“ zu befreien und das menschliche Leben in all seinen Bereichen vernunftmäßig zu ordnen[94].

a) Der Einfluss auf das Notwehrrecht

Der eigentliche Einbruch in das deutsche Recht gelang dem Naturrecht aber erst unter dem Einfluss der Aufklärung. Viele Grundlagen auf denen das gegenwärtige soziale System und die Rechtsordnung

90 Damals gebräuchlicher Ausdruck für Fehdeführer.
91 Weiske, S. 195.
92 Gmür/Roth, S. 64, Rdnr. 229.
93 Wesel, S. 368.
94 Eisenhardt, Rdnr. 266.

beruhen, wurden in dieser Zeit gelegt. So auch die Forderung nach Menschenrechten und der allgemeinen Handlungsfreiheit, die im Naturzustand unspezifisch gegen jede Art von Herrschaft gerichtet ist[95]. Dies hatte natürlich auch auf das bis dahin geltende Notwehrrecht Auswirkungen, das ja nicht zuletzt von den Herrschern aufgestellt, oftmals die einzige Rechtfertigung und somit von großer Bedeutung war, um den bis dahin sehr harten Körper- und Lebensstrafen entgegenzuwirken. Diese Entwicklung ist nicht verwunderlich, wenn man an die teilweise oben geschilderten Ausuferungen des Notwehrrechts in seiner Anwendung denkt. Noch zwischen dem ersten Drittel des 16. und dem zweiten Drittel des 17. Jahrhunderts wurde der Begriff der „Notwehr" zur Rechtfertigung einer breiten Spannweite von Handlungen organisierter Gewaltsamkeit herangezogen. Das Recht zur Gewaltanwendung im Rahmen der Notwehr war nämlich weder ständisch eingeschränkt, noch direkt mit einem bestimmten Verfassungskonzept verbunden[96].

Nach oben Gesagtem musste folglich ein freiheitlich und vernünftig handelnder und denkender Mensch auch die Möglichkeit haben, sich angemessen zu verteidigen. Bekannte Rechtsordnungen jener Zeit waren u.a. die CCC, die Leopoldina von 1786, die Josephina von 1787, sowie das Preußische Allgemeine Landrecht (ALR von 1794).

b) Die Cautio Criminalis Carolina CCC

Eine maßgebliche strafrechtliche Kodifizierung erfolgte 1532 auf dem Reichstag zu Regensburg mit der „Peinlichen Gerichtsordnung" (Cautio Criminalis Carolina) von Karl V, die auf der Bambergischen, bzw. auf der Brandenburgischen Gerichtsordnung beruhte, jedoch ohne diese einfach nur komplett zu kopieren[97], wie es damals üblich war.

Die Carolina war das letzte große Werk der Reichsgesetzgebung. Sie war in erster Linie eine Strafprozessordnung, die aber schon zu wesentlichen Teilen materielles Strafrecht enthielt[98]. Sie bildete erstmals genau bezeichnete Tatbestände ab und enthielt Definitionen in allgemein verständlichen Formulierungen. Es ginge jedoch zu weit, sie als ein Strafgesetzbuch im heutigen Sinne anzusehen; vielmehr bestand der eigentliche Sinn der Carolina darin, den Gesetzesanwendern vor allem durch Verfahrensvorschriften Hilfestellungen zu geben[99]. Basis der Constitutio

---

95 Eisenhardt, Rdnr. 279.

96 Friedburg, S. 20.

97 Laufs, S. 110.

98 Gustav Radbruch bezeichnete die Carolina in seiner „Einführung in die Reclam Ausgabe der Carolina" sogar als „eine Prozessordnung, die in ein Strafgesetzbuch eingeschaltet sei."

99 Kleinheyer in: Landau/Schröder, S. 25.

Criminalis Carolina war die 1507 unter Leitung von Johann Freiherr von Schwarzenberg verfasste Bambergische Halsgerichtsordnung (sog. Bambergensis)[100], die ihrerseits auch schon auf das humanistische Gedankengut italienischer Rechtsschulen zurückging. Nach Schwarzenberg sollten Gerechtigkeit und Gemeinnutz hinter jeder einzelnen Regelung der Carolina stehen[101].

c) Das Notwehrrecht in der Cautio Criminalis Carolina CCC

Die Cautio Criminalis Carolina CCC war hauptsächlich ein Werk für die Gerichte der damaligen Zeit und entstand insbesondere deshalb, weil die Richter und Urteiler des damaligen Reichskammergerichtes dauerhaft Beschwerde führten, dass in den Territorien des Reiches immer wieder Menschen ohne Recht zum Tode verurteilt würden, obwohl sie eigentlich gerechtfertigt waren[102]. Hierauf erfolgte eine schnelle Reaktion durch den Reichstag von Lindau von 1496/97, was darauf schließen lässt, dass es sich hierbei nicht nur um Einzelfälle, sondern um die Regel handelte[103]. Auch hier spiegelt sich die damalige gesellschaftliche Entwicklung wieder, die auch das Notwehrrecht geprägt hat, insbesondere die immer mehr aufkommenden aufklärerischen Strömungen. Die Notwehr wurde in der Carolina erstmals als Rechtfertigungsgrund anerkannt[104]. Die begriffliche Erfassung der Notwehr wurde hier schon sehr genau gefasst[105].

In Art. 139 f. wird dort lediglich, aber immerhin die Straflosigkeit der tödlichen Abwehr eines Angriffs auf Leib und Leben unter der Überschrift: „rechte notwer“ geregelt.

---

100 Neumann, Strafrechtsgeschichte, S. 396.
101 Sellert, S. 45.
102 Buschmann, S. 103.
103 Kleinheyer in: Landau/Schröder, S. 7.
104 Schroeder, S. 53.
105 Lieberwirth in: HRG, Bd. 1, Sp. 592 f.

Erstlich von rechter notweer, wie die entschuldigt:

Item welcher eyn rechte notweer, zu rettung seines leibs vnd lebens thut, vnnd den jhenen, der jn also benöttigt inn solcher notweer entleibt, der ist darum niemants nit schuldig[106].

In Art. 140 der Constitutio Criminalis Carolina findet sich sogar eine Legaldefinition, wonach eine „rechte Notwehr" nur zur Abwehr eines Angriffs auf Leib und Leben zulässig war. Dagegen sollte Nothilfe auch zur Verteidigung von Hab und Gut möglich sein.

Was eyn recht notweer ist:

Item so eyner mit eynem tödtlichen waffen oder weer überlaufft, anficht oder schlecht, vnd der benöttigt kan füglich an ferlichkeyt oder verletzung, seines leibs, lebens, ehr und guten leumuts nicht entweichen, der mag sein leib vnnd leben on alle straff durch eyn rechte gegenweer retten, Vnd so er also den benötiger entleibt, er ist darumb nichts schuldig, ist auch mit seiner gegenweer, biß er geschlagen wirdt zu warten nit schuldig, vnangesehen ob es geschriben rechten vnnd gewonheyten entgegen wer[107].

Art. 141 definierte sogar den Beweis der Notwehr und in Art. 144 war sogar die Notwehr gegenüber einer Frau normiert. Erstaunlicherweise war in Art. 145 schon ein Notwehrexzess geregelt. Auch kannte die in Carolina bereits eine Art Nothilfe, die in Art. 150 normiert war.[108]

2. Gemeinrechtliche Wissenschaft

Die gemeinrechtliche Wissenschaft ist in dem Zeitraum zwischen Rezeption, insbesondere den Erlass der CCC und der Aufklärung einzuordnen, da sie die CCC als Ausgangspunkt bzw. Grundlage ihrer wissenschaftlichen Erörterungen ansah, jedoch in dem Bestreben, das Notwehrrecht generell zu sehen, gezwungen war eine eigene Notwehrlehre zu schaffen. Bis in das 15. Jahrhundert lehnte die gemeinrechtliche Wissenschaft z.B. ein Notwehrrecht zur Verteidigung von Sachgütern ab,[109] diese sollte nur dort zulässig sein, wo gleichermaßen

106 Neumann, Strafrechtsgeschichte, S. 291.
107 Neumann, Strafrechtsgeschichte, S. 291.
108 Haas, S. 57.
109 Krey, JZ 79, 702, 706.

Gefahr für Leib und Leben bestand[110]. Begründet wurde dies vor allem mit Verhältnismäßigkeitsgedanken[111]. In der nun folgenden Zeit wurde unter dem Einfluss von Benedict Carpzov das Notwehrrecht ausgeweitet. Die Tötung eines Diebes sollte zulässig sein - als Argument wurde ein Erst-Recht-Schluss aus Art. 150 II der Constitutio Criminalis Carolina angeführt[112].

3. Weitere bekannte territoriale Werke der Strafgesetzgebung dieser Zeit

Weitere bekannte territoriale Werke der Strafgesetzgebung dieser Zeit waren z.B. der Codex Juris Bavarici criminalis von 1751, das sog. Josephinische Strafgesetzbuch von 1787 oder das Allgemeine Landesrecht für die Preußischen Staaten von 1794. Auch diese Werke enthielten schon materielles Strafrecht sowie Strafprozessrecht.

a) Codex Juris Bavarici criminalis von 1751

Auch der Codex Juris Bavarici criminalis beinhaltete mit seinen §§ 4 - 8 ein genau geregeltes Notwehrrecht, das Notwehr bei Gefahr für Leib, Leben, ja sogar bei Angriffen auf Ehre, Hab und Gut zuließ und sogar schon die Verhältnismäßigkeit kannte. Dort heißt es zur Rechtmäßigkeit der Notwehr im 3. Kapitel:

> *„Zur rechtmäßiger Nothwehr wird erfordert, dass man 1. ungebührlich und unversehener Weis angegriffen. 2. in augenscheinliche Gefahr seines Leibs-Lebens-Ehr oder Haab und Guts dardurch gesetzet wird. 3. Seinen Gegner gleich auf der Stell darüber erlegt, und sich 4. durch andere thunlich und leichtere Mittel, der instehenden Gefahr nicht zu retten weiß"*[113].

b) Das Josephinische Strafgesetzbuch von 1787

Auch die gesellschaftlichen Einflüsse, die sich auf die Entstehung des Josephinischen Strafgesetzbuches ausgewirkt haben, sind nicht unbeachtlich. Mit dieser Strafgesetzgebung wurde erstmals zusätzlich zur Schaffung einer besseren Rechtfertigung das System der Todesstrafen

110 Schmitt-Lermann, S. 33.
111 Schaffstein, S. 77.
112 Eisenhardt, Rdnrn. 248 f.
113 Buschmann, S. 193.

bis auf wenige Ausnahmen abgeschafft. Ursache hierfür war ebenfalls der Einfluss der Aufklärung. Im Jahre 1769 stellte der Aufklärer Joseph von Sonnenfels Folter und Todesstrafen und somit auch das gesamte Verfahrenssystem öffentlich in Frage. 1775 schloss sich Kaiser Joseph II dieser Auffassung an, worauf 1783 ein Entwurf eines neuen Strafgesetzes vorgelegt wurde. In § 96 wurde die Tötung aus Notwehr für straffrei erklärt. Auch hier trägt der Gesetzeswortlaut die Handschrift der Aufklärer: „wer in einer gerechten Nothwehr tötet und „es muss sich aus den Umständen ergeben, dass der Angegriffene seine eigene Verwundung oder gar den Tod befürchten konnte“[114]. Es wird auch hier klar herausgestellt, dass dem in Notwehr Handelnden zugestanden wird, selbst zu erkennen, wann die Notwehr „gerecht“ ist.

Aber auch drei weitere bedeutsame Kräfte von kulturgeschichtlicher Wirkung charakterisieren das 18. Jahrhundert: das mathematisch- naturwissenschaftliche Denken, der kritische Intellektualismus sowie die Leidenschaft für die Probleme der Humanität und Menschheitserziehung[115].

c) Allgemeines Landrecht für die Preußischen Staaten von 1794

Im allgemeinen Landrecht für die Preußischen Staaten von 1794 war in den §§ 517 ff. ausführlich die Notwehr und -hilfe geregelt. Beachtlich ist, dass hier erstmalig ein von den Tötungsdelikten losgelöstes Notwehrrecht zu finden war. Eine Beschränkung auf Leib und Leben war also nicht vorgesehen. Das Allgemeine Landrecht für die Preußischen Staaten versuchte das Notwehrrecht umfassend zu regeln, d.h. auf alle Abwehrmaßnahmen zu erstrecken, sowie eine Geeignetheits- und intensive Verhältnismäßigkeitsprüfung vorzunehmen[116]. Hinsichtlich dem oben zur Eindämmung der Selbsthilfe Gesagten, kann in dem Zusammenhang festgestellt werden, dass in § 518 ALR bereits die Subsidiarität privater Notwehr verortet war.

d) Bayerisches StGB von 1813

Das bayrische StGB von 1813 kannte ein sehr viel weiter reichendes Notwehrrecht. Die Verteidigung musste gemäß Art. 125 zwar „notwendig“ sein, eine nach heutigen Maßstäben erforderliche Verhältnismäßigkeitsprüfung brauchte gemäß Art. 128 hingegen nur eingeschränkt zu erfolgen, fand aber immerhin schon statt. Einzige Einschränkung war, dass obrigkeitliche Hilfe nur unzureichend oder gar nicht möglich war

[114] Buschmann, S. 242.
[115] Mönch, S. 18.
[116] Buschmann, S. 272.

und dass das gewählte Verteidigungsmittel nur soweit gewählt werden durfte, wie es zur Abwehr des Angriffs nötig war. Gemäß Art. 136 bestand darüber hinaus die Verpflichtung, im Falle der Verwundung oder Tötung des Angreifers, den Vorfall der Obrigkeit zu melden. Mit Art. 126 war sogar Nothilfe zugelassen[117]. Interessant hierbei ist, dass die Entstehung dieses Strafgesetzbuches untrennbar mit dem Namen Johann Anselm von Feuerbach verbunden ist, der von vielen als der Begründer der modernen Strafrechtswissenschaft angesehen wird und der auch als Schöpfer dieses StGB zu betrachten ist. Nach Feuerbach, der an die Naturrechtslehre anknüpft, ist der Zweck des Staates die wechselseitige Freiheit aller Bürger, d.h. die Unverletzlichkeit ihrer Rechte zu gewährleisten. Außerdem hält nach Feuerbach die Furcht vor Strafe den Bürger davon ab, die Gesetze zu übertreten; dies aber nur dann, wenn ihm die Voraussetzungen der Strafbarkeit vollständig bekannt sind. Daraus folgt, dass der Tatbestand eines eine Strafe nach sich ziehenden Verhaltens so genau wie möglich bestimmt und erkennbar sein muss-eine Aufgabe, die nur ein positives Gesetz erfüllen kann[118]. Übertragen auf das bayrische StGB bedeutet dies, dass die Notwehrnormen wie alle anderen Normen auch, zum einen so gestaltet sein mussten, dass sie für jeden Bürger erkennbar waren und zum anderen, dass der Staat, der dieses Gesetz schafft, diese Normen so gestalten muss, dass die wechselseitige Unverletzlichkeit der Rechte der Bürger gewährleistet ist. Auch hieran ist wieder erkennbar, dass sich gesellschaftliche Umbrüche und Strömungen auf das Notwehrrecht ausgewirkt haben.

e) Preußisches StGB von 1851

Im preußischen StGB von 1851 taucht schließlich zum ersten Mal der der heutigen Formulierung ähnelnende Wortlaut auf, wonach „ein Verbrechen oder Vergehen nicht vorhanden ist, wenn die That durch die Nothwehr geboten war“[119].

Nicht verwunderlich ist diese Formulierung, wenn man die Entstehungsgeschichte des preußischen StGB näher betrachtet, denn hier sind erstmals auch internationale, aus gesellschaftlichen Umwälzungsprozessen hervorgegangene Rechtsordnungen, wie z.B. der französische Code penal von 1807 (franz. Kodifikation des Strafrechts unter Napoleon) eingegangen. In diesem Code penal wurde z.B. durch die Revolution dem Gleichheitsgrundsatz (alle Bürger sind gleich zu behandeln) entsprechend Rechnung getragen. Das Preußische StGB ist also ein Werk in das eine

---

117 Buschmann, S. 474 f.

118 Eisenhardt, Rdnr. 544.

119 Buschmann, S. 547.

rechtsvergleichende Zusammenstellung der Strafgesetze auswärtiger Staaten eingeflossen ist. Diese wiederum sind ebenfalls durch gesellschaftliche Entwicklungen, wie die Französische Revolution weiter entwickelt worden. Dem preußischen StGB kommt für die weitere Entwicklung des Strafrechts in Deutschland insofern eine entscheidende Bedeutung zu, als es die Grundlage für das heute noch geltende Strafrecht bildet[120].

f) StGB des Deutschen Reiches von 1871

Der gleiche Wortlaut fand sich dann auch im Strafgesetzbuch für das Deutsche Reich von 1871 wieder und ist auch heute noch im § 32 II erhalten geblieben. Adressat dieses StGB war nur der freie und mündige Bürger, der selbstbestimmt handeln kann[121].

V. Das Notwehrrecht im Nationalsozialismus

Im Nationalsozialismus wurde das Notwehrrecht, wie im Hauptteil noch ausführlich behandelt werden wird, wiederum zugunsten des nationalsozialistischen Denkens stark eingeschränkt. Deshalb sei diesbezüglich auf die Ausführungen im Hauptteil verwiesen.

VI. Maßnahmen der Alliierten nach der Kapitulation 1945

Nach dem Krieg wurde dieses Recht von den jeweiligen Besatzungsmächten aufgehoben. Es wurde zunächst ein alliiertes Übergangsrecht eingeführt. Eine Reihe von nationalsozialistischen Gesetzen wurde durch den Alliierten Kontrollrat aufgehoben. Schließlich begann im Herbst 1945 die Rekonstruktion der deutschen Gerichtsbarkeit unter Aufsicht der Besatzungsmächte.

VII. Strafrechtsänderungsgesetz von 1969

Bereits 1952 setzte das Bundesjustizministerium einen Reformprozess in Gang, der zu einer Gesamtreform des Strafrechts führen sollte. 1962 wurde von der Großen Strafrechtskommission der Gesamtentwurf eines neuen Strafgesetzbuches vorgelegt. Darin schlugen sich hauptsächlich gewandelte und stark gemilderte Vorstellungen von sittlichem Verhalten

---

120 Buschmann, S. 538 f.

121 Wesel, S. 469.

nieder[122]. Auch diesbezüglich kann auf die nachfolgende Untersuchung verwiesen werden.

VIII. Strafrechtsänderungsgesetz von 1975

Das 2. Strafrechtsänderungsgesetz von 1975 brachte eine Neufassung des Allgemeinen Teils mit sich. Eine wesentliche Veränderung der Notwehr war aber nicht erfolgt.

IX. Gegenwärtige Entwicklungen im Notwehrrecht

Das heutige Notwehrrecht (§ 32 StGB) hat sich an sich, was den Wortlaut der Norm angeht, nicht verändert, doch gesellschaftliche Veränderungen spiegeln sich in der Anwendung des Notwehrrechts auf einzelne Fälle wieder. Vorwiegend Rechtsprechung und Lehre, beeinflussen die Entwicklung des Notwehrrechts anhaltend[123] z.B. durch den jeweils die Gesellschaft repräsentierenden Geschädigten oder den Angeklagten in einem Strafprozess oder durch die in der Lehre entwickelten Lösungen für die Problematik, die ein spezieller Fall aufwirft. So wird gewährleistet, dass die Entwicklung im Notwehrrecht stetig mit der Entwicklung der Gesellschaft im Einklang steht. Zunehmend wird dieser Prozess jedoch auch durch die Medien beeinflusst, welche die Gesellschaft stets über die neuste Rechtsprechung informieren, aber diesen Prozess auch durch ihre Macht beeinflussen. Eine weitere Einflussnahme findet durch Diskussionen in Öffentlichkeit und Parlament statt. In letzter Zeit wird doch wieder vermehrt darauf hingewiesen, dass diese Entwicklung der Einflussnahme auf allen Ebenen des Rechts, somit auch im Strafrecht stattfindet und mit der gebotenen Vorsicht zu betrachten ist[124].

---

122 Eisenhardt, Rdnr. 782.

123 Wesel, S. 562.

124 So weist beispielsweise auch Hilgendorf in seinen „Beobachtungen zur Entwicklung des deutschen Strafrechts“ (dort S. 214) darauf hin, dass ein „Populismus der Rechtsanwendung“ die Unabhängigkeit Strafrechts gefährden könnte. An dieser Stelle kann auch auf die jüngsten Ergebnisse der „Dresdner Notwehrstudie“ verwiesen werden.

D. Die Entwicklung des Notwehrrechts in totalitären und autoritären Regimen

Gegenstand der Untersuchung in diesem Abschnitt ist die Frage, ob und wenn ja wie das Notwehrrecht sich in totalitären und autoritären Regimen verändert hat. Ein besonderes Augenmerk soll dabei auf die jeweils beeinflussenden und beeinflussten Faktoren gelegt werden. Eine solche Veränderung wird immerhin von einigen Autoren wenigstens kurz angesprochen, welche die Notwehr richtigerweise als eine Art „Indikator der immer wieder vorkommenden Wandlungen in den jeweiligen politischen und somit auch gesellschaftlichen Grundanschauungen“ sehen[125]. Nach Schröder zeigt sich beispielsweise im Ausmaß der Gewährung des Rechts zur Verteidigung der eigenen Rechtsgüter der Bürger die Haltung einer Rechtsordnung zwischen Individualismus und sozialer Bindung[126], und Fasten stellt z.B. in einer jüngeren, eher breit angelegten Untersuchung zu den sog. sozialethischen Einschränkungen fest, dass das Notwehrrecht, besonders seine Einschränkungen betreffend, im Verlauf seiner Entwicklung immer wieder von verschiedenen gesellschaftlichen Determinanten beeinflusst wurde[127].

Bevor jedoch im Folgenden näher untersucht werden kann, ob und gegebenenfalls wie sich das Notwehrrecht konkret in den jeweiligen o.g. totalitären und autoritären Regimen verändert hat, ist es erforderlich, zunächst zu klären, was unter den jeweiligen politischen Systemen zu verstehen ist. Zu untersuchen ist im Folgenden also zunächst, was genau ein totalitäres, bzw. autoritäres Regime ausmacht und wie sich das jeweilige System in seiner konkreten Erscheinungsform darstellt. Nach dieser Differenzierung sollen diesen Systemen dann konkrete Staatsformen zugeordnet werden, anhand derer - ausgehend von einer allgemeinen Untersuchung der Entwicklungen im Strafrecht – das Not-

---

125 Schröder, Maurach-FS, S. 127.

126 U.a. Pawlik, S. 3 ; Jakobs AT, S. 380; Schröder, Maurach-FS, S. 127.

127 vertiefend hierzu die Untersuchung von Fasten, die Grenzen der Notwehr im Wandel der Zeit, 2011.

wehrrecht im jeweiligen System analysiert werden kann. Wie den Ausführungen zum Gegenstand und zur Fragestellung der Arbeit schon entnommen werden kann, soll das Notwehrrecht umfassend analysiert werden, was bedeutet, dass zunächst die Veränderungen im Wortlaut untersucht werden, bevor die Frage geklärt werden kann, ob es Diskrepanzen zur Rechtsprechung gab, oder ob auch die Rechtsprechung im Sinne des jeweiligen Systems handelte. Hierbei soll stets – soweit möglich – der dahinter stehende gesellschaftliche und politische Einfluss auf das Notwehrrecht und seine Hintergründe im Auge behalten werden. In diesem Zusammenhang soll auch eine eingehendere Untersuchung der jeweiligen Rechtsanwender dahingehend vorgenommen werden, dass die Beweggründe ihrer Entscheidungen mit der Einflussnahme der jeweiligen gesellschaftlichen Veränderungen auf diese Personen verknüpft werden.

I. Problematik bei der Differenzierung der jeweiligen Systeme

In der Politikwissenschaft wurde die Differenzierung der verschiedenen Systeme lange Zeit fast schon stiefmütterlich behandelt. So verwundert es nicht, dass lange eine deutliche Unterscheidung der jeweiligen Systeme als nicht möglich bezeichnet wurde, da zwischen ihnen fließende Grenzen bestünden. Eine solche Differenzierung und Abgrenzung wurde mit der Zeit aber immer dringender erforderlich. Folglich wurde auch ihre Existenzberechtigung als individuelles System lange Zeit verneint[128]. Daher verwundert es ebenfalls nicht, dass in der Politikwissenschaft hinsichtlich der genauen Definitionen nach wie vor Streit herrscht. Trotz der heute mannigfaltig vertretenen Ansichten herrscht jedoch zumindest weitgehend Einigkeit darüber, welche hauptsächlichen Kriterien den jeweiligen Systemen zuzuordnen sind. Aufgrund der gewählten Schwerpunktsetzung dieser Arbeit sollen diese Kriterien an dieser Stelle zwar angesprochen und herausgestellt werden; jedoch kann und soll eben aus diesem Grunde eine im übrigen für diese Arbeit auch nicht erforderliche erschöpfende Behandlung dieser Thematik nicht erfolgen. Die vorgenommene Behandlung ist für die hier angestrebten Zwecke durchaus ausreichend.

1. Totalitäre Systeme

Als totalitäre Regime werden in der Politikwissenschaft diktatorische Formen von Herrschaft bezeichnet, die in alle sozialen Verhältnisse hinein wirken. „Total“ wird ein Staat schrittweise in dem Maße,

[128] Nohlen/Waldmann/Ziemer, S. 76 f.

indem er zur „Selbstorganisation der Gesellschaft" wird, so dass hierdurch schrittweise alle Lebensbereiche der Gesellschaft politisch relevant werden[129]. Eine allumfassende Definition gibt es jedoch aufgrund der verschiedenen Ansichten bis heute nicht[130]. Totalitären Systemen ist jedoch allen gleich, dass sie die Gesellschaft in allen Sparten gemäß einer bestimmten totalitären Ideologie zu formen versuchen. Kopf eines solchen Systems ist eine Massenpartei, die dieser Ideologie verpflichtet ist, ihre Stütze eine in alle Bereiche wirkende und hoch entwickelte Geheimpolizei, die die Umsetzung der Ideologie mit allen Mitteln kontrolliert[131]. Als weiteres wesentliches Merkmal dieses Systems werden aus heutiger Sicht drei Arten von Monopolen definiert, nämlich die monopolistische Kontrolle über die Massenkommunikation, über die einsatzfähigen Waffen und über alle verfügbaren Organisationen, einschließlich der wirtschaftlichen Organisationen[132].

Bezeichnend für den Totalitarismus ist also anders ausgedrückt, das Fehlen von staatsfreien Sphären, rechtlichen und traditionellen Beschränkungen politischer Gewalt, sowie die Bewegungsfreiheit für die Mehrzahl der gesellschaftlichen Kräfte[133].

2. Autoritäre Systeme

Ein autoritäres System zeichnet sich hingegen im Wesentlichen durch drei Merkmale aus, nämlich durch begrenzten Pluralismus, das Nichtvorhandensein einer umfassend formulierten Ideologie, sowie das Nichtvorhandensein einer Mobilisierung auf Grund einer nicht vorhandenen klaren Ideologie. Hinzu kommt als weiteres Merkmal die Art und Weise der Machtausübung durch einen Führer oder eine kleine Gruppe die ihre Macht innerhalb formal kaum definierter, aber tatsächlich vorhersagbarer Grenzen ausübt[134].

3. Totalitäre und autoritäre Staatsformen

Häufig genannte Formen des Totalitarismus sind der Stalinismus, sowie der Nationalsozialismus. Ihnen gleich ist, dass sie mit ihrer diktatorischen Ideologie in alle gesellschaftlichen Bereiche hineinwirken. Unzweifelhaft kann dem Nationalsozialismus die Form des Totalitarismus zugesprochen werden. Umstritten ist jedoch, ob die DDR

---

129 Voegelin, S. 12.

130 Vertiefend zum Problem u.a. Voegelin, S. 54.

131 So z.B. die Kriterien nach Friedrich, S. 19 ff.

132 So auch vertreten von: Linz, S. 20; Arendt, S. 814 ff.; Stykow, S. 62.

133 Ruffmann, S. 47 f.

134 Linz, S. 129.

ebenfalls als totalitärer Staat angesehen werden kann. Dies wird nicht einheitlich bewertet.

Der Ansicht, dass die DDR totalitär gewesen sei, wird oft entgegengebracht, dass sich die Gesinnung des Regimes mit der Zeit gewandelt habe. In der Ära Ulbricht und hauptsächlich während der fünfziger Jahre sei das Regime durchaus totalitär gewesen, während in der Ära Honecker zunehmend eine Veränderung in Richtung Autoritarismus stattfand. Auch der Politikwissenschaftler Eckhard Jesse - er wendet die von Linz entwickelten o.g. Kriterien an - hält deshalb für diese Spätphase die Bezeichnung „totalitär“ nicht mehr für zutreffend und will Merkmale einer „autoritären Diktatur“ als leitend ansehen. Er spricht deshalb in diesem Zusammenhang von einem autoritären Staat mit totalitären Zügen[135]. Der Politikwissenschaftler Peter Christian Ludz kommt unter Zugrundelegung einer Untersuchung von Rensis Likert zu Organisationsstrukturen, zu ähnlichen Ergebnissen. Er sieht in der Entwicklung der DDR eine Parallele zu fortschrittlichen Industriestaaten. Im Zuge dieser Entwicklung habe sich das alte Regime zu einem „konsultativen Autoritarismus“ hin entwickelt, bzw. entschärft[136].

Nach oben Gesagtem kann also für die Zeit unter Walter Ulbricht durchaus angenommen werden, das die DDR totalitär war, was aber auch in die nachfolgenden Zeitabschnitte hinein gewirkt haben dürfte. Aufgrund der abnehmenden Ideologisierung, sowie der mit der Zeit immer mehr abnehmenden Mobilisierung der Bevölkerung hat sich die DDR unter Erich Honecker zunehmend zu einem autoritären System entwickelt[137].

Im Zusammenhang mit autoritären Systemen muss, wenn man sich wie hier auf die deutschen Systeme beschränkt, unweigerlich auch der Begriff des deutschen Kaiserreiches fallen. Nach dem oben Gesagten kann dieses durchaus ebenfalls als autoritäre Staatsform bezeichnet werden[138]. Letztendlich ist im Zusammenhang mit dem Nationalsozialismus hinsichtlich des Totalitarismusbegriffs auch das faschistische System in Italien während der Zeit Mussolinis zu nennen. Auch dieses erfüllt unstreitig vorbezeichnete Kriterien. So hat unter anderem Mussolini selbst den italienischen Faschismus als totalitäres Regime be-

---

135 Jesse, S. 12 ff.

136 Kölner Zeitschrift für Soziologie und Sozialpsychologie, Bd. 22, Ausgabe 1, S. 166.

137 Eckhard Jesse: War die DDR totalitär? in: Aus Politik und Zeitgeschichte, Heft 40 (1994), S. 12–23, Limbach in ZRP 1992, Heft 5 S. 170.

138 So auch vertreten in: Ullmann, Politik im deutschen Kaiserreich der in seinen Ausführungen von einem „autoritären Nationalstaat“ spricht, der auf dem Weg zu einer liberalen und modernen Staatsform war. Hierbei bezieht er sich vor allem auf Mommsen, der in diesem Zusammenhang auch von einem „autoritären verformten Nationalstaat“ spricht.

zeichnet, indem er in einer Rede aus dem Jahre 1927 zum Ausdruck brachte, dass „in einem totalitären Regime wie dem faschistischen eine Opposition töricht und überflüssig sei“[139].

4. Einfluss der Systeme auf das Notwehrrecht

Im Folgenden gilt es nun zu untersuchen, wie sich in den verschiedenen Systemen das Notwehrrecht verändert hat, was die Gründe hierfür waren und welche Auswirkungen diese Veränderung mit sich brachte. Stellvertretend sollen hier als Staatsformen das Kaiserreich, der Nationalsozialismus und der Sozialismus in der DDR untersucht werden.

II. Das Notwehrrecht im deutschen Kaiserreich

Das deutsche Kaiserreich bestand von 1871 – 1918 und ging aus drei Kriegen innerhalb von nahezu sechs Jahren am 1. Januar 1871 hervor, wobei es einen gravierenden Wandel vor allem in der Wirtschaft vollzog. In gleichem Maße vollzog sich auch die Zunahme von Gesetzen und Verordnungen. Ziel war die Vereinheitlichung der Rechts- und Lebensverhältnisse in den 25 Einzelstaaten;[140] man sprach insoweit auch von der sog. Inneren Reichsgründung[141].

1. Das Strafgesetzbuch von 1871

In der Zeit des Deutschen Bundes wurden vergeblich Anstrengungen unternommen ein einheitliches Strafgesetzbuch zu schaffen um eine rechtsstaatliche Einheit im Bundesgebiet herzustellen. Eines der bedeutendsten Werke welches in jener Zeit auf dem Gebiet des Strafrechts entstanden ist, war das Reichsstrafgesetzbuch (RStGB) von 1871. Es wurde am 15. Mai 1871 verkündet (RGBl. 1871 S. 127) und trat am 1. Januar 1872 in Kraft.

Ursprünglich wurde es als Strafgesetzbuch für den Norddeutschen Bund erlassen. Nach dem Beschluss am 18. April 1868 durch den Reichstag des Norddeutschen Bundes und den Bundesrat am 5. Juni 1868 beauftragte der Reichskanzler von Bismarck den preußischen Justizminister Leonhardt mit der Ausarbeitung eines Entwurfs zu einem

---

139 Rohrer, S. 25.

140 An die 25 Einzelstaaten, die den gesamten Bundesstaat ausmachten, waren noch vier Königreiche, sechs Großherzogtümer, fünf Herzogtümer, sieben Fürstentümer und drei freie Städte, sowie das „Reichsland“ Elsass-Lothringen angegliedert, so dass weder aus geographischer, noch aus politischer oder wirtschaftlicher Sicht von einer Einheit gesprochen werden konnte.

141 Wilhelm, S. 17.

Strafgesetzbuch. Dieser Entwurf wurde im Preußischen Justizministerium durch Heinrich Friedberg geschaffen und hatte das o.g. Preußische Strafgesetzbuch von 1851, welches das neue Strafgesetzbuch maßgeblich beeinflusste, zur Grundlage[142]. Erstaunlich ist, dass das Reichsstrafgesetzbuch als „beherrscht vom Gedankengut des liberalen Rechtsstaates" angesehen wird[143]; nicht zuletzt, weil mit ihm untrennbar der Name Paul Johann Anselm von Feuerbach verbunden ist. Erwähnenswert ist in diesem Zusammenhang, dass für dieses Reichsstrafgesetzbuch das Bayerische StGB von 1813 Vorbildfunktion hatte. Fraglich und näher zu untersuchen ist deshalb an dieser Stelle, ob diese Entwicklung sich auch im Notwehrrecht jener Zeit widerspiegelt, oder ob die autoritären Tendenzen überwiegen.

a) Der Wortlaut des § 53 RStGB - ein Vergleich mit den beeinflussenden Rechtsordnungen

Im Reichsstrafgesetzbuch war die Notwehrnorm in § 53 geregelt. Er ging aus dem § 41 des Preußischen Strafgesetzbuches hervor[144]. Der Wortlaut des § 53 RStGB lautete:

> *„Eine strafbare Handlung ist nicht vorhanden, wenn die Tat durch Notwehr geboten war. Notwehr ist diejenige Verteidigung, welche erforderlich ist, um einen gegenwärtigen rechtswidrigen Angriff von sich oder einem anderen abzuwenden"*[145].

Es ist somit zunächst zu analysieren, ob der Wortlaut diese Annahme zu stützen vermag. Der Wortlaut selbst lässt keine entsprechenden Schlüsse zu. Erforderlich wird deshalb ein Vergleich mit dem oben bereits angesprochenen Preußischen Strafgesetzbuch von 1851, wo es in § 41 zur Notwehr heißt:

> *„Ein Verbrechen oder Vergehen ist nicht vorhanden, wenn die That durch die Nothwehr geboten war. Nothwehr ist diejenige Vertheidigung, welche erforderlich ist, um einen gegenwärtigen rechtswidrigen Angriff von sich selbst oder Anderen abzuwenden"*[146].

---

[142] Moosheimer, S. 72.

[143] vertiefend hierzu: Lenckner, Theodor, Strafgesetzgebung in Vergangenheit und Gegenwart, in: Tradition und Fortschritt im Recht, S. 239 ff.

[144] Suppert, S. 51 f.

[145] Kaiser, S. 17; Oppenhoff, S. 154.

[146] Gräff/Rönne, S. 20.

Beim Vergleich des jeweiligen Wortlautes ist auf den ersten Blick keine Veränderung erkennbar, die auf eine systembedingte Veränderung, Ausweitung oder Einschränkung des Notwehrrechts hindeutet. Möglicherweise ergibt sich etwas anderes, wenn man den Wortlaut des Strafgesetzbuches mit seinem, wie oben bereits bemerkt, Vorbild, dem Bayerischen StGB von 1813 vergleicht. Dort hieß es zur Notwehr in Art. 121, Ziff. 7 und 8:

> *„Eine That ist straflos, wenn jemand durch unwiderstehliche körperliche Gewalt, oder durch Drohungen, welche mit einer gegenwärtigen und unabwendbaren Gefahr für das Leben verbunden waren, zu einer sonst sträflichen Handlung genöthigt worden ist“*[147].

Auch hier sind die festzustellenden Unterschiede minimal und scheinen keine erheblichen Veränderungen mit sich gebracht zu haben. Es bildet sich jedoch schon hier ab, dass die jüngeren Gesetzesbücher von lediglich einem *„gegenwärtigen rechtswidrigen Angriff“* ausgehen, wo zuvor noch *„unwiderstehliche körperliche Gewalt oder Drohungen“* erforderlich waren, die auch noch *mit einer gegenwärtigen und unabwendbaren Gefahr für das Leben verbunden* sein mussten. Es scheint also durch die zunehmende Liberalisierung ein weiter gefasstes Notwehrrecht, bzw. „ein gewisses Mehr an Notwehr“ zugestanden worden zu sein, was zu weiteren Nachforschungen veranlasst.

b) Reichsgerichtsrechtssprechung in jener Zeit

Die Tatsache, dass dem Wortlaut keine eindeutigen Veränderungen zu entnehmen sind, gibt Anlass die Literatur- und Rechtsprechung in jener Zeit genauer zu untersuchen. Voranzustellen ist jedoch, dass, wie eingangs bereits kurz angesprochen, nicht alle heute geläufigen Begriffe und Prüfungspunkte auf die damaligen Befindlichkeiten transferierbar sind; so wurde zum Beispiel eine Unterscheidung zwischen Erforderlichkeit und Gebotenheit seinerzeit noch nicht gemacht, was eine exakte Zuordnung beispielsweise der damaligen Rechtsprechung zu einzelnen heute anerkannten Fallgruppen nicht ermöglicht. Seinerzeit wurden deshalb die heute unter der dem Merkmal der Gebotenheit bekannten Fallgruppen meist im Rahmen der Erforderlichkeit der Verteidigung behandelt[148].

---

[147] Blohm, S. 124.

[148] so u.a. auch: Hinüber/Tegtmeyer, S. 50.

Aus Gründen der Übersichtlichkeit und besseren Verständlichkeit, nicht zuletzt um unnötige Wiederholungen zu vermeiden, soll eine eingehendere Untersuchung an dieser Stelle jedoch noch nicht erfolgen; vielmehr soll ein direkter Vergleich der Literatur und der Rechtsprechung des Reichsgerichts im Kaiserreich mit der im Dritten Reich im Rahmen der Prüfung der Notwehr im Dritten Reich unter dem Punkt „Die Betrachtung der jeweiligen Fallgruppen durch die Rechtsprechung“ erfolgen. Insoweit sei an dieser Stelle auch auf das dortige Ergebnis verwiesen.

III. Das Notwehrrecht im Nationalsozialismus

„Die höchstmögliche Steigerung politischer Partizipationschancen durch Demokratie und die höchstmögliche Steigerung der Identifikation des Bürgers mit dem Staat als Nation erwiesen sich zugleich als Instrumente zur höchstmöglichen Steigerung der Staatsgewalt zum totalen Staat. Das bedeutet, dass die immer totalere Mobilmachung der Gesellschaft für den Staat, die notwendigerweise zu einer immer weitergehenden prinzipiell eigentlich unbeschränkbaren Kompetenz- und Machtausweitung des Staatesführt und gleichzeitig eine totale Politisierung aller sozialen Lebensbereiche und Bezüge hervorbringt, ohne Zuständigkeitsgrenzen über alles verfügt und schließlich die Organisation einer totalen Herrschaft über die Seelen anstrebt“[149]. Diese Zeilen des bekannten politischen Soziologen Heinz Otto Ziegler aus dem Jahre 1932 beschreiben sehr anschaulich die Entwicklung eines totalitären Regimes. Nun mag man sich angesichts solcher Zeilen zu Recht fragen, welcher Wandel sich in dieser Zeit vollzogen hat und vor allem wie sich dieser Wandel auf das Strafrecht und überdies auf das Notwehrrecht ausgewirkt hat. Zunächst muss dem Betrachter dieser Entwicklung klar sein, dass jeder Wandel der Weltanschauung und jede politische Umwälzung der regierenden politischen Kräfte zwangsläufig zu einer Beeinflussung verschiedener Lebensbereiche; unter anderem auch bzw. vor allem der Strafrechtspflege[150] führt, zumal jedes politische System bestrebt ist, seine Ideen in die geltende Rechtsordnung einfließen zu lassen[151]. Dass

---

149 Ziegler, S. 6; auch zitiert in: Reinhard, S. 458.

150 Völlig zu Recht bemerkt Schröder (Das Strafrecht des realen Sozialismus) hierzu, „dass das Strafrecht mehr als alle anderen Rechtsgebiete das Aushängeschild eines politischen Systems sei“.

151 Hier wird bewusst von Ideen gesprochen, da wie bereits oben dargestellt, ein “eigenes“ Strafrecht im nationalsozialistischen Sinne nie existierte. Einige Autoren gehen sogar noch weiter und wollen aufgrund der Beschneidung des Rechts durch das System, eine eigenständige nationalsozialistische Rechtslehre ablehnen (vertiefend dazu: Dreier, Horst, Die deutsche Staatsrechtslehre in der Zeit des Nationalsozia-

dieser Umstand selbstverständlich auch den Juristen im Nationalsozialismus nicht nur bekannt war, sondern auch von diesen gezielt gefördert und vorangetrieben wurde, zeigt beispielsweise schon alleine die Aussage des damaligen Präsidenten des Volksgerichtshofes, Roland Freisler, der seinerzeit den „Umbruch in der Welt" stets auch als einen „Umbruch ihres Rechtsdenkens" formulierte[152]. Dieser sog. Umbruch wurde von den Nationalsozialisten oft auch als „die totale nationalsozialistische Strafrechterneuerung" bezeichnet[153] und als umfassende Reform verstanden, die zum Ziel hatte, alle nur denkbaren und erforderlichen Maßnahmen zu treffen, um die vor 1933 existierende Rechtsordnung an die sog. „völkische Rechtsauffassung" des Nationalsozialismus anzupassen[154]. Anschaulich wird der Umfang dieser sog. „umfassenden Reform", wenn man sich einmal die konkreten Zahlen vor Augen führt. So waren beispielsweise in der Zeitspanne vom Inkrafttreten des StGB von 1971 bis zum Ende der Weimarer Republik im Jahre 1933 insgesamt 152 Paragraphen des StGB geändert worden, in den 12 Jahren des Nationalsozialismus hingegen waren es insgesamt 247 Paragraphen[155].

Natürlich hat in diesem Zusammenhang auch das Notwehrrecht im Nationalsozialismus gravierende Änderungen erfahren. Wie sich das Notwehrrecht durch das Regime verändert hat, wird jedoch nur verständlich, wenn man zunächst die gesamte Entwicklung des Strafrechts und die der gesellschaftlichen beziehungsweise gesellschaftspolitischen Weltanschauung der damaligen Zeit betrachtet, welche deshalb im Folgenden zunächst genauer untersucht werden soll. Ausgehend hiervon soll dann das Notwehrrecht und seine Handhabung durch Politik, Literatur und Rechtsprechung genauer untersucht werden.

1. Allgemeine Entwicklungstendenzen im Strafrecht des NS-Staates

Nach den gescheiterten Versuchen die Macht gewaltsam zu erlangen setzte sich bei den Nationalsozialisten mehr und mehr der Gedanke durch, dass ein Regierungswechsel nur auf politischem Wege am besten erreicht und hierdurch die noch schwache Demokratie auf politischem Wege beseitigt werden kann. Auch die Opposition konnte auf diesem Wege mit den Mitteln des Staates ausgeschaltet werden.

---

lismus in: Veröffentlichungen der Vereinigung der Deutschen Staatsrechtslehrer, 2001, S. 59 ff.).

152 Freisler, S. 7.

153 Schaffstein, Strafrechtswissenschaft, S. 16.

154 Brackmann/Birkenhauer, S. 152.

155 Mertens, S. 6 f.

Zur Absicherung der nationalsozialsozialistischen „Machtergreifung“ bzw. richtigerweise der „Regierungsübernahme“[156] wurden zunächst bereits aus der Weimarer Republik bestehende Gesetze und Verordnungen herangezogen und im Sinne nationalsozialistischer Weltanschauung ausgelegt, soweit diese nicht durch die sog. „nationalsozialistische Machtergreifung“ als aufgehoben galten. Diese bereits bestehenden Gesetze sollten primär die Macht des neuen Regimes sichern, so unter anderem die Notverordnung, mit deren Hilfe der Reichspräsident bei Gefährdung oder Störung der öffentlichen Sicherheit und Ordnung in erheblicher Weise, die zur Wiederherstellung der öffentlichen Sicherheit und Ordnung nötigen Maßnahmen treffen konnte, was unter anderem eine gewaltsame Wiederherstellung der öffentlichen Sicherheit und Ordnung mit einschloss[157]. In der Folgezeit wurden durch das NS-Regime etliche Verordnungen und Gesetze geschaffen, die den Weg zum „Führerstaat“ ebnen sollten. So wurden unter anderem am 4. Februar 1933 die Verordnung des Reichspräsidenten zum Schutz des deutschen Volkes[158] (sog. Schubladenverordnung) welche die Presse- und Versammlungsfreiheit eingeschränkte und am 28. Februar 1933 die Verordnung des Reichspräsidenten zum Schutz von Volk und Staat[159], (auch als sog. Reichstagsbrandverordnung bezeichnet) welche die Bürgerrechte, die in der Weimarer Verfassung verankert waren außer Kraft gesetzt und somit eine der wichtigsten Verordnungen auf dem Weg zur Erlangung der einen alleinigen Macht geschaffen. Der Einfluss, den solche weitreichenden Neuerungen auf die Entwicklung einer Gesellschaft auf allen Ebenen haben, liegt auf der Hand.

---

156 Der Ausdruck „Machtergreifung wird zurecht von vielen Historikern abgelehnt da er den Anschein vermittelt, dass die NSDAP ihre Macht ausschließlich mit illegalen Mitteln erlangt habe. Tatsächlich hatte die NSDAP aber einen erheblichen Zuspruch durch die Bevölkerung. Der Regierungsantritt Hitlers, als auch die Neuwahlen am 5. März waren nach dem geltenden Recht der Weimarer Republik auf legale Weise zu Stande gekommen. „Machtergreifung“ ist daher eher ein Ausdruck der von den Nationalsozialisten gerne benutzt wurde, um die Übergabe der Regierungsgewalt als eine Art notwendige „nationale Erhebung“, bzw. „ nationalsozialistische Revolution“ zu beschreiben, so u.a. auch in: Brackmann/Birkenhauer, NS-Deutsch, S. 125; vgl. aber auch Gohdes, NS-Schulungsbrief, 1. Jahrgang, 1. Folge, März 1934, S. 4 f.

157 Artikel 48 Weimarer Reichsverfassung.

158 RGBl. I, S. 35.

159 RGBl. I, S. 83.

2. Auswirkungen dieser Entwicklung auf das Strafrecht –Reformbemühungen und die Versuche der Schaffung eines neuen Strafgesetzbuches

Im Nationalsozialismus war man von Anfang an bestrebt auch einen vollständigen Umbau des Strafrechts im NS-Sinne vorzunehmen. Das gesamte Strafrecht sollte nicht nur technisch verbessert, sondern vielmehr aus heutiger Sicht durch ein neues, der nationalsozialistischen Weltanschauung entsprechendes Strafrecht ersetzt werden. Als Grund hierfür wurde von Anfang an unmissverständlich angeführt, dass „der Schutz des Volkes im Mittelpunkt des Strafrechts stehen sollte wobei in gleichem Maße die Interessen des Einzelnen hinter dem Gemeininteresse zurücktreten sollten“[160]. Hans Frank hat diese Entwicklung seinerzeit folgendermaßen beschrieben: “Recht ist, was dem deutschen Volke nützt, Unrecht, was ihm schadet“[161]. Ähnlich hat dies Wilhelm Kirsch 1934 ausgedrückt: „Recht ist eine Funktion der Volksseele, wie die Sitte, die Sittlichkeit, die Kunst, die Sprache, der Glaube. Was die Gesamtheit des Volkes als artgemäße und verbindliche Regel seiner äußeren Ordnung anerkennt, ist Recht, auch wenn es nicht in die technische Form des Gesetzes gegossen ist“[162]. Man sprach deshalb hinsichtlich dieser Entwicklung auch von „der Schaffung der deutschen Volksgemeinschaft“[163]. Diese war jedoch mit dem Liberalismus, Individualismus und der Demokratie nicht vereinbar. Deshalb wurde es erforderlich, das bisherige Strafrecht, soweit es möglich war, auch politisch auszuformen, so dass es zukünftig dem vom Regime geschaffenen Staatswesen, als auch der Ideologie des Nationalsozialismus entsprach[164].

Hierzu sollte eine Strafrechtskommission eine umfassende Reform herbeiführen um eine Abkehr von dem bisher existierenden liberalen Strafgesetzbuch von 1871 zu vollziehen.

Zu diesem Zweck wurde bereits im Sommer 1933 ein erster Entwurf eines allgemeinen Strafgesetzbuchs ausgearbeitet, der einer im Auftrag Hitlers durch Reichsjustizminister Gürtner einberufenen amtlichen Strafrechtskommission als Diskussionsgrundlage der Beratungen zwecks einer sog. „Strafrechtserneuerung“ dienen sollte. In diesen Entwurf flossen auch die Überlegungen der „Preußischen Denkschrift“ vom September 1933 ein, die unter der maßgeblichen Leitung des damaligen preußischen Justizministers Hans Kerrl zustande kam. Nach den

160 Peters in Flitner, S. 161.
161 Hildebrand, S. 32, mit Verweis auf: Dr. Frank Deutscher Juristentag 1933, S. 20
162 Kirsch in: ZdAkadDRecht 1934, S. 9.
163 Gerber, S. 19.
164 Gürtner/Freisler, Das neue Strafrecht, S. 15.

Vorstellungen von Gürtner sollte dieser o.g. Entwurf eines sog. Deutschen „Strafgesetzbuchs“ nach zahlreichen Überarbeitungen bereits am 26. Januar 1937 vollständig verabschiedet sein, so dass dieser am 30. Januar 1937, dem vierten Jahrestag der „Machtübernahme“ verkündet werden hätte können. Wegen des Protestes gegen dieses Vorhaben seitens verschiedener Reichsministerien und der Parteikanzlei ließ Hitler am 22. Dezember 1936 Gürtner mitteilen, dass eingehende Vorbereitungen zu diesem Entwurf vonnöten seien. Das Kabinett verfasste daraufhin verschiedene Entwürfe für die kommenden Kabinettssitzungen am 9. März, 5. Mai, 22. Juni, sowie Oktober und Dezember 1937. Die für den Juni geplante Kabinettssitzung kam jedoch nicht zu Stande und in der Folgezeit zeigte sich, dass der Versuch Gürtners gescheitert war den Entwurf in den Kabinettssitzungen zum Abschluss zu bringen. Infolgedessen ordnete die Reichskanzlei die schriftliche Beratung im Umlaufverfahren an. Schließlich wurde dann der Entwurf unter Berücksichtigung der verschiedenen, bis dahin eingegangenen Stellungnahmen, im April 1939 neu gefasst. Nach Ausbruch des Zweiten Weltkrieges versuchte Gürtner dann den Entwurf durch den „Ministerrat für die Reichsverteidigung“ verabschieden zu lassen, der von Hitler zwei Tage vor Kriegsausbruch zu seiner Entlastung eingerichtet worden war, um so eine rasche Erledigung der gesetzgeberischen Aufgaben im Hinblick auf die Erfordernisse des Krieges zu erreichen. Im Dezember 1939 gelang es Gürtner aufgrund einiger kriegswichtiger strafrechtlicher Bestimmungen in seinem Entwurf Göhring für weitere Beratungen im Ministerrat für Reichsverteidigung zu gewinnen. Für diese Beratungen wurde sodann im Dezember 1939 ein neuer Entwurf aufgestellt. Zu den geplanten Beratungen im Ministerrat für die Reichsverteidigung kam es jedoch nicht mehr, da Hitler am 18. Dezember 1939 Reichsjustizminister Gürtner mitteilen ließ, dass die Verabschiedung des Deutschen Strafgesetzbuchs im Wege der ordentlichen Gesetzgebung erfolgen müsse und er im übrigen Zweifel habe, ob der Zeitpunkt für das neue Strafgesetzbuch schon gekommen sei[165]. Somit war die Strafrechtsreform des Dritten Reichs an der ablehnenden Haltung Hitlers gescheitert, während des Krieges grundlegende Gesetze zu erlassen[166].

Nicht zuletzt wegen der vorstehenden Ausführungen muss diesem Entwurf, der immerhin die Denkweise im System und die strafrechtliche Zielsetzung offen legt, sowie der Lehre und der Rechtsprechung bzw. der Rechtsanwendung jener Zeit erhöhte Aufmerksamkeit geschenkt werden – dies mit dem Ziel, zu bestätigen, dass auch auf diesen

165 Gürtner/Freisler, Das neue Strafrecht, S. 15.

166 Vormbaum, S. 200.

Ebenen die Notwehr entsprechend den Vorgaben der nationalsozialistischen Weltanschauung gesehen wurde.

3. Das bisherige Notwehrrecht

Um mögliche Veränderungen des Notwehrrechts im Nationalsozialismus zu untersuchen muss zunächst vorausgesetzt werden, dass dem Betrachter verständlich wird, in welchem Umfang Notwehr gegenüber rechtswidrig ausgeübter Staatsgewalt unter rechtsstaatlichen Verhältnissen, die dem Nationalsozialismus unmittelbar vorausgingen, rechtmäßig war. Untersuchungsgegenstand wird deshalb im Folgenden zunächst das Notwehrrecht in der Weimarer Zeit.

4. Der Rechtsgedanke der Weimarer Republik

Das Recht der Weimarer Republik war geprägt von liberalem und rechtsstaatlichem Gedankengut[167]. Das Recht - und somit auch das Strafrecht - war ausschließlich und vollständig in den seinerzeit geltenden Gesetzen niedergelegt und musste folglich auch aus diesen geschöpft werden168. Die Rechtslehre in dieser Zeit war somit grundsätzlich apolitisch und weltanschaulich neutral[169].

Die Staatsmacht wurde hierdurch logischerweise in ihrem Handeln stark eingeschränkt, um die staatliche Machtausübung zu begrenzen. Das Problem, ob die Grundlage dieses liberalen Staates auch gerecht erscheint war nunmehr zur bedeutenden Frage geworden. Einerseits wurde eine bestmögliche Gerechtigkeitsgrundlage in der normativen Entwicklung gesehen[170], andererseits bedeutete eine strenge normative Betrachtungsweise eine strenge Bindung[171].

5. Das Strafrecht in der Weimarer Republik

Das Strafgesetzbuch erfuhr in der Zeit der Weimarer Republik verhältnismäßig wenige Änderungen, wobei es sich bei den meisten um unbedeutende Änderungen handelte[172]. Grund hierfür waren u.a. die stetigen Reformen und die damit verbundenen Probleme auf dem Weg zu einer Demokratie. Man hatte schon recht früh erkannt, dass das StGB von 1871, das in vielen Teilen wie schon oben angesprochen, auf dem preußischen StGB von 1851 beruhte, bisweilen stark reformbedürftig war. Die

---

[167] Gmür/Roth, Rn. 448.

[168] Vormbaum, S. 156.

[169] Schmitt, in: DJZ 1934, Sp. 691.

[170] Schmitt, Über die drei Arten des rechtswissenschaftlichen Denkens, S. 36 f.

[171] Rumpf, in: DJZ 1934, 377, 379.

[172] Vormbaum/Welp, StGB, Nrn. 20 - 32.

Folge war, dass im Verlauf der Jahre seit der Jahrhundertwende zahlreiche Entwürfe zu einem neuen StGB geschaffen wurden, so z.B. der Vorentwurf von 1909, in dem die Notwehr im 4. Abschnitt, § 66 n.F. verortet war und der dem heutigen Wortlaut des § 32 StGB sehr nahe kam. Es folgten die Entwürfe von 1911, 1913, 1919 und der sog. „Radbruch – Entwurf" von 1922. Dieser Entwurf schaffte es sogar, 1925 als erster „Amtlicher Entwurf eines Allgemeinen Deutschen Strafgesetzbuches" dem Reichsrat vorgelegt zu werden; er wurde jedoch letztendlich ebenfalls nicht verabschiedet. Nach weiteren Überarbeitungen, die sich über Jahre hinzogen wurde dieser Entwurf im Jahre 1930 erneut in das Gesetzgebungsverfahren eingebracht, als sich dann aber in den Ausschüssen herausstellte, dass dieser Entwurf aufgrund der zwischenzeitlich eingetretenen gesellschaftspolitischen Veränderungen überholt war[173].

Die Notwehr war somit im nach wie vor gültigen Reichsstrafgesetzbuch verankert, das ja auf dem Gedankengut des liberalen Rechtsstaats des 19. Jahrhunderts beruhte und am 15.05.1871 verkündet wurde. Notwehr war dort, wie bereits erwähnt, in § 53 normiert. Der Wortlaut des § 53, sowie der verschiedener Entwürfe soll jedoch aus Gründen der besseren Verständlichkeit an späterer Stelle genauer untersucht werden.

6. Kritik der nationalsozialistischen Strömung

Ganz genau an dieser Stelle griff die nationalsozialistische Kritik an, indem sie klarstellte, dass aus einem Gesetz alleine kein Recht zu schöpfen sei, da ein solches lediglich eine erstarrte Form ohne jede Wertungen sei. Zum Misslingen der geplanten Reform des StGB bemerkte der Preußische Justizminister Kerrl seinerzeit, dass „es gut sei, dass die Reform noch nicht vollendet war, denn die Demokratie hätte zufolge der irrigen Grundauffassung, mit der sie an alle Gebiete des Lebens herantritt, auch auf dem Gebiet des Strafrechts nichts Dauerndes und Brauchbares schaffen können"[174].

In Bezug auf das demokratische Gesetzgebungsverfahren wurde von den an der Umstrukturierung beteiligten Nationalsozialisten behauptet, dass „alle Grundsätze im Strudel der Kompromiss- verhandlungen untergingen und letztlich nur bloße Logik und Abstraktion übrig blieben"[175].

173 Lüken, S. 8 f.
174 Kerrl, S. 3.
175 Freisler, Nationalsozialistisches Recht und Rechtsdenken, S. 16 ff.

In Wahrheit würde „die liberalistische Zeit nur von einem Mangel an wahren Führerpersönlichkeiten auch in der Justiz geprägt sein“[176]. Weiter wurde angeführt, „ein totes Schema habe durch die Macht der Routine in Form des Rechtes der Gewohnheit jedes Schöpferische aus dem Rechtsleben getilgt“[177]. Zudem wendete man sich gegen die Einzelfallbezogenheit des liberalistischen Denkens. Der Sinn des Lebens sollte von nun an nicht mehr in der individuellen Selbstverwirklichung liegen, sondern vielmehr im Leben für die Gemeinschaft begründet sein[178].

So erstaunt es auch nicht, wenn in diesem Zusammenhang Freisler zu dieser Veränderung folgendes formulierte:

„Nun aber ist uns das Recht etwas ganz anderes geworden...“[179] ...

...Nämlich etwas Lebendiges, das nicht starr sei, sondern mit lebendigem Geist ausgefüllt werden könne.

In einem Lehrbuch von 1944 zu den geschichtlichen und weltanschaulichen Grundlagen des Strafrechts ist dieses neue Strafrecht folgendermaßen beschrieben worden[180]:

„Der Rechtswahrer muss heute vielfach noch Gesetze anwenden, die aus der Zeit vor der nationalsozialistischen Erhebung stammen. Diese Gesetze muss er mit neuem Sinngehalt erfüllen. Hierzu ist er aber nur befähigt wenn er erkennt, aus welchen weltanschaulichen Ideen diese Gesetze erwachsen sind und inwiefern sich diese Ideen von unseren heutigen Rechtsauffassungen unterscheiden. Auch die bereits erlassenen und noch kommenden nationalsozialistischen Gesetze wird nur derjenige in richtigem Geiste anwenden können, der sich über ihre weltanschaulichen Grundlagen klar geworden ist. In besonderem Maße gilt dies alles für das Strafrecht; denn kein Rechtsgebiet spiegelt so deutlich wie das Strafrecht die ihm zugrunde liegende Weltanschauung wieder. Für das Verständnis des Strafrechts ist also die Kenntnis der weltanschaulich-politischen Ideen

---

176 Hildebrandt, Rechtsfindung im deutschen Staate, S. 29; ähnlich sieht dies auch später Weinkauff so, (dort S. 37), der die Ansicht vertritt, dass die Juristen der Weimarer Republik nicht auf die nationalsozialistische Strömung vorbereitet gewesen und deshalb „nicht der Kern eines in sich gefestigten und allseits anerkannten Rechtsstandes“ gewesen seien.

177 Hildebrandt, S. 29.

178 Freisler, Nationalsozialistisches Recht und Rechtsdenken, S. 53.

179 Freisler, Nationalsozialistisches Recht und Rechtsdenken, S. 53.

180 Hinüber v./Tegtmeyer, Einleitung S. 5.

der vergangenen lieberealistischen Zeit und der Gegenwart unerlässlich.“

Hier werden einmal wieder mehr die engen Verknüpfungen zwischen den gesellschaftlichen sowie den politischen Veränderungen und dem Strafrecht deutlich. Welche Gefahren und für die Nationalsozialisten gleichzeitig Möglichkeiten eine solche Gesetzesinterpretation birgt, liegt auf der Hand.

7. Einfluss der Umstrukturierung auf das Notwehrrecht

a) Die Rechtswidrigkeit

Selbstverständlich hatte diese Umstrukturierung auf breiter Ebene auch entsprechende Auswirkungen auf die einzelnen Elemente der Notwehr und somit auch auf die Rechtswidrigkeit als Voraussetzung der Strafbarkeit; letztendlich auch auf das Notwehrrecht. Diese Umstrukturierung wird zunächst deutlich, wenn man, da Notwehr die Rechtswidrigkeit ausschließt, zunächst selbige kurz analysiert.

Nach früheren Entwürfen war die Rechtswidrigkeit so definiert, dass diese nicht vorlag, wenn die Rechtswidrigkeit der Tat durch das öffentliche oder bürgerliche Recht ausgeschlossen war[181]. Durch die amtliche Strafrechtskommission, die diese Ansicht nicht übernehmen wollte, wurde hierzu ausgeführt, dass Rechtswidrigkeit nicht mit Gesetzwidrigkeit gleichzusetzen sei, sondern dass vielmehr die materielle Rechtswidrigkeit dem Wesen nach ein Angriff auf die Lebensbedingungen der Volksgemeinschaft sei, weshalb konsequenterweise rechtswidriges Handeln solches sei, das im Widerspruch mit den Lebensinteressen des Ganzen stehe. Der Einzelne, der z.B. Notwehr übt handelt nach dieser Ansicht also nicht deshalb rechtmäßig, weil der Staat sein Persönlichkeitsrecht als Ausdruck seiner Individualität berücksichtigt, sondern weil seine Handlung „dem überindividuellen Ganzen“ dient[182]. Somit ist schon hier eine eindeutige Tendenz dahingehend zu erkennen, dass die Volksgemeinschaft über dem Individuum stand, was zu weiteren Nachforschungen veranlasst.

---

[181] So z.B. vgl. Entwürfe zu einem Deutschen Strafgesetzbuch, Berlin, 1920, Teil 2, S. 11; Entwurf eines Allgemeinen Deutschen Strafgesetzbuches (1922), vgl. Vormbaum, Reform des Strafgesetzbuchs: 1922 bis 1939, S. 7 (Entwurf Radbruch).

[182] Klee, S. 56 f.

b) Der Wortlaut des Entwurfs

Im Fokus der folgenden Betrachtungen steht deshalb zunächst der Wortlaut des Entwurfs der Amtlichen Strafrechtskommission. Das Problem des Missbrauchs des Notwehrrechts stand immerhin im Mittelpunkt der Ausschussberatungen[183]. Betrachtet man deshalb zunächst die Fassung des o.g. Entwurfs hinsichtlich der Veränderung im Notwehrrecht, fällt auf, dass hinsichtlich des Wortlautes der Norm zugunsten der nationalsozialistischen Ideologie Veränderungen stattgefunden haben. Deutlich wird dies, wenn man zunächst diesen Entwurf mit dem bis dahin geltenden Strafgesetzbuch von 1871, oder dem amtlichen Entwurf eines Allgemeinen Deutschen Strafgesetzbuchs von 1925 vergleicht. Nochmals zur Erinnerung:

Im Reichsstrafgesetzbuch von 1871 stand noch im 4. Abschnitt unter der Überschrift „Ausschluss der Bestrafung" zur Notwehr in § 53:

> *„Eine strafbare Handlung ist nicht vorhanden, wenn die Tat durch Notwehr geboten war. Notwehr ist diejenige Verteidigung, erforderlich ist, um einen gegenwärtigen rechtswidrigen Angriff von sich oder einem anderen abzuwenden"*[184].

und im amtlichen Entwurf eines Allgemeinen Deutschen Strafgesetzbuchs von 1925 stand unter der Überschrift „Fehlende Rechtswidrigkeit" zur Notwehr in § 21:

> *„Eine Tat, die in Notwehr begangen ist, ist nicht rechtswidrig. In Notwehr handelt, wer sich oder einen anderen gegen einen gegenwärtigen rechtswidrigen Angriff in einer den Umständen angemessenen Weise verteidigt"*[185].

Hintergrund war, dass in der von Reformen geprägten Weimarer Zeit sich erstmals der Reichstag im Jahre 1925 anlässlich der Reform des Reichsstrafgesetzbuches mit dieser Thematik befasste. Bei Betrachtung des Wortlauts des Radbruch-Entwurfs, der es immerhin bis zum amtlichen Entwurf brachte, jedoch, wie bereits oben festgestellt, letztendlich nicht verabschiedet wurde, fällt auf, dass in § 21 „die Notwehr nur in einer den Umständen angemessenen Weise

---

[183] Klee, S. 58

[184] Vgl. Fn. 144.

[185] Vgl. o.g. Radbruch-Entwurf von 1922.

ausgeübt werden sollte"[186]. Der bisherigen Entwicklung folgend hieß es in der Begründung, mit Verweis auf den viel besagten Obstdiebfall, dass die bisherige Praxis lediglich die Abwehrmaßnahmen im Verhältnis zur Intensität zum Angriff bestimme, wobei völlig außer Acht gelassen würde, dass es auch Fälle gebe, in denen das zur Abwehr eingesetzte Mittel in einem krassen Missverhältnis zum letztendlich verteidigten Rechtsgut stünde. Hier sind schon erste einschränkende Tendenzen ersichtlich. Dieser Proportionalitätsgedanke wurde von der amtlichen Strafrechtskommission aufgegriffen.

Der Entwurf der amtlichen Strafrechtskommission wies hingegen folgenden Wortlaut auf:

> *„Wer Notwehr übt, handelt recht. Notwehr ist die Verteidigung, die erforderlich ist und ausgeübt wird, um einen gegenwärtigen widerrechtlichen Angriff von sich oder einem anderen abzuwenden, und dem gesundem Volksempfinden nicht widerspricht"*[187].

Auf den ersten Blick vermag der Wortlaut der Norm die aufgestellte Behauptung nicht zu stützen, da ihr kein unmittelbarer Bezug zur nationalsozialistischen Weltanschauung zu entnehmen ist. Deshalb bedarf es im vorliegenden Fall einer genaueren Analyse der verwendeten Begriffe und ihrer Zusammenhänge.

aa) Der Einschub „Wer Notwehr übt, handelt recht"

Es fällt zunächst bei genauerem Hinsehen auf, dass im Entwurf der Kommission der Satz „Wer Notwehr übt, handelt recht" vorangestellt und der Einschub „Eine Tat, die in Notwehr begangen ist, ist nicht rechtswidrig" gestrichen wurde. Angesichts der Bezugnahme im Übrigen auf einen gegenwärtigen widerrechtlichen Angriff stellt sich natürlich die Frage, welchen Zweck dieser Einschub erfüllen sollte. Eine Verbindung zur nationalsozialistischen Weltanschauung dahingehend, dass sich das Notwehrrecht in ihrem Sinne geändert hat, lässt sich ohne weiteres hieraus zunächst nicht entnehmen. Wenn man die Hintergründe dieser Einfügung genauer betrachtet, lässt sich jedoch feststellen, dass die Kommission diese Veränderung gezielt vorgenommen hat, da sie unmissverständlich und deutlich herausstellen wollte, dass „recht handeln" nicht mit „nicht rechtswidrig handeln" vergleichbar

[186] Vgl. o.g. Radbruch-Entwurf v. 1922, § 21; Amtlicher Entwurf v. 1925, § 21.

[187] Wortlaut der letzten Fassung im Juni 1939, vgl. Schubert, S. 832.

sei[188]. Zu Recht stellt sich die Frage, weshalb diese Unterscheidung überhaupt gemacht wurde. Begründet hat die Kommission diese Ansicht damit, dass das Wesen und die Funktion der Notwehr etwas Positives seien, nämlich die Verteidigung der geltenden Rechtsordnung, was aus dem Wortlaut auch entsprechend zum Ausdruck kommen müsse, weshalb die früher oft verwendete Formulierung „nicht rechtswidrig" keinen Platz mehr im Wortlaut der Norm habe. Vielmehr sei Notwehr nicht bloß unverbotenes, an sich strafbares Tun, sondern sogar wünschenswertes und rechtmäßiges Vorgehen[189] Demnach könnte sich in folgende Untersuchung auch eine Stärkung des Notwehrrechts abzeichnen.

Ein weiteres Kriterium für diese Einfügung, so die Kommission, war auch die Ansicht, dass der Ausdruck „recht handeln" volkstümlich sei und somit die Volkstümlichkeit der Norm stütze[190].

Die hier von der Kommission genannte Begründung ist nicht zuletzt deshalb beachtlich, weil die Kommission noch in ihrem ersten Entwurf von 1934 in Abs. 2 die Formulierung in Erwägung zog, dass „eine durch Notwehr gebotene Handlung nicht rechtswidrig" sei[191].

Die daraufhin geführte Diskussion führte schließlich zur Streichung und letztendlich zur letzten Fassung im Juni 1939[192]. Durch diese Formulierung, nebst der mitgelieferten Begründung, könnte zunächst angenommen werden, dass eine Ausweitung der Notwehrbefugnisse des Einzelnen beabsichtigt war, was eine weitere Untersuchung erforderlich macht.

bb) Die Gebotenheit

Es fällt außerdem beim Vergleich beider Entwürfe auf, dass die Gebotenheit nunmehr ebenfalls weggefallen ist - dies ist zumindest dem Wortlaut zu entnehmen. Focke z.B. sah hierin jedoch kein Problem, da nach dem Entwurf nach seiner Ansicht Notwehr nur dann vorlag, wenn sie nach gesundem Volksempfinden zur Abwehr erforderlich war, was in der Folge dazu führte, dass in Fällen in denen zwar eine Notwehrlage gegeben war, diese aber dann zu verneinen war, weil in dieser Situation von einem „gesund und anständig denkender Mensch" Notwehr nicht geübt worden wäre. Im Endeffekt kam er deshalb zu folgender Auslegung der Gebotenheit: „ Gebotenheit liegt vor, wenn bei Unzulänglichkeit staatlichen Schutzes ein gegenwärtiger rechtswidriger Angriff auf den Einzelnen erfolgt, den dieser bei allgemein üblicher Sorg-

188 Hold von Ferneck, S. 123.

189 Hold von Ferneck, S. 123.

190 Klee, S. 61.

191 Klee, S. 59 f.

192 Ausführlich zur Diskussion u.a.: Klee, S. 56 ff.

falt in der Wahrung seiner Rechte nur durch Selbsthilfe abweisen kann". Focke ging hierbei von der Fassung des Entwurfs aus, wonach Notwehr die Verteidigung ist, die „nach gesundem Volksempfinden erforderlich ist" und behauptet, dass „erforderlich in dieser Fassung die Gebotenheit nach oben Gesagtem mit umschließe"[193]. Auf den ersten Blick erscheint diese Definition als inhaltslose Formel. Man stellt sich zu Recht die Frage, wann genau Gebotenheit vorliegt. Klee konkretisierte dies, wenn er ausführt, dass die Kommission in den Fällen eine Einschränkung des Notwehrrechts annehmen möchte, in denen der Angriff von einem Geisteskranken, einem Kind, oder unter Umständen auch von einer Frau ausgeht. Auch er zog zur genaueren Bestimmung die gesunde Volksanschauung heran, indem er z.B. davon ausgeht, dass zwar grundsätzlich niemand vor einem Angreifer zu fliehen braucht, da dies nicht mit der „Mannesehre" vereinbar sei, diese Ehre jedoch beispielsweise bei einem Angriff durch einen Geisteskranken erst gar nicht verletzt sei. Ein anderes Handeln fände nach Klee bei einem Mann aus dem Volke kein Verständnis[194].

Es zeigen sich demnach schon hier erste Tendenzen der Einschränkung des bis dahin starken Notwehrrechts. Auch der Bezug zu den heute bekannten Fallgruppen ist schon ersichtlich. Somit sind, wie später noch unter dem Punkt „Anwendung der Notwehr durch die Rechtsprechung" zu zeigen sein wird, die jeweiligen Fallgruppen, die sich in der Rechtsprechung herausgebildet haben eingehender zu untersuchen.

Hier wird jedoch schon klar, dass auch ohne die Gebotenheit explizit in den Entwurf mit aufzunehmen eine solche mitbetrachtet wurde, da stets zu prüfen war, was nach gesundem Volksempfinden erforderlich war. Somit spiegelt sich auch hier eine Auslegung im Sinne des Systems wieder. Es wird insofern deutlich, dass eine Auslegung des Tatbestandsmerkmals der Gebotenheit nicht ohne die Einbeziehung des stets herbeigezogenen und dem Wortlaut eindeutig entnehmenden Begriffs der „gesunden Volksanschauung" möglich ist, was im Folgenden zunächst eine eingehende Untersuchung dieses Merkmals erforderlich macht.

---

193 Focke S. 53.

194 Klee S. 58 ff.

cc) Das Erfordernis der „gesunden Volksanschauung“- Erklärungsversuche durch die amtliche Strafrechtskommission

Wie soeben festgestellt, sollte es von nun an im Unterschied zum ursprünglichen Wortlaut, vor allem maßgeblich auf das sog. „gesunde Volksempfinden“ bzw. die „gesunde Volksanschauung“ ankommen[195].

Fraglich ist deshalb zunächst, was unter einer „gesunden Volksanschauung“ zu verstehen war. Auf den ersten Blick könnte man meinen es handele sich hierbei um mehr Freiheit für das Volk, das nun bestimmen konnte, was ein gesundes Notwehrrecht ausmacht; oder gar im Sinne der NS-Ideologie ein Schritt zurück zu den Wurzeln, nämlich in die Zeit der Germanen, die wie bereits angesprochen, im Thing demokratisch über Recht und Unrecht in einem Streit entschieden und dadurch ungeschrieben definierten, was Recht und was Unrecht ist.

Soviel ist jedoch zunächst sicher: der Begriff einer gesunden Volksanschauung wurde, wie im Folgenden noch ersichtlich werden wird, im Sinne des Regimes sehr weit ausgelegt. Auch die amtliche Begründung enthielt bewusst zum Begriff des gesunden Volksempfindens keine genaue Definition - stattdessen erläuterte sie lediglich, dass der Begriff eine richterliche Wertentscheidung erfordere[196]. Klee führte seinerzeit dazu aus: „Die ihr farblos und blutleer erscheinende Formel der Reichsratsvorlage von 1924/25, § 21, die Verteidigung müsse den Umständen angemessen sein, hat die Kommission nicht übernommen. Im Sinne der Kommission bedeutet die Wendung von dem Gebotensein der Verteidigung eine Anerkennung des Maßstabs der gesunden Volksanschauung auch an dieser Stelle. Denn es versteht sich für sie von selbst, dass der Richter bei Auslegung des normativen Merkmals des Gebotenseins der Verteidigung auf die Anforderungen der gesunden Volksanschauung zurückgreifen werde“[197].

Diese Argumentation überrascht nicht, wenn man, wie oben bereits angemerkt, bei der Betrachtung dieser Aussage zugrunde legt, dass die Kommission wesentliche Teile der Preußischen Denkschrift in ihre Arbeit mit einfließen ließ. Die Preußische Denkschrift erklärte nämlich unter Berufung auf den bereits bekannten Obstdiebfall (RGSt 55, 82) aus dem Jahr 1920, dass es nicht selten sei, dass nach vorherrschendem Recht Handlungen rechtmäßig sein, die nach gesunder Volksanschauung einen Missbrauch des Notwehrrechts darstellen. Eine Vernichtung wertvoller Güter durch eine auf der Wahrung ihrer Interessen pochen-

195 Dies wird auch bestätigt durch: Gürtner/Freisler, S. 80.

196 Gürtner/Freisler, S. 73 ff.

197 Klee, S.60 f.

den Einzelpersonen widerspreche dem nationalsozialistischen Grundsatz „Gemeinnutz geht vor Eigennutz“[198].

Diese o.g. Umgestaltung von der Angemessenheit zur gesunden Volksanschauung wirft natürlich zunächst die Frage auf, was im Sinne der Volksanschauung als „gesund“ zu verstehen ist. Auch diese Frage wird vom Rechtsanwender des Systems mit einer fast schon weitreichenden Floskel beantwortet, indem er anführt, dass als „gesund“ nur diejenige Rechtsanschauung gelten kann, die der deutschen und nationalsozialistischen Rechtsidee entspricht[199], denn jede Auslegung, so die Vertreter dieser Ansicht, müsse eine Auslegung im nationalsozialistischen Sinne sein, da die Auslegung des Gesetzes aus den Bedürfnissen und den Anschauungen der nationalsozialistischen deutschen Gegenwart und ihre politische Struktur das im Gesetz enthaltene wirkliche Recht erschließe[200]. Somit ist im Folgenden noch zu klären, was unter der allgemeinen Floskel „Volksempfinden“ bzw. „Volksanschauung“ zu verstehen war.

Auch wenn es beispielsweise im Vorspruch des oben genannten Entwurfs heißt: „das gesunde Empfinden des Volkes für Recht und Unrecht bestimmt Inhalt und Anwendung des Strafrechts“, gab die amtliche Begründung den Hinweis, dass das gesunde Volksempfinden nicht zwangsläufig mit den Vorstellungen der Mehrheit übereinstimmen müsse; dies betreffe insbesondere solche Ansichten, die mit der Ideologie nicht konform seien[201]. Auch Marxen bemerkt hierzu, dass sich die antiliberale Auslegungsmethode der Volksanschauung und dem volkstümlichen Sprachgebrauch nur scheinbar unterordne. Eine bedingungslose Akzeptierung hätte nämlich im Widerspruch zu den politischen Intentionen der antiliberalen Strafrechtler gestanden. Mit „Volksanschauung“ war nämlich nicht, wie ein verständiger Betrachter auf den ersten Blick meinen könnte, die Anschauung gemeint, die im Volk tatsächlich vorherrschte und die empirisch feststellbar ist, sondern die Ansicht des vorherrschenden Systems. Dies gehe schon alleine aus der Ergänzung durch das Attribut „gesund“ hervor[202].

Bestätigt wird dies auch durch Schriften aus der damaligen Zeit. So findet sich beispielsweise in den Abhandlungen jener Zeit zum Allgemeinen Teil des Strafrechts u.a. die Aussage, dass sich „das gesunde Volksempfinden nicht mit den Anschauungen der Mehrheit der Volksgenossen zudecken brauche, „denn klare Auffassungen, wie sie sich

---

198 Schröder, Maurach-FS, S. 131.
199 Dahm, DStR 1934, S. 91.
200 Schmitt, JW 1934, 713, 717; Mezger, ZStW 55, S. 1 f.
201 Gürtner/Freisler, S. 73 ff.
202 Marxen, S. 205.

zum Beispiel in der Zeit der Geldentwertung herausgebildet hätten, stünden auch dann, wenn sie von der Mehrheit der Volksgenossen vertreten würden, mit der gesunden Volksanschauung nicht im Einklang. Das gleiche müsse für Auffassungen gelten, die sich unter dem Einfluss früherer volksfremder Bestrebungen gebildet und das artgemäße Empfinden des deutschen Volkes erschüttert hätten“[203].

Bei Mirievsky, der immerhin die Erscheinung der sog. „Volksanschauung“ genauer zu beschreiben versuchte, findet sich eine erstaunliche Erklärung zur Definition des Begriffs[204]. Dort wird nämlich ausgeführt, dass der Grundgedanke des Volksempfindens durchaus die Beteiligung des Volkes an der Gesetzgebung als die wichtigste innerstaatliche Regierungstätigkeit ansah. Wie dies konkret zu verstehen war wird klar, wenn man die folgenden Ausführungen betrachtet. Es wird dazu erläutert, dass man „nicht wegen jedem Gesetzes das gesamte Volk befragen und aus der Summe der Meinungen der einzelnen Volksgenossen eine einheitliche Volksmeinung bilden könne, sondern eine Beteiligung des Volkes in diesem Sinne sei nur dadurch zu erreichen, dass man die Besten des Volkes die nur ihrem Gewissen unterworfen sein sollten an der Gesetzgebung mitwirken lässt“[205]. Für sich genommen ist diese Beschreibung auch richtig und nicht anstößig oder gar widersprüchlich, da jede Organisation von einer Elite geführt wird. Im Staat bezeichnet man die konkreten Inhaber der Staatsgewalt oftmals auch als sog. Machtelite. Die oben dargestellte Aussage bekommt im Zusammenhang mit der nationalsozialistischen Weltanschauung dagegen eine andere Bedeutung; nämlich eine im Sinne der nationalsozialistischen Weltanschauung. Es wird hierdurch die Behauptung gestützt, dass nicht unbedingt die Mehrheit des Volkes in demokratischer Weise - wie eigentlich gedacht - sondern ein kleiner auserlesener Kreis von Regimetreuen bestimmen konnte, was unter einer gesunden Volksanschauung zu verstehen war.

Nach einer anderen, aber mit dieser von Mirievsky beschriebenen, konformen Herleitung war eine Tat, die durch Notwehr nicht gedeckt war eine Straftat und somit eine Verletzung der „völkischen Treuepflicht“, die die völkische Lebensordnung betreffe[206]. Es sei an dieser Stelle der Vollständigkeit halber angemerkt, dass das Volk als die Gemeinschaft der deutschen Menschen, die physisch durch Blut und Rasse und sittlich durch das Band der Treue miteinander verbunden sind verstanden

[203] Hinüber v./Tegtmeyer, S. 26.
[204] Mirievsky, S. 11 f.
[205] Mirievsky, S. 11 f.
[206] Koch, S. 98.

wurde[207], so dass anders denkende Bürger und Minderheiten hiervon schon gar nicht erst erfasst waren. Das Volksempfinden wurde also letztendlich durch eine Auslese regimetreuer Bürger als das rassisch bedingte, im Volke gegenwärtig vorherrschende Richtigkeitsempfinden definiert[208]. Klee spach in diesem Zusammenhang deutlich von der „Beachtung der Anschauungen der in Betracht kommenden Bevölkerungsschichten durch den jeweiligen Richter, soweit sie ihm gesund erscheinen"[209]. So entging man geschickt durch Auslegung, gemessen an einem ausgewählten Kreis der Gefahr, die konkrete Gesetzgebung des Regimes an der Lebenswirklichkeit messen zu müssen[210] und konnte aufgrund der Dehnbarkeit dieser Begriffe eine sehr weite Auslegung im jeweils konkreten Fall vornehmen.

Diese Entwicklung zeigt auch sehr anschaulich der erste Entwurf der Kommission von 1934, in dem es noch hieß:

> *„Notwehr ist diejenige Verteidigung, welche erforderlich ist, um einen gegenwärtigen rechtswidrigen Angriff von sich oder anderen abzuwehren. Eine durch Notwehr gebotene Handlung ist nicht rechtswidrig. Hat der Täter die nach gesunder Volksanschauung der Notwehr gezogenen Grenzen überschritten, so kann die Strafe gemildert werden; in besonderen Ausnahmefällen kann der Richter von Strafe absehen".*[211]

Diese Formulierung konnte sich also letztendlich nicht durchsetzen, da sie zwar in Abs. 3 hinsichtlich der Notwehrgrenzen auf die gesunde Volksanschauung abstellt, im Übrigen diese jedoch nicht erwähnt. Klee sprach sich deshalb seinerzeit dafür aus, dass in Abs. 3 die gesunde Volksanschauung gestrichen wird, diese aber in Abs. 2 vor dem Wort „Geboten" eingefügt wird[212].

---

207 Simon, S. 69.
208 Hildebrandt, S. 44.
209 Klee, S. 61.
210 So auch Mertens, S. 85.
211 Klee, S. 59 f.
212 Klee, S. 60 f.

c) Die Betrachtung der Notwehr durch die Literatur

aa) Definitionsversuche für ein „gesundes Volksempfinden"

Demgegenüber war die Literatur eher bemüht, eine etwas genauere Begriffsbestimmung für das „Wesen" der „gesunden Volksanschauung" zu finden. Diese Begriffsbestimmung wurde jedoch auch von der Lehre in einen nationalsozialistischen Kontext gestellt. Vor allem viele Vertreter der herrschenden Lehre waren nämlich der Ansicht, dass der sog. „Geist des Nationalsozialismus" als oberste, ungeschriebene Norm, als übergesetzliche Rechtsquelle verstanden werden müsse und im Zweifel allen anderen Normen voranzustellen sei[213]. Inhaltlich ging dieser Versuch, eine genauere Begriffsbestimmung zu finden, jedoch nicht über allgemein gehaltene Begriffe und diverse Erklärungsversuche hinaus. Dies war, wenn man diese Tatsache einmal im Kontext zur oben behandelten gesellschaftlichen und politischen Entwicklung sieht, durchaus auch so beabsichtigt, da wie im Folgenden noch zu zeigen sein wird, mit dem „gesunden Volksempfinden" diesem unbestimmten Rechtsbegriff die nötige Flexibilität und damit zugleich die richterliche Ermessensfreiheit eingeräumt werden sollte. Das „gesunde Volksempfinden" sollte insoweit bereits für sich sprechen und den zentralen Begriff der gesamten Strafrechtslehre darstellen. Demzufolge wurde vor allem im nationalsozialistisch eingestellten Schrifttum das Bemühen den Begriff des „gesunden Volksempfindens" konkreter zu definieren, eher vorsichtig und halbherzig unternommen.

Auch nach einer anderen vertretenen Auffassung von Notwehr wird vorstehende Aussage dadurch bestätigt, dass klargestellt wird, dass Notwehr „keine Konzession an die Individualität durch den Staat sei, sondern die Bejahung einer urtümlichen Handlungsweise, die der Volksgemeinschaft nütze"[214]. Auch hier stellt sich wieder heraus, dass das Interesse des Einzelnen, auch im Notwehrrecht, hinter die Interessen der „vermeintlichen Volksgemeinschaft" zurückzutreten hatte. Die Persönlichkeit des Einzelnen wird vielmehr als wesentliches Merkmal eines Ganzen, nämlich dieser Gemeinschaft bezeichnet, ohne das diese nicht existieren könne[215]. Auch hierdurch werden die gefundenen Erkenntnisse vorläufig dahingehend bestätigt, dass es bei der Notwehrausübung im nationalsozialistischen System vorrangig auf die Verteidigung des Rechtsfriedens im System selbst ankommen sollte. Dass ein Notwehrrecht dem Betroffenen auch zum Selbstschutz dient, scheint für Vertreter dieser Ansicht eher eine untergeordnete Rolle zu spielen.

---

213 Freisler, DJ 1936, 153, 156.

214 Focke, S. 3.

215 Focke, S. 3.

Oben aufgezeigte Auslegungskriterien, die für eine Notwehrhandlung relevant waren, werden auch durch die in der Strafrechtswissenschaft des nationalsozialistischen Systems durchaus vorherrschende Ansicht gestützt, dass diese Handlung nur gegen einen rechtswidrigen Angriff zulässig sein sollte, aber wiederum nicht jeder scheinbar offensichtliche Angriff als ein solcher eingeordnet bzw. betrachtet werden kann. So sei stets bei der Betrachtung der Rechtswidrigkeit eines Angriffs auch eine Auslegung im Sinne der nationalsozialistischen Weltanschauung vorzunehmen.

Erläutert wird dies an folgendem oft zur Erklärung herangezogenen Beispiel[216]:

> *„Kein Diebstahl und somit auch kein rechtswidriger Angriff ist gegeben, wenn beispielsweise ein HJ-Führer einer katholischen Jugendgruppe die Fahne wegnimmt."*

In der Erläuterung dazu heißt es:

> *„Dieb ist nicht jeder, der eine fremde bewegliche Sache einem andern in der Absicht wegnimmt, diese sich rechtswidrig zuzueignen, sondern Dieb ist nur, wer seinem Wesen nach ein Dieb ist". Deshalb sei der HJ-Führer kein Dieb und handle rechtmäßig, weshalb im konkreten Fall gegen ihn nach dieser Ansicht auch kein Notwehrrecht zugestanden werden könne"*[217].

Hierdurch kann erneut bestätigt werden, dass die Strafrechtswissenschaft im System sich bewusst dem „Primat des Politischen" unterordnete und die Auslegung einer Notwehrhandlung gezielt an den Vorgaben des Systems ausrichtete. Eine Vertiefung der weiteren einzelnen Elemente der Notwehr soll, unter anderem wegen der besseren Verständlichkeit und um unnötige Wiederholungen zu vermeiden, an dieser Stelle nicht erfolgen, da diese einzelnen Elemente zwangsläufig in den zu behandelnden Fallgruppen untersucht werden.

---

216 Reifner/Sonnen, S. 80.

217 Reifner/Sonnen, S. 80; Dahm, Verbrechen und Tatbestand, S. 102.

bb) Einschränkungen der Notwehrausübung gemessen am Kriterium der gesunden Volksanschauung - die Entwicklung von „sog. Fallgruppen"

Auch die durch die Literatur im Rahmen der Erforderlichkeit der Verteidigungshandlung vorgenommenen Einschränkungen wurden nunmehr allesamt an der sog. „gesunden Volksanschauung" gemessen. Deshalb gilt es im Folgenden einige Erklärungen hierzu darzustellen. Wie bereits erwähnt, sollte die Verteidigungshandlung unter bestimmten Umständen ausgeschlossen sein. Dies galt seinerzeit schon namentlich für Angriffe von schuldlosen oder vermindert schuldfähigen Angreifern, bei unerträglichem Missverhältnis von Angriff und Abwehr, bei einer Angriffsprovokation, aber auch für die Notwehrausübung innerhalb persönlicher Nähebeziehungen.[218]

(1) Notwehr bei krassem Missverhältnis zwischen angegriffenem und verteidigtem Rechtsgut

(1.1) Vorbemerkung

Grundsätzlich bestand schon immer Einigkeit, dass zwischen dem Rechtsgut des Notwehrübenden und dem durch dessen Verteidigungshandlung bedrohten Rechtsgut über die Erforderlichkeit hinaus keine weiteren Verhältnismäßigkeitsanforderungen zu beachten sind. Uneinigkeit bestand jedoch dahingehend, ob dieser Grundsatz ausnahmslos Gültigkeit beanspruchen sollte, wie im Folgenden noch zu zeigen sein wird.

(1.2) Bisherige Ansätze

Wie aus den zuvor gemachten Ausführungen deutlich wird, war auch die Literatur bisher, hinsichtlich der Ausübung der Notwehr bei Vorliegen eines krassen Missverhältnisses bzw. eines unerheblichen Angriffs, eher von einer individualistischen Sichtweise geprägt. Hier spiegelte sich die seinerzeit in der Gesellschaft weit verbreitete Ansicht, dass sich der Einzelne ausnahmslos mit allen Mitteln gegen einen unberechtigten Angriff zur Wehr setzen dürfe. Bislang wurde außerdem auch die Meinung vertreten, dass sich das Maß der Abwehr einzig und alleine nach der Stärke des Angriffs und nicht nach der Verhältnismäßigkeit des angegriffenen zum durch den Angriff betroffenen Rechtsgutes richte[219]. Als Argument wurde unter anderem auch die in der heutigen Zeit ähn-

---

[218] So z.B. Nagler in: Ebermayer/Lobe/Rosenberg, § 53, S. 425; sowie bereits RGSt 71, 134 .

[219] So z.B.: Schwarze, § 53, S. 244; Jesse, Die Tragweite der Notwehr, S. 42 f.

lich wieder vermehrt aufkommende Begründung genannt, dass der Angegriffene in der konkreten Notwehrsituation nicht immer sofort eine Güterabwägung vornehmen könne, da er oftmals nur Bruchteile von Sekunden für Entscheidungen habe. Die Forderung einer solchen Güterabwägung liefe dem Wesen der Notwehr zuwider und schwäche den Angegriffenen in der Effektivität seiner Verteidigung. Gleiches gelte für die Sachnotwehr[220].

Vereinzelt wurden jedoch schon früh Versuche unternommen, das nahezu schrankenlos gewährleistete Notwehrrecht einzuschränken[221]. Dies galt vornehmlich für die Fälle, in denen bisher vereinzelt grenzenlose Notwehr zum Schutz geringwertiger Güter geübt wurde. Hier wurde unter Hinweis auf das Missverhältnis als Begründung das Verbot des Rechtsmissbrauchs ins Feld geführt.

(1.3) Grundlegende Veränderungen im Nationalsozialismus

Grundlegende Veränderungen, die jedoch auf diesen Grundgedanken gründeten und fortentwickelt wurden, brachte die Zeit des Nationalsozialismus mit sich. Bereits in der Denkschrift des Preußischen Justizministers wurde das Bedürfnis der Einschränkung des Notwehrrechts angesprochen, da ein schrankenlos gewährleistetes Notwehrrecht dem „gesunden Volksempfinden" zuwider laufe; dies vor allem da, wo die die Durchsetzung des Notwehrrechts eines Einzelnen zulasten von Gütern, die hierzu nicht im Verhältnis stehen geht, da dies ansonsten dem oben bereits erläuterten nationalsozialistischen Grundsatz „Gemeinnutz geht vor Eigennutz" widerspräche[222]. Es sei mit nationalsozialistischem Recht nicht vereinbar, dass auf eine unerhebliche Rechtsverletzung mit überzogenen unverhältnismäßigen Abwehrmaßnahmen reagiert werde[223]. Demzufolge finden sich in den Kommentaren jener Zeit durchweg - entsprechend dem amtlichen Entwurf - die Standpunkte, dass Notwehr ausgeschlossen sei, wenn sie dem gesunden Volksempfinden widerspreche[224]. Es wurde also nunmehr die konkrete Notwehrhandlung nicht mehr nur an der Stärke des Angriffs gemessen, sondern es wurde vielmehr das „sozialethische Regulativ" der Abwägung zwischen angegriffenem und verteidigtem Rechtsgut in besonderen Fällen mit berücksichtigt. Hierzu wurde u.a. ausgeführt, dass „es schon frühzeitig der Verdienst des Reichsgerichts gewesen sei, diese sozialethische Korrek-

---

220 Bar, v., S. 188 f.

221 Bar, v., S. 193.

222 Kerrl, S. 137; Schröder, Maurach-FS, S. 131.

223 Uttelbach, S. 46 ff.

224 So z.B. Schönke, 1. Aufl. 1942 § 53, IV, ebenso 2. Aufl. 1944 § 53, IV; Olshausen, 12. Aufl., 1942, § 53, Rn. 12; Nagler in: Ebermayer/Lobe/Rosenberg, § 53, S. 425.

tur des im §53 anerkannten Schutzrechts angebracht und trotz einiger Schwankungen daran festgehalten zu haben. Sie sei nach den heute herrschenden Grundanschauungen ganz unerlässlich, denn die Bescheidung hinsichtlich der Rechtsausübung, welche die deutsche Volksmoral erfordere, sei unmittelbar Rechtens. Demzufolge sei im Rahmen des Möglichen einem Angriff auch dann auszuweichen, wenn dabei keine erheblichen Unzuträglichkeiten, insbesondere Opfer eigener oder fremder berechtigter Interessen in Kauf genommen werden müssen, wie zum Beispiel Spott, Schimpf, Vorwurf der Feigheit oder Unehrenhaftigkeit, Steigerung der Angriffslust des Gegners, Schädigung von wertvollen Sachen und wenn weiter die Gewissheit bestehe, dass dadurch die Gefahr wirklich beseitigt werde und wenn die Volksmoral es nach Lage des besonderen Falls erfordere"[225]. Diese Bewertung, die im Wesentlichen auf die vorstehend anführte und später im Rahmen der Untersuchung der Notwehr in der Rechtsprechung noch aufzugreifende Entscheidung des Reichsgerichts (RGSt 71, 134) zurückzuführen ist, fand immer mehr Einzug in die Literatur jener Zeit, so dass sich schließlich am Ende der nationalsozialistischen Phase eine völlige Einschränkung des Notwehrübenden herauskristallisierte[226].

(1.4) Zwischenergebnis

Für die Zeit des Nationalsozialismus kann also auch die Literatur betreffend festgestellt werden, dass der Verhältnismäßigkeits- gedanke tendenziell zugunsten des Angreifers und zu Lasten des Angegriffenen gefestigt wurde. Dies geschah nunmehr in zwei Richtungen, nämlich durch Abwägung der Stärke der Abwehr im Verhältnis zur Stärke des Angriffs, sowie durch die Betrachtung der Wertigkeit der jeweils betroffenen Rechtsgüter. Als Begründung berief man sich zunehmend auf die gesunde Volksanschauung bzw. die Volksmoral, wobei jedoch schon hier erstmals der konkrete Begriff der sog. Sozialethik vereinzelt verwendet wurde. Insgesamt kann jedoch eine eindeutige und strikte Veränderung in dieser Fallgruppe noch nicht so eindeutig ausgemacht werden.

---

[225] Nagler in: Ebermayer/Lobe/Rosenberg, § 53, S. 425 f.

[226] So z.B. Mezger JW 1937, S. 1787; Schönke, 1. Aufl. 1942 § 53, IV, ebenso 2. Aufl. 1944 § 53, IV.

(2) Notwehr bei schuldunfähigem, irrendem oder vermindert schuldfähigem Angreifer

(2.1) Vorbemerkung

Ein weiterer Grund die Notwehr zu begrenzen wird bei Personen angenommen, welche für die spätere Notwehrsituation nicht in vollem Maße verantwortlich gemacht werden können da ein in ihrer Person liegender Grund vorliegt. Im Wesentlichen handelt es sich bei schuldunfähigen, irrenden oder vermindert schuldfähigen Angreifern um Kinder und Jugendliche, denen die entsprechende Reife fehlt, sowie sonst schuldunfähige Personen, wie z.B. Betrunkene und Geisteskranke. Teilweise wird dies auch für in einem Irrtum befindliche Personen angenommen.

(2.2) Bisherige Ansätze

Nach bisheriger Ansicht sollte auch im Rahmen der Beurteilung der Notwehr gegen Angriffe Schuldunfähiger der Gedanke des Verbotes des Rechtsmissbrauchs tragend sein, der nicht nur zivilrechtlich sondern auch strafrechtlich Geltung verlangte[227].

Teilweise wurde unter bestimmten Umständen ein abgeschwächtes Notwehrrecht gegen unzurechnungsfähige Personen eingeräumt; dies u.a. mit dem Argument, dass Angriffe Unzurechnungsfähiger nicht in den Bereich der Notwehr fallen sollten[228]. Teilweise wurde auch das Argument ins Feld geführt, dass ein Angriff - und somit eine Notwehrlage - erst gar nicht vorläge, da die „Verletzung“ durch einen Unzurechnungsfähigen zwar durch ein Wollen verursacht worden sei, welches aber bei näherer Betrachtung „fast wie ein Zufall wirke“, da sie sich letztendlich nicht wirklich gegen den dann tatsächlich Betroffenen als konkret ausgemachtes Individuum richte, sondern aufgrund einer „krankhaften Verrückung“ lediglich gegen die Person gegenüber. Aus diesem Grund sei diese Tat als eine quasi „herrenlose“ zu bezeichnen, gegen die lediglich ein „Zurückdrängen, aber nur soweit dies nötig ist“ erlaubt sei[229].

Aufgrund der in den Folgejahren aufkommenden heftigen Diskussionen konnte sich die Lehre zu weiteren Zugeständnissen Richtung Ablehnung eines vollumfänglichen Notwehrrechts gegenüber Unzurechnungsfähigen nicht durchringen. So wurden unter anderem Argumente ins Feld geführt wie zum Beispiel, dass die Beurteilung des Geisteszustandes des Angreifers den Angegriffenen in der Regel überfordere, zumal sich dieser während des Angriffs in einer Bedrängnissituation

---

227 So u.a. Olshausen, 11. Aufl., 1927, § 53.

228 So z.B. Ebermayer/Lobe/Rosenberg, Aufl. 1920, § 53, S. 192 f.

229 Geyer, S. 25 f.

befinde. Dem Notwehrübenden, der in der konkreten Notwehrsituation tatsächlich eine solche Überlegung anstellen wolle, würde damit die Effektivität seiner Verteidigung genommen[230]. Es bedarf hier natürlich keiner weiteren Wertung, dass derartige Ansichten nur teilweise überzeugen, da es auch Fälle gibt, in denen von vornherein für den Verteidiger klar ersichtlich ist, dass der Angreifer unzurechnungsfähig ist. Hier setzte dann auch später unter dem Einfluss des Nationalsozialismus u.a. die Begründung für eine restriktivere Handhabung solcher Fälle ein.

(2.3) Veränderungen im Nationalsozialismus

Schon früh zeigten sich auch in der Literatur deutliche Tendenzen einer absoluten Einschränkung des Notwehrrechts in derartigen Fällen. So kann zum Beispiel auf die bereits erörterten Ausführungen von Klee hierzu hingewiesen werden, der bereits 1934 eine generelle Einschränkung des Notwehrrechts bei Angriffen Schuldunfähiger forderte, da ein Ausweichen oder gar ein Fliehen vor dem Angriff keine schimpfliche Flucht sei, weil bereits die Mannesehre durch solche Angriffe überhaupt erst nicht tangiert sei[231]. Auf die Tatsache, dass der Angegriffene, wie noch zuvor in der Literatur thematisiert, sich unversehens in einer Notwehrlage befinden kann und in einer solchen auch nicht immer sofort erkennen kann, ob der Gegenüber sich in einem entsprechenden Geisteszustand befindet, wird überhaupt nicht mehr näher eingegangen. Bei Münch hingegen wurde der Diskussionsstand sehr ausführlich dargestellt. So wurde dort beispielsweise ausgeführt, dass sowohl das Reichsgericht, als auch die Literatur bisher ein sehr weit reichendes Notwehrrecht zugestanden haben, das erforderlichenfalls (unter Bezugnahme auf RGSt 55, 82 ff. – sog. Obstdiebfall) sogar die Tötung des Angreifers erlaube. Nach Münch widerspräche dies dem Rechtsempfinden des Volkes. Die Zulassung der schrankenlosen Selbstverteidigung gegen schuldlos handelnde Menschen, so Münch, führe deshalb zu unbilligen Ergebnissen. Im Ergebnis hat auch er sich für eine Einschränkung ausgesprochen[232].

Sehr deutlich stellte Rathcke in seiner Abhandlung zum Güterabwägungsprinzip 1935 den damaligen Streit über den Grundsatz der Güterabwägung dar und sprach sich entgegen der seinerzeit noch vorherrschenden Ansicht des Reichsgerichts (RGSt 55, 82 ff. – sog. Obstdiebfall) ebenfalls für die Berücksichtigung einer solchen aus, um

230 Oetker, S. 359 ff.
231 Vgl. Klee, S. 58.
232 Münch, S. 2 f.

unbillige Ergebnisse zu vermeiden[233]. Auch bei Uttelbach finden sich entsprechende Ausführungen zum Proportionalitätsgedanken. Dieser bemängelte, dass „nach dem Inhalt des geltenden Notwehrrechts auch sehr harmlose Handlungen unter den Begriff des Angriffs fielen, was im Ergebnis zu schiefen Lehren führe“, da „eine ungemein scharfe Verteidigung möglicherweise gegenüber schweren Friedensbrüchen angebracht sei, bei geringfügigen und ungefährlichen Angriffen jedoch eine große Unbilligkeit und Ungerechtigkeit bedeute“[234].

Im Hinblick auf die oben angerissene und noch später zu erwähnende Entscheidung des Reichsgerichts aus dem Jahre 1937[235], in der eine generelle Ausweichpflicht im Rahmen der Erforderlichkeit der Verteidigungshandlung unter Berufung auf die „gesunde Volksanschauung“ angenommen wurde, sprach sich nunmehr auch vermehrt die Literatur für eine restriktivere Handhabung der Ausübung des Notwehrrechts gegenüber Angriffen schuldlos Handelnder aus. Nunmehr wurden Angriffe von Schuldunfähigen zwar als solche bewertet, auch wurden sie generell als notwehrfähig definiert, doch auf Seiten des Verteidigers wurde jetzt eine absolute Ausweichpflicht gefordert[236]. Um diese Einsicht in Einklang damit zubringen, dass dem Notwehrübenden schimpfliche Flucht nicht zuzumuten sei, sprach man sich sogar teilweise dafür aus, dass man gerade bei schuldunfähigen oder wie die seinerzeit gebräuchliche Rechtssprache sie bezeichnete, „unentwickelten Menschen wie Irren“ und Kindern „mangels Ebenbürtigkeit[237]“ Werte wie die Ehre nicht preisgebe und deshalb ein Ausweichen in derartigen Situationen nichts mit schimpflicher Flucht zu tun habe, sondern dass es vielmehr sogar dem Ehrgefühl widerspräche, in einer solchen Situation Notwehr zu üben[238]. Auch die Literatur postulierte, insbesondere hinsichtlich der Ausübung des Notwehrrechts gegenüber schuldunfähigen Personen, dass jede Bewertung am Maßstab des „gesunden Volksempfindens“ zu messen sei[239].

---

233 Rathcke, S. 12 ff.

234 Uttelbach, S. 52 ff.

235 RGSt 71, 133 f.

236 Schönke, 1. Aufl. 1942 § 53, IV, ebenso 2. Aufl. 1944 § 53, II-IV, der zwar Notwehr gegen die genannten Personengruppen grundsätzlich als zulässig erachtet (dort II), was jedoch durch die generelle Ausweichpflicht im Merkmal der Erforderlichkeit (dort IV) faktisch so gut wie nie der Fall sein dürfte.

237 Vgl. Focke, S. 50 f, der das seinerzeit hochgehaltene Gut der Ehre deutlich herausstellte, dieses aber nur dort nicht als gefährdet ansah, wo auch andere die Unzurechnungsfähigkeit erkennen konnten.

238 Olshausen, 12. Aufl., 1942, § 53, Rn. 3.

239 Klee; S. 58 f; Olshausen, 12. Aufl., 1942, § 53, Rn. 10; Nagler in: Ebermayer/Lobe/Rosenberg, § 53, S. 419, 425.

(2.4) Zwischenergebnis

Bei Betrachtung dieser Fallgruppe wird, im Gegensatz z.B. zu vorstehend behandelter Fallgruppe, die Entwicklung, die das Notwehrrecht in der Literatur beim Übergang zum Nationalsozialismus genommen hat, sehr deutlich. Während anfänglich keine Einigkeit herrschte, ob auf Angriffe Unzurechnungsfähiger überhaupt ein Notwehrrecht angewendet werden könne, etablierte sich schrittweise die Ansicht, dass ein Notwehrrecht in solchen Fällen grundsätzlich zugestanden werden müsse.

Dieser Streit wurde jedoch durch die unmissverständliche Auffassung der nationalsozialistischen Rechtslehre gleich zu Beginn beigelegt, da nunmehr grundsätzlich von einer Ausweichpflicht ausgegangen wurde, wenn der Betroffene ohne Preisgabe eigener Interessen dem Angriff ausweichen konnte. Auch hier bestätigt sich die Entwicklung des Notwehrrechts dahingehend, dass sich eine deutliche Einschränkung des Notwehrrechts des Einzelnen zugunsten der Allgemeinheit und der staatlich vorgegebenen Maximen herausgebildet hat.

(3) Notwehr im Rahmen von engen persönlichen Beziehungen

(3.1) Vorbemerkung

Der folgenden Untersuchung voranzustellen ist, dass die heute vorherrschende Ansicht von engen persönlichen Beziehungen zwischen Angreifer und Notwehrübendem nicht der vor dem Zweiten Weltkrieg entsprach. Seinerzeit wurde nämlich der Begriff der „engen persönlichen Beziehung“ weit ausgelegt, so dass hierunter auch Freundschaften und Bekanntschaften, ja teilweise sogar Kollegialitätsverhältnisse fielen[240]. Diese Ansicht änderte sich erst in den sechziger und siebziger Jahren des 20. Jahrhunderts, als man mehr und mehr dazu überging eine engere Auslegung vorzunehmen und hierunter nur noch enge familiäre Beziehungen subsummierte. So sah z.B. im Jahr 1964 der BGH erstmals keine enge persönliche Beziehung des späteren Verteidigers zu einer bloßen Wirtshausbekanntschaft mehr, was zuvor noch ausreichte um ein Notwehrrecht einzuschränken und gestand dem Verteidiger, der zunächst einen Warnschuss, dann einen tödlichen Schuss auf den Angreifer abgab ein Notwehrrecht zu[241].

[240] So u.a. Nagler in: Ebermayer/Lobe/Rosenberg, § 53, S. 419, 425, aber auch noch BGH bei Dallinger, MDR 1958, 12, 13.

[241] Z.B. BGH GA 1965, 147; Dreher/Tröndle, § 13, Rn. 10 u.a. mit dem Argument, dass gerade durch die Wahl der eheähnlichen Wohn- und Lebensgemeinschaft deutlich werde, dass keine gegenseitigen rechtlich bindenden Verpflichtungen gewünscht sind.

Aus diesem Grunde ist auch im Rahmen dieses Teils der Untersuchung keine uneingeschränkte Übertragung der seinerzeit verwendeten Begriffe auf die heute vorherrschende Ansicht möglich, was eine differenzierende Betrachtungsweise erforderlich macht.

(3.2) Bisherige Ansätze

Bis zum Nationalsozialismus wurde innerhalb der oben genannten Beziehungen den Beteiligten ein größeres Notwehrrecht zugestanden. So sollte zum Beispiel in der Ehe oder in einem Subordinations-, Arbeits- oder sonstigen Abhängigkeitsverhältnis im Falle des Übermaßes des Erlaubten die Ausübung von Notwehr gegen solche Angriffe zulässig sein[242].

Aber auch die Notwehr gegen die Ausübung des gesetzlichen Züchtigungsrechts sollte zwar generell ausgeschlossen sein, wurde aber ausdrücklich dort zugestanden, wo dieses Züchtigungsrecht überzogen wurde[243].

Vermehrt hielt der Gedanke Einzug, dass es nicht mehr auf das Verhältnis bzw. die Stellung der Konfliktparteien ankommen könne, da es für das Notwehrrecht irrelevant sein müsse, welche Position und welchen Rang die Parteien im Verhältnis zueinander begleiten; vielmehr müsse es darauf ankommen welche Befugnisse dem Notwehrübenden in der konkreten Situation zugestanden werden können. Hieraus haben sich mit der Zeit vermehrt Einschränkungen herausgebildet, wobei Notwehr in derartigen Verhältnissen nie gänzlich versagt wurde. Es setzte sich vermehrt die Erkenntnis durch, dass auch das Recht im Einklang mit der Humanität stehen müsse[244].

(3.3) Veränderungen im Nationalsozialismus

Mit zunehmendem Einbruch des Nationalsozialismus in die Rechtslehre wurde auch hier vereinzelt ein restriktiveres Notwehrrecht entwickelt. So wurde auch im Bereich der engen persönlichen Beziehungen das Notwehrrecht nahezu komplett eingeschränkt. Bereits von der amtlichen Strafrechtskommission wurde unmissverständlich klargestellt, dass dem starken Notwehrrecht auch in den Fällen eine Schranke zu ziehen sei, in denen der Angriff von einer Frau ausgehe, mag er

---

242 Berner, Lehrbuch, S. 107 f.
243 Berner, Lehrbuch, S. 107 f.
244 Oetker, S. 359.

auch noch so intensiv sein[245]. Weitere Ausführungen hierzu finden sich nicht, gleichwohl muss diese Einschränkung dann auch in besonderem Maße für die Ehefrau, nach nationalsozialistischer Weltanschauung einer der tragenden Säulen der Familie, gelten[246]. Von schimpflicher Flucht könne hier nicht die Rede sein, da die Ehre durch solche Angreifer erst gar nicht tangiert sei[247]. In dieser Entwicklung erlangte zweifellos die nationalsozialistische Ansicht über die Stellung der Frau in der Ehe und der Familie im Staat entsprechend Geltung[248].

Konkretisiert wird dies durch die Herausstellung einer generellen Einschränkung innerhalb von Pietätsverhältnissen[249].

Ähnliche Veränderungen können auch im Eltern-Kindverhältnis ausgemacht werden. Während wie oben festgestellt, bisher ein Notwehrrecht bei Überschreitung des gesetzlichen Züchtigungsrechtes eingeräumt wurde, sollte nunmehr Notwehr in solchen Verhältnissen nur noch im äußersten Fall und mit höchster Schonung zulässig sein. Zwar findet sich in den Kommentaren lediglich der Hinweis, dass „nur im äußersten Fall und auch nur dann nur mit höchster Schonung Notwehr gegenüber Respektpersonen (wie Eltern und Vorgesetzten) geübt werden dürfe“, doch durch die Bezugnahme im Übrigen auf den generell restriktiven Umgang innerhalb von Pietätsverhältnissen ist auch der umgekehrte Fall umfasst[250]. Im gleichen Zuge sprach man sich auch gegen ein Züchtigungsrecht fremder Kinder aus[251].

Ähnliches wurde auch hinsichtlich der Notwehr von Untergebenen, die in einem militärischen Unterordnungsverhältnis stehen, angenommen. Auch hier wurde nur ganz ausnahmsweise die Trutzwehr zugestan-

---

245 Klee; S. 58 f; Nagler in: Ebermayer/Lobe/Rosenberg, § 53, S. 425, der von Notwehrausübung nur im äußersten Fall gegenüber einer schwachen Frau oder in Pietätsverhältnissen ausgeht.

246 Vertiefend hierzu zum Beispiel: Rede Adolf Hitlers vor der NS-Frauenschaft im Rahmen des NSDAP Reichsparteitages vom 8. September 1934 in Nürnberg, abgedruckt in: Hitler/Scholz-Klink, Reden an die deutsche Frau, Nürnberg, 8. September 1934.

247 Klee; S. 58 f.

248 Vgl. nur die zahlreichen Gesetze und Verordnungen zur Ehe und Familie im Nationalsozialismus, in denen die Rolle der Ehepartner und der Familie genauestens definiert war.

249 Nagler in: Ebermayer/Lobe/Rosenberg, § 53, S. 425.

250 Nagler in: Ebermayer/Lobe/Rosenberg, § 53, S. 425.

251 So hatte bereits die amtliche Strafrechtskommission zur Züchtigungsbefugnis gegenüber fremden umgezogenen Kindern festgestellt, dass bis auf Fälle in denen sich der Täter durch berechtigte Entrüstung zu der Tat hinreißen hat lassen, „ein Bedürfnis, die Züchtigung fremder, nicht der Gewalt des Täters unterworfener Kinder, sei es auch in der Absicht erzieherische Einwirkung zuzulassen, nicht anerkannt werden könne“, vgl. Klee, S. 69 f.

den, sofern nicht andere Möglichkeiten, wie zum Beispiel die des Beschwerderechts etc. vorrangig waren[252].

(3.4) Zwischenergebnis

Auch diese Fallgruppe betreffend wurde eine zunehmende Einschränkung des Notwehrrechts entwickelt, die offensichtlich im Nationalsozialismus ihren Höhepunkt fand. War zum Beispiel noch vor dem Nationalsozialismus diskutiert worden, ob es zur Beurteilung der Notwehr unerheblich sein solle, wer dessen Urheber war, wurde gerade diese Tatsache im Nationalsozialismus besonders hervorgehoben und fand ganz besonderen Ausdruck in der Betrachtung der Notwehr gegenüber Respektspersonen, insbesondere solchen des Systems. Eine systemkonforme Entwicklung kann somit auch hier ausgemacht werden.

(4) Notwehr bei Angriffsprovokation

(4.1) Vorbemerkung

Unter der Fallgruppe der Notwehr- bzw. Angriffsprovokation werden solche Fälle behandelt, in denen der später Notwehrübende in irgendeiner Weise am Entstehen der Notwehrsituation mitgewirkt hat. Nach heutigem Verständnis (die heute anerkannten Fallgruppen mussten sich ja erst entwickeln) ist zu unterscheiden in Fallkonstellationen, bei denen absichtlich, zum Zwecke der Verletzung, provoziert wird, sonst schuldhaft (bedingt vorsätzlich) bzw. fahrlässig die Notwehrlage herbeigeführt wird, sowie Fälle, bei denen die spätere Notwehrlage lediglich durch sozialethisch missbilligtes Vorverhalten herbeigeführt wurde.

Bei der sog. Angriffsprovokation hat der später vermeintlich Notwehrübende ursprünglich den Angreifer zu dessen rechtswidrigen Angriff herausgefordert, wohingegen bei der sog. Absichtsprovokation der Notwehrübende sich gezielt auf den zu erwartenden Angriff vorbereitet hat[253]. Die Differenzierung der jeweiligen Fallkonstellationen wird deshalb auch nur soweit diese zum entsprechenden Zeitpunkt auch schon vorgenommen wurde dargestellt werden.

---

[252] Nagler in: Ebermayer/Lobe/Rosenberg, § 53, S. 430 f.

[253] Renzikowski, Notstand und Notwehr, S. 111.

(4.2) Bisherige Ansätze

Die Diskussion in der Lehre, ob eine verschuldete oder in sonst irgendeiner Weise herbeigeführte Notwehrsituation zu Einschränkungen führt wurde bereits im Mittelalter geführt. So wurden damals schon Meinungen vertreten wie zum Beispiel, dass im Falle der absichtlichen Herbeiführung dieser Situation ein Notwehrrecht grundsätzlich nicht zugestanden werden solle[254], wobei mit der Zeit vermehrt eine Differenzierung dahingehend gefordert wurde, ob im konkreten Fall der Wille vorlag eine solche Situation herbeizuführen oder ob dieser Wille gerade nicht vorlag[255]. Ab der Schaffung des Reichsstrafgesetzbuches von 1871 wurde nur noch vereinzelt jedwedes Vorverhalten einschränkend berücksichtigt[256], vielmehr zeichnete sich vermehrt eine Abkehr von dieser Praxis dahingehend ab, dass selbst bei provozierten Angriffen ein Notwehrrecht zugestanden werden sollte. Dies wurde unter anderem damit begründet, dass die Tatsache, dass der Angriff vom Angegriffenen provoziert war, die Rechtswidrigkeit desselben und somit das Recht Notwehr zu üben nicht zwingend ausschließe[257]. Dies müsse dann erst recht für die Fälle gelten, in denen der Angriff zwar verschuldet im Sinne von leichtsinnig hervorgerufen aber nicht absichtlich herbeigeführt wurde[258]. Andernfalls würde dies dazu führen, dass gegen den Provokateur bzw. denjenigen, der eine solche Situation leichtsinnig hervorgerufen hat, dann nahezu ohne Einschränkung Notwehr geübt werden könne[259].

Zu Beginn des zwanzigsten Jahrhunderts wurden wieder vermehrt Versuche unternommen, bei der Beurteilung der Notwehrprovokation restriktivere Maßstäbe anzulegen. Es setzte sich zunehmend der Gedanke durch, dass nicht jede Art der Provokation unberücksichtigt bleiben könne, sondern vornehmlich die Beweggründe des Provokateurs ins Blickfeld der Betrachtung rücken müssen. Es kam erstmals die heute noch vertretene Ansicht auf, dass gerade im Falle der vorsätzlichen Herbeiführung der Notwehrlage unter dem Vorwand vermeintlich Notwehr zu üben, ein vorsätzlicher Angriff zu sehen sei, da es am Verteidigungswillen fehle[260]. In der Folgezeit wurde kontrovers diskutiert und

---

254 His, Das Strafrecht des Deutschen Mittelalters, Teil 1, S. 197 m.w.N; Schmitt-Lermann, S. 57.

255 Köstlin, S. 86, aber auch Feuerbach, S. 65 f.

256 Schwarze, S. 245.

257 So z.B. Meyer, S. 312 u. 333, der argumentierte, dass auch eine selbstverschuldete Notwehrlage noch immer eine Notwehrlage sei; ähnlich Oppenhoff, S. 127 f.

258 Vgl. Schütze, S. 109; Binding, S. 749, der in diesem Zusammenhang eine Normierung für sinnvoll hält.

259 Hälschner, S. 480.

260 Hippel, ZStW 1921, 404 (417).

unter Bezugnahme zahlreicher Argumente mal ein mehr und mal ein weniger stark eingeschränktes Notwehrrecht zugestanden.

(4.3) Veränderungen im Nationalsozialismus

Zu Beginn der Dreißigerjahre fand diese Diskussion vorläufig ihr Ende, denn es bestand unter Bezugnahme auf den auch bisher angeführten allgemeinen Gedanken des Rechtsmissbrauchs Einigkeit, dass ein Notwehrrecht zumindest dort nicht zugestanden werden sollte, wo unter dem Vorwand der vermeintlichen Notwehr ein Angriff erfolgen sollte[261]. In den Fällen, in denen der später Notwehrübende in irgendeiner Weise (also nicht absichtlich) an der Entstehung der späteren Notwehrlage beteiligt war, sollte zunächst noch ein Notwehrrecht weiterhin zugestanden werden[262].

In den späten Dreißigern, Anfang der Vierzigerjahre kamen die Veränderungen der Rechtsansichten im System zum tragen und es verschärfte sich diese Ansicht nochmals dahingehend, dass mit Blick auf die seinerzeit vorherrschende Rechtsprechung, wie im Folgenden noch zu zeigen sein wird, vermehrt auch in der Literatur im Rahmen der Erforderlichkeit eine generelle Ausweichpflicht - und somit erst recht in den Fällen der Notwehrprovokation - gefordert wurde[263]. Hinsichtlich der in sonstiger Weise verschuldeten Notwehrlage wurden ebenfalls vermehrt restriktivere Ansichten vertreten[264]. Unter Bezugnahme auf RGSt. 71, 133 wurde auch von der Literatur vertreten, dass eine Verteidigung dann nicht erforderlich sei, „wenn dem Angriff ohne die Preisgabe eigener oder fremder berechtigter Interessen auszuweichen gewesen wäre“. In Anlehnung an die genannte Entscheidung des Reichsgerichts sei dies namentlich dann der Fall, wenn sich beispielsweise eine verbale Auseinandersetzung soweit fortentwickle, dass diese in eine körperliche umzuschlagen drohe; dann habe der Verteidiger „dieser Auseinandersetzung aus dem Wege zu gehen, indem er erst gar nicht mit auf den Hof gehe um die Auseinandersetzung dort fortzuführen“[265].

---

261 So u.a. Olshausen, 11. Aufl., 1927, § 53.

262 Nagler in: Ebermayer/Lobe/Rosenberg, § 53, S. 422.

263 Lange/Kohlrausch, § 53, Nr. 5; Nagler in: Ebermayer/Lobe/Rosenberg, 6. Aufl., § 53, S. 422; 426 f.

264 Nagler in: Ebermayer/Lobe/Rosenberg, 6. Aufl., § 53, S. 422; 426.

265 Mezger, ZAkDR 1937, 342.

(4.4) Zwischenergebnis

Wie dargestellt fand in der Literatur zunächst die Herbeiführung der späteren Notwehrlage durch entsprechendes Vorverhalten so gut wie keine Beachtung; allenfalls wurde sie sehr zurückhaltend diskutiert - mit der Folge, dass auch dem Provokateur das uneingeschränkte Notwehrrecht zugestanden wurde. Zunehmend verschärften sich die an die Notwehrprovokation bzw. die an das entsprechende Vorverhalten zu stellenden Anforderungen, bis sich schließlich im Nationalsozialismus wiederum die Ansichten dahingehend verschärften, dass für die Fälle von Absichtsprovokation das Notwehrrecht grundsätzlich zu versagen ist. Aber auch hinsichtlich der sonstigen Herbeiführung der späteren Notwehrsituation wurde eine generelle Ausweichpflicht hervorgehoben. Es ist also im Nationalsozialismus durchaus eine Entwicklung in Richtung Einschränkung des Notwehrrechts bei entsprechendem Vorverhalten und somit eine restriktivere Handhabung als noch in der Zeit zuvor festzustellen, wobei die dort schon entwickelten Maßstäbe der restriktiven Beurteilung aufgegriffen wurden.

cc) Ergebnis für die Betrachtung der Notwehr durch die Literatur

Somit kann als Ergebnis festgehalten werden, dass der Notwehrparagraph ohne im Wortlaut selbst die nationalsozialistische Ideologie gezielt anzusprechen[266], mit allgemeinen Floskeln, die dem Rechtsanwender bereits aus früheren Entwürfen, als auch aus dem StGB von 1871 bekannt waren, auskam, indem diese unter die nationalsozialistische Weltanschauung subsumiert wurden. Durch die oben beschriebene Auslegungsbedürftigkeit der Floskel wiederum, war zum einen stets gewährleistet, dass eine Auslegung im nationalsozialistischen Sinne erfolgen konnte, zum anderen konnte hierdurch ohne weiteres eine Restriktion des Notwehrrechts vorgenommen werden.

Es kann außerdem festgestellt werden, dass vom Wortlaut ausgehend, das noch 1927 in der o.g. Reichstagsvorlage vorgeschlagene Prinzip der Güterabwägung bewusst nicht übernommen wurde, sondern das Notwehrrecht vielmehr in den Fällen eingeschränkt sein sollte, in denen es missbräuchlich angewandt wurde, wobei durch den sehr weit gefassten und dementsprechend auslegungsbedürftigen Begriff der sog. „gesunden Volksanschauung“ bestimmt wurde, wann ein solcher Missbrauch vorliegen, beziehungsweise wann ein Notwehrrecht zugestanden werden soll.

---

[266] Anders als z.B. im Notwehrparagraphen des DDR-Strafgesetzbuches, wo ausdrücklich von der sozialistischen Gesellschaftsordnung die Rede ist.

Hinsichtlich dieser Veränderung kann deshalb sicher behauptet werden, dass das Notwehrrecht im Nationalsozialismus politisch und systemorientiert umgestaltet wurde.

Auch die Lehre passte sich schrittweise den geänderten Voraussetzungen an und sprach sich vermehrt für eine restriktivere Betrachtung des Notwehrrechts aus. Dies führte in der Konsequenz unweigerlich zu einer Zurückdrängung der Individualrechte bei gleichzeitiger Stärkung der staatlichen Interessen.

Somit muss im Folgenden noch überprüft werden, ob das Notwehrrecht in der praktischen Anwendung auch entsprechend umgesetzt, d.h. im Sinne des Systems ausgelegt und angewendet wurde, was vor allem eine nähere Überprüfung der Rechtsprechung jener Zeit erforderlich macht.

d) Die Anwendung der Notwehr durch die Rechtsprechung

Wie oben erwähnt, soll nun an dieser Stelle der Frage nachgegangen werden, ob in der Rechtsprechung das Notwehrrecht wie bisher eher wenig einschränkend angewandt wurde, oder ob auch hier Tendenzen erkennbar sind, die eine Beeinflussung des Notwehrrechts durch die Denkweise und Vorgaben des nationalsozialistischen Regimes erkennen lassen. Angesichts der oben genannten Ausführungen, insbesondere hinsichtlich der weit verbreiteten Ansicht, dass die für die Entscheidung über das Vorliegen einer Notwehrhandlung erforderliche Interpretation des gesunden Volksempfindens, eine entsprechende richterliche Wertentscheidung erfordere, legt eine solche Prüfung nahe. Immerhin hatte es teilweise erheblichen Widerstand gegen die nationalsozialistische Rechts- und Weltanschauung von Seiten der Jurisprudenz gegeben. Fraglich ist deshalb, ob auch in der konkreten Rechtsanwendung das Notwehrrecht im Sinne der nationalsozialistischen Grundeinstellung verschärft wurde. Unter anderem anhand verschiedener Urteile der obergerichtlichen Rechtsprechung, insbesondere der des Reichsgerichts, sollen im Folgenden die Ansichten zur Notwehr in der nationalsozialistischen Rechtsprechung herausgebildet werden. Möglicherweise lassen sich hier die oben im Abschnitt zur Literatur gefundenen Ergebnisse bestätigen. Wie oben bereits geschehen, soll auch hier zunächst, u.a. um einen entsprechenden Bezugsrahmen zu schaffen, die allgemeine Entwicklung kurz dargestellt werden. Insbesondere ist für die Darstellung des gesellschaftspolitischen Kontextes erforderlich, den Einfluss des Nationalsozialismus auf das Leitbild des Richters als Entscheidungsträger, aber auch der übrigen Verfahrensbeteiligten darzustellen, bevor die entsprechenden Urteile eingehend analysiert werden können.

aa) Allgemein

(1) Das neue Bild des Richters im Nationalsozialismus

Die Strafgewalt des Staates in ihrer konkreten Ausformung offenbart sich in der Praxis nirgendwo so deutlich, wie im richterlichen Urteil. Im folgenden Abschnitt soll deshalb zunächst kurz dargestellt werden, wie ab 1933 die Rechtsprechung durch das nationalsozialistische Regime beeinflusst wurde und sich die nationalsozialistische Ideologie als alleinige Grundlage für das Richterleitbild im System durchsetzte.

Der bis in die heutige Zeit fortgeltende und in § 1 GVG normierte Grundsatz einer jeden rechtsstaatlichen Rechtsprechung, der die Unabhängigkeit des Richters, als auch seine Bindung an das Gesetz normiert, bestand erstaunlicherweise trotz zahlreicher Gesetzesänderungen auch im Nationalsozialismus weiter fort. Lediglich seine Auslegung ist in dieser Zeit nicht dieselbe geblieben.[267].

Während in der Weimarer Republik, wie bereits festgestellt, von diesem Grundsatz der Gesetzespositivismus abgeleitet wurde, der Richter also nicht an Befehle der Exekutive gebunden war, änderte sich dies ab 1933. Im nationalsozialistischen Regime waren Staat und Recht nicht mehr getrennt. Demzufolge war auch der Richter nicht mehr nur an das Gesetz gebunden, sondern auch an den Willen der politischen Führung, an deren Spitze die NSDAP den Inhalt der Gesetze festlegte. Hierdurch wurde der Richter quasi unmittelbar zum „Vollstrecker des Führerwillens[268]“, wie auch schon oben dargelegt wurde. Wie diese sogenannte „richterliche Unabhängigkeit“ im System aussehen sollte, beschreibt zutreffend die Formulierung von Henkel, der dazu bemerkte: „die richterliche Unabhängigkeit bleibt als Einrichtung bestehen, aber sie bildet als solche lediglich das Gefäß für einen neuen Inhalt, nämlich die nationalsozialistische Rechts- und Staatsauffassung“[269]. Innerhalb dieser klaren Vorgabe herrschte jedoch Streit darüber, ob der Richter im Einzelfall seine Entscheidung grundsätzlich ausschließlich auf das Recht zu stützen hatte und somit Recht zu sprechen hatte, auch wenn hierdurch das Gesetz missachtet würde[270], oder ob er ausgehend vom Führerprinzip, dem Gesetz, das als sog. „Interpretation des Volksgewissens“ anzusehen sei, unterworfen sein sollte, mit dem Resultat, dass er sich

[267] Simon, Waren die NS – Richter „unabhängige Richter“ im Sinne des § 1 GVG? S. 104.

[268] Hierzu auch: Kern, Das Führertum in der Rechtspflege, S. 5 ff, der dort die Diskussion über die Gründe für und wider eines Führertums darstellt.

[269] Henkel, S. 8.

[270] DJZ 1934, 440, 441; Schmelzeisen, S. 27.

in jedem Fall, auch bei gegenläufiger Volksmeinung dem Gesetz zu unterwerfen hätte[271].

Somit dürfte klar geworden sein, dass der einstige Sinn des § 1 GVG im Nationalsozialismus in sein Gegenteil verkehrt wurde und der Richter im System strikten Vorgaben unterworfen war.

Kontrolliert wurden die richterlichen Entscheidungen durch eine ganze Reihe von Maßnahmen, die diese Bindung an die nationalsozialistische Rechts- und Staatsauffassung gewährleisten sollten, wie z.B. durch die Einführung sog. Richterbriefe, d.h. Geheimnachrichten des Reichsjustizministeriums an die Richter, in denen ihre Urteile kritisch bewertet und zugleich Richtlinien für die von ihnen erwartete Rechtsprechung gegeben wurden[272]. Ein weiteres Mittel der Steuerung der Justiz waren die sog. Vor- und Nachschau. Die Vorschau bestand darin, dass die Richter in den Verfahren die politisch relevant waren vorher mit ihren Dienstvorgesetzten Besprechungen abzuhalten hatten, in denen sie sich zum Verfahren zu äußern und auch mitzuteilen hatten, wie das Urteil voraussichtlich ausfallen wird. Die Nachschau bedeutete, dass die betreffenden Richter in einer eigens dafür abgehaltenen Besprechung den Dienstvorgesetzten, mit denen sie die Vorschau abgehalten hatten, die Gründe die zum Urteil führten darzulegen hatten[273]. Auch im Vorfeld, beispielsweise von Beförderungen oder bei der Übertragung wichtiger Tätigkeitsbereiche, wurden entsprechende Beurteilungen herangezogen[274].

Wie sich die Nationalsozialisten das Bild des Richters vorstellten, zeigen aber auch sehr anschaulich die sog. „Leitsätze über Stellung und Aufgaben des Richters", welche der Präsident der Akademie für deutsches Recht, Hans Frank 1936 veröffentlichte, und die von den Professoren Dahm, Eckhardt und drei weiteren Rechtswissenschaftlern verfasst wurden[275]. In diesen Leitsätzen kamen bereits bekannte Forderungen der Nationalsozialisten zum Ausdruck, so z.B. die nationalsozialistische Weltanschauung als Grundlage der Gesetzesauslegung oder die Bindung des Richters an den Führer als obersten Gerichtsherr.

Das Leitbild des deutschen Richters wurde dort folgendermaßen formuliert:

---

271 so in: DJZ 1933, 1010, 1011; Larenz, S. 33.

272 Weinkauff, S. 70; Gruchmann, S. 1141 ff.

273 Weinkauff, S. 70.

274 Loyowsky in: Form/Schiller, S. 1095.

275 Schmitt, JW 1933, 2793.

1) „Der Richter ist nicht als „Hoheitsträger des Staates" über den „Staatsbürger" ge setzt, sondern er steht als Glied in der lebendigen Gemeinschaft des deutschen Volkes. Es ist nicht seine Aufgabe, einer über der Volksgemeinschaft stehenden Rechtsordnung zur Anwendung zu verhelfen oder allgemeine Wertvorstellungen durchzusetzen, vielmehr hat er die konkrete völkische Gemeinschaftsordnung zu wahren, Schädlinge auszumerzen, gemeinschaftswidriges Verhalten zu ahnden und Streit unter Gemeinschaftsmitgliedern zu schlichten".

Weiter heißt es dort:

2) „Grundlage der Auslegung aller Rechtsquellen ist die nationalsozialistische Weltanschauung, wie sie insbesondere im Parteiprogramm und in den Äußerungen des Führers ihren Ausdruck findet.

3) Gegenüber Führerentscheidungen, die in die Form eines Gesetzes oder einer Verordnung gekleidet sind, steht dem Richter kein Prüfungsrecht zu. Auch an sonstige Entscheidungen des Führers ist der Richter gebunden, sofern in ihnen der Wille, Recht zu setzen, unzweideutig zum Ausdruck kommt.

4) Gesetzliche Bestimmungen, die vor der „nationalsozialistischen Revolution" erlassen sind, dürfen nicht angewandt werden, wenn ihre Anwendung dem heutigen gesunden Volksempfinden ins Gesicht schlagen würde. Für die Fälle, in denen der Richter mit dieser Begründung eine gesetzliche Bestimmung nicht anwendet, ist die Möglichkeit zu schaffen, eine höchstrichterliche Entscheidung herbeizuführen.

5) Zur Erfüllung seiner Aufgaben in der Gemeinschaft muss der Richter unabhängig sein. Er ist nicht an Weisungen gebunden. Unabhängigkeit und Würde des Richters machen geeignete Sicherungen gegen Beeinflussungsversuche und ungerechtfertigte Angriffe erforderlich"[276].

[276] Schmitt, JW 1933, 2793; Dahm u.a., Leitsätze über die Stellung und Aufgabe des Richters, DRW (1936), 123.

Selbstverständlich blieben diese Versuche der Beeinflussung der Justiz nicht ohne „Widerstand“. So schrieb Kern schon 1933, dass sich eine Regierung „besonders schwer gegen den Rechtsstaatsgedanken versündige, die der Justiz Fesseln anlegen wollte, oder die sich nicht damit begnügen würde, auf dem gesetzlichen Weg über die von ihr abhängige Staatsanwaltschaft Einfluss auf die Rechtspflege zu suchen, sondern versuchen würde, Richter durch Drohungen mit Dienstaufsichtsmaßnahmen einzuschüchtern und zu Entscheidungen in einem der Regierung genehmen Sinne zu bestimmen“[277].

Auch das Reichsgericht kämpfte zu diesem Zeitpunkt bereits seit einiger Zeit gegen die zunehmende Beeinflussung der Justiz durch das neue System. So erklärte es beispielsweise, dass eine Drohung des preußischen Justizministeriums mit entsprechenden Dienstaufsichtsmaßnahmen gegen einen Richter der ersten Instanz in einem noch nicht rechtskräftig abgeschlossenen Verfahren vom Standpunkt des Angeklagten aus sehr wohl als ein Versuch Beeinflussung des Berufungsgerichts aufgefasst werden könne[278].

Trotz all dieser Versuche die Justiz zu beeinflussen und vollständig einzugliedern bzw. gleichzuschalten konnte die richterliche Unabhängigkeit und Unabsetzbarkeit nicht völlig beseitigt werden. Wie oben angeführt, wurde § 1 GVG nicht aufgehoben; dies galt auch für § 8 GVG. Somit konnte kein Richter wegen einer Entscheidung durch einen Verwaltungsakt aus dem Amt entfernt werden, selbst wenn diese mit der nationalsozialistischen Rechtsauffassung nicht konform war. Allenfalls konnte dieser aufgrund des Deutschen Beamtengesetzes vom 26. Januar 1937 in den Ruhestand versetzt werden, wenn er „nicht mehr die Gewähr“ dafür bot, jederzeit für den nationalsozialistischen Staat einzutreten[279].

Anlässlich einer Konferenz der Präsidenten des Reichsgerichts, des Volksgerichtshofes und der Oberlandesgerichte, der Oberreichsanwälte und Generalstaatsanwälte führte der damalige Staatssekretär im Reichsjustizministerium Dr. Schlegelberger hierzu aus[280]:

„Wie ich selbst zu diesen Dingen stehe, bitte ich aus einem Briefe zu entnehmen den ich aus Anlass des letzten Gesprächs an den Führer gerichtet habe. Ich habe in diesem Brief unter anderem folgendes geschrieben:

277 Kern, Der Rechtsgedanke im Strafrecht, S. 17.
278 Kern, Der Rechtsgedanke im Strafrecht, S. 17.
279 Boberach, Einl., S. XIII.
280 Boberach, S. 424.

Aus voller Überzeugung teile ich Ihr Verlangen, mein Führer, nach härtester Bestrafung des Verbrechertums, und bitte, überzeugt zu sein, dass der Richter den ehrlichen Willen hat, diesem Verlangen zu genügen. Dauernde Belehrung mit dem Zweck, sie in diesem Willen zu stärken, und die erhöhten gesetzlichen Strafandrohungen haben dahin geführt, dass die Zahl der unter diesem Gesichtspunkt zu beanstandenden Urteile bei der Gesamtzahl der Strafurteile von mehr als 300.000 jährlich stark gesunken ist. Ich werde aber dauernd bemüht bleiben, diese Zahl noch erheblich zu vermindern, und hierbei, falls es nötig sein sollte, wie schon bisher auch vor personellen Maßnahmen nicht zurückschrecken".

(2) Zusammenfassung der gesellschaftlichen und politischen Veränderung des Richterleitbildes

Wie soeben aufgezeigt, hat sich das Leitbild des Richters erheblich verändert. Es kann festgehalten werden, dass wenn ein Richter bei der Beurteilung einer Notwehrhandlung das gesunde Volksempfinden heranzog, letztendlich nichts anderes ausschlaggebend sein sollte, als die nationalsozialistische Ideologie, aber auch das, was Hitler selbst für richtig oder falsch hielt. Wie sehr dieser sich letztendlich durchsetzte, u.a. wenn ihm ein Urteil nicht gefiel, zeigt z.B. der Fall Schlitt[281]. Dieser im Jahre 1942 vor dem Reichsgericht anhängige Fall hatte eines der erschreckendsten Urteile des Reichsgerichts zur Folge nachdem Hitler persönlich die Weisung erteilt hatte das Urteil der ersten Instanz aufzuheben. Der Angeklagte Schlitt hatte in einer Auseinandersetzung seine Frau so folgenschwer verletzt, dass sie einige Monate später an den Folgen der Verletzung starb. Die Strafkammer hatte ihn daraufhin wegen schwerer Körperverletzung mit Todesfolge zu fünf Jahren Zuchthaus verurteilt. Hitler, der von dem Fall in der Zeitung gelesen hatte, zitierte in der Nacht vom 21. auf den 22. März den amtierenden Justizminister zu sich und forderte wütend über dieses Urteil, unverzüglich die Aufhebung des ihm als zu milde erscheinenden Spruches. Daraufhin setzte am 26. März 1942, vier Tage nach Hitlers Wutausbruch, der Vorsitzende des „Besonderen Strafsenats" die Verhandlung gegen Schlitt auf den 31. März fest. Der Beginn war um 9 Uhr, die Plädoyers um 12:15 Uhr, das Todesurteil wurde um 13:30 Uhr verkündet. Zwei Tage später wurde Schlitt in Dresden hingerichtet. Bezeichnend ist, dass der Reichsgerichtspräsident Dr. Bumke, der eigentlich eher als liberal galt, seinerzeit den Vorsitz hatte[282].

[281] Vertiefend hierzu: Kolbe, S. 339; Wesel, S. 494 f.

[282] Kolbe, S. 339; Wesel, S. 494 f.

(3) Die Veränderungen in den Staatsanwaltschaften

Selbstverständlich wurde durch die Veränderung der politischen Gewalt nicht nur die Stellung der Richter, sondern auch die der Anklagebehörden entscheidend verändert. Um auch hier zu gewährleisten, dass die Vorgaben des nationalsozialistischen Machtapparates erfüllt werden, wurden einige Änderungen durchgeführt, unter anderem, dass zukünftig die Ernennung der Staatsanwälte ausschließlich durch den Führer und Reichskanzler vorgenommen wurde, statt wie bisher durch den Reichspräsidenten (§§ 169 GVG, 24 DBG), sowie, dass jeder Staatsanwalt jederzeit nach Übergang der Justizhoheit auf das Reich abgesetzt werden konnte (§ 44 DBG)[283]. Somit sollten schon bei der Anklagebehörde die entsprechenden Posten mit regimetreuen Staatsanwälten besetzt werden. Im Rahmen der Gleichschaltung wurden die Staatsanwälte der Weisungsbefugnis des Reichsjustizministers und der ihm nachgeordneten Dienstvorgesetzten unterstellt[284]. Um in Strafsachen keine unerwünschten Urteile zu erzielen, und um die Staatsanwaltschaften besser zu kontrollieren, nutzte das Reichsjustizministerium, welches durch eine umfassende Berichtspflicht über die Rechtsprechung informiert wurde, die Weisungsgebundenheit der Staatsanwaltschaften, indem es nunmehr genaue Richtlinien über die Bestimmung einzelner Tatbestandsmerkmale, anzuwendende Gesetze und Ausnutzung des Strafrahmens herausgab. Diese Richtlinien wurden auch den Gerichten zugänglich gemacht, damit die Richter ihre Urteile daran ausrichten konnten, weil sie sonst mit der Einlegung von Rechtsmitteln oder der Korrektur ihrer Urteile durch höherrangige Ebenen oder gar Rügen durch das Ministerium rechnen mussten[285]. Auch hieran ist abermals erkennbar, dass das Recht in starkem Maße sowohl politischen als auch gesellschaftlichen Umbrüchen und Strömungen ausgesetzt war und durch diese maßgeblich geprägt wurde.

(4) Die Veränderungen des Leitbildes der Rechtsanwaltschaft

„Als unabhängiger Berater und Vertreter in allen Rechtsangelegenheiten hat der Rechtsanwalt seine Mandanten vor Rechtsverlusten zu schützen“. So steht es zumindest im ersten Teil der BORA in § 1 unter dem Titel „Freiheit der Berufsausübung“[286]. Dies entspricht auch dem heutigen Selbstverständnis und Wesen der Rechtsanwaltschaft, nämlich dass der Rechtsanwalt ausschließlich dem Wohl seines Mandanten ver-

---

[283] Reifner/Sonnen, S. 124.

[284] Wagner, Die Umgestaltung der Gerichtsverfassung, S. 281.

[285] Boberach, Einl., S. XIV.

[286] BORA vom 15. Juni 2009, BRAK-Mitt. 2010, 253 f.

pflichtet ist. Dieser Gedanke findet sich auch in der Eidesformel der Rechtsanwälte wieder. Im Hinblick auf die vorstehenden Ausführungen zur systemkonformen Anwendung des Notwehrrechts, sowie im Hinblick auf die Tatsache, dass ein Rechtsanwalt, der sich nicht dem Wohl seines Mandanten verpflichtet fühlt, eine sinnlose Erscheinung darstellt, erscheint vorliegende Untersuchung erforderlich. Fraglich ist zunächst also inwieweit sich systembedingte Veränderungen auch hier ausgewirkt haben.

Im Kommentar zur Reichs-Rechtsanwaltsordnung von 1937 war zur Präambel zu lesen:

> *„Es erfolgt eine allmähliche Zurückführung der deutschen Rechtsanwälte auf ein erträgliches Maß, die sich über eine ganze Reihe von Jahren erstreckt, so dass jeder Jahrgang der heranwachsenden jungen Juristen in einer gewissen, angemessenen Zahl in die Anwaltschaft hineinwächst unter Berücksichtigung des nationalsozialistischen folgenden Auslegungsgrundsatzes unter Ablehnung des schematischen Numerus clausus"*[287]

Und in § 16 BRAO war sogar geregelt, dass die Überprüfung der politischen Überzeugung bei der Zulassung zur Anwaltschaft dadurch abgesichert werden sollte, dass die Entscheidung über die Zulassung im Einvernehmen mit dem Reichsführer des Bundes Nationalsozialistischer Deutscher Juristen zu treffen war[288].

Schließlich vervollständigt sich das Bild, wenn man einen Blick auf die in § 19 BRAO niedergelegte Eidesformel wirft. Dort heißt es:

> *„Ich schwöre, dem Führer des Deutschen Reiches und Volkes, Adolf Hitler Treue zu halten und die Pflichten eines Deutschen Rechtsanwalts gewissenhaft zu erfüllen, so wahr mir Gott helfe"*[289].

Somit dürfte auf der Hand liegen, dass der Rechtsanwalt in erster Linie dem nationalsozialistischen Gedankengut und dem Führer verpflichtet war und eben nicht seinen Mandanten. Durch eine derartige Verpflichtung entstand verständlicherweise ein stetiger Interessenkonflikt zwischen den Interessen des Mandanten auf der einen Seite, sowie auf der andern Seite den Interessen des Staates. Hierdurch liefen

---

[287] Noack, S. 13; ähnlich in: Ostler, S. 258.
[288] Dreher, S. 31.
[289] BRAO von 1936.

Anwälte ständig Gefahr, selbst ins Visier der Strafjustiz zu kommen oder gar von der Anwaltschaft ausgeschlossen zu werden[290].

Auch die Mitglieder der Rechtsanwaltschaft - vor allem Strafverteidiger - wurden, wie auch die Richter durch die oben genannten Richterbriefe, durch sog. Rechtsanwaltbriefe kontrolliert.

Folglich war auch seitens der Rechtsanwaltschaft gewährleistet, dass eine Rechtsprechung im Sinne des Systems erfolgen konnte und somit auch, die Anwendung der Notwehr im oben genannten systemkonformen Sinn.

bb) Auslegung und Anwendung von Gesetzen durch die Rechtsprechung

Leitbild für jedes Handeln eines Richters war, beziehungsweise sollte nunmehr, wie aufgezeigt, die nationalsozialistische Ideologie sein. Die Mehrheit der Richter begrüßte seinerzeit zunächst die Umstrukturierung in der Hoffnung, bzw. in dem Glauben, absolute richterliche Unabhängigkeit zu haben. Anstatt strikt an das Gesetz gebunden zu sein, erhofften sie sich mehr Unabhängigkeit in ihrer Entscheidung, die unter anderem dadurch hervorgerufen wurde, dass von nun an neben dem Gesetzeswortlaut auch Begriffe wie „das gesunde Volksempfinden“ zu beachten waren. Die Richter waren angehalten, stets als oberstes Ziel des Strafrechts zu beachten, dass „die Volksgemeinschaft gegen den Verbrecher zu schützen“ war. Carl Schmitt, seinerzeit einer der bedeutendsten deutschen Staatsrechtler und politischer Philosoph bemerkte hierzu: „Sobald Begriffe wie „Treu und Glauben“, „gute Sitten“, „gesundes Volksempfinden“ usw. auf das Interesse des Volksganzen bezogen werden, ändert sich in der Tat das gesamte Recht, ohne dass auch nur ein einziges positives Gesetz geändert zu werden brauchte“[291].

Man kann also bei Bewertung dieser Entwicklung sagen, dass die Richterschaft nicht mehr der Bindung an das Gesetz unterlag, sondern durch die neuen Vorgaben nur noch „Recht im nationalsozialistischen Sinne“ sprechen konnte, die Richter aber durch die Verpflichtung auf die materielle Gerechtigkeit um so mehr der herrschenden Ideologie unterworfen wurden. Ziel und Zweck des nationalsozialistischen Gesetzgebers war es also letztendlich, die Richterschaft zum unmittelbaren Vollstrecker des als sog. „gesundes Volksempfinden“ getarnten Führerwillens zu machen. Diese Entwicklung hatte natürlich auch Auswirkungen auf das Notwehrrecht.

---

[290] Ostler, S. 106 ff., S. 278 ff.

[291] Schmitt, Über die drei Arten des rechtswissenschaftlichen Denkens, S. 59.

cc) Konkrete Auswirkungen auf das Notwehrrecht – Untersuchung der Reichsgerichtsrechtsprechung

Im Folgenden soll, nachdem eine Einflussnahme festgestellt wurde, unter Zuhilfenahme verschiedener ausgewählter Urteile untersucht werden, ob und inwieweit das Reichsgericht hinsichtlich der Anwendung des Notwehrrechts der nationalsozialistischen Rechtsentwicklung und den Vorgaben in der Zeit von 1933 bis 1945 gefolgt ist. Die Verallgemeinerung dahingehend, dass sich die Rechtsprechung des Reichsgerichts unter dem Einfluss des nationalsozialistischen Systems im Sinne des Systems verändert habe ist jedoch mit Vorsicht zu genießen, da sich das Reichsgericht, wie auch schon oben bereits erwähnt, mehrfach den Vorgaben der Nationalsozialisten widersetzt hatte[292].

Natürlich ist nicht von der Hand zu weisen, dass sich schon früh in der Rechtsprechung des Reichsgerichts die Tendenz einer immer restriktiveren Anwendung des Notwehrrechts abgezeichnet hat, denn auch das Reichsgericht vertrat u.a. den Grundsatz, dass jede Notwehrhandlung durch die „gesunde Volksanschauung“ gedeckt sein musste[293].
Diese gewandelte Auffassung des Reichsgerichts erstaunt deshalb, weil es noch kurz vor der Machtübernahme eine Position eingenommen hatte, die eine nahezu schrankenlose Notwehrausübung gewährleiste. So hatte das RG beispielsweise im viel diskutierten Obstdiebfall u.a. folgende Fragen zu entscheiden[294]:

44. 1. Ist Notwehr gegenüber dem mit der Beute entfliehenden Diebe zulässig?
2. Wie lange gilt der rechtswidrige Angriff auf Eigentum und Besitz als gegenwärtig?
3. Ist der Wert der gestohlenen Sache für Zulässigkeit und Maß der Verteidigung von Bedeutung?

---

[292] Vgl. Kern. S. 17, aber auch: Rohrer, S. 303.
[293] RGSt 72, 57 (59).
[294] RGSt 55, 82 (87).

Das Gericht hat dazu seinerzeit nämlich Folgendes ausgeführt:

3. Nur vereinzelt wird die Meinung vertreten, das Maß für den Umfang der Abwehrbefugnisse sei nicht ausschließlich aus der Stärke des Angriffs einerseits und den dem Verteidiger zu Gebote stehenden Abwehrmitteln anderseits zu bestimmen, vielmehr ergebe sich eine Beschränkung in der Ausübung der Notwehr auch daraus, daß zur Erhaltung eines geringfügigen Gutes für den Berechtigten nicht ein wertvolleres Gut des Angreifers geopfert werden dürfe. Damit wäre die Notwehr, sobald sie durch Angriffe auf Leib und Leben geübt werden müßte, dem Diebe gegenüber regelmäßig überhaupt ausgeschlossen. Indes kann eine derartige Rücksicht auf die Verhältnismäßigkeit der Güter unmöglich da gerechtfertigt sein, wo das Recht im Kampf gegen das Unrecht geschützt werden soll; hier dem Verteidiger zuzumuten, bei der Wahrung seiner Rechte darauf zu achten, daß er dem widerrechtlich angreifenden Gegner keinen Schaden zufügt, der höher bewertet wird, als der ihm selbst aus dem rechtswidrigen Angriffe drohende, ist nicht angängig. Freilich wird dann, wenn sich die Notwendigkeit ergibt, zum Schutz von Eigentum und Besitz, vielleicht solchem von ganz geringem Werte, das Leben oder die körperliche Unversehrtheit des Angreifers zu gefährden, die Entschließung zur Aufnahme des Kampfes um ein verhältnismäßig geringfügiges Gut von den sittlichen Anschauungen und dem Billigkeitsempfinden und sonstigen Rücksichten des Verteidigers abhängen, der vielfach den Verlust seines Rechtes der Gefährdung von Menschenleben und einem auch für ihn selbst gefahrdrohenden Kampfe vorziehen und das Unrecht erdulden wird. Ihm aber als Voraussetzung für die Zulässigkeit der Notwehrausübung eine solche Prüfung und Abwägung der Wertverhältnisse in einem Augenblicke zuzumuten, in dem rascher Entschluß und rasches Handeln geboten sein kann, das ist nicht zu fordern. Auch das Gesetz gibt keinerlei Anhalt dafür, daß die Verhältnismäßigkeit der beiderseitigen Rechtsgüter, die der Verteidiger einerseits schützt und anderseits bedroht, die Befugnis zur Abwehr bedinge. Die Abwägung des Wertes mag da berechtigt sein, wo es sich um einen Widerstreit von Rechten handelt (RGSt. Bd. 28 S. 116), nicht aber da, wo sie dem Unrechte zum Schutz gereichen und eine Einschränkung der Notwehrbefugnisse gegenüber Angriffen auf Güter einer bestimmten Art oder gar innerhalb der Art auf bestimmte Werte bedeuten würde und sonach Zulässigkeit und selbst Maß der Abwehr davon abhängig wäre, welcher Schaden dem widerrechtlich Angreifenden aus der Abwehr erwachsen könnte. Ganz ähnlich ist in dem Urteile I 933/10 vom 10. November 1910 g. K. entschieden worden.

Es liegt auf der Hand, dass im Nationalsozialismus das bis dahin nahezu schrankenlos gewährleistete Notwehrrecht durch die Ausrichtung am „gesunden Volksempfinden“ Einschränkungen erfahren hat.

Wie sehr richterliche Entscheidungen in dieser Zeit vom gesunden Volksempfinden geprägt waren, zeigt auch die Aussage des einstigen Staatssekretärs und Vorsitzenden des Volksgerichtshofes Freisler, der hierzu Folgendes anmerkte: „Der Richter hat in erster Linie die autoritären Willenskundgebungen des Führers als Ausdruck des gesunden Volksempfindens anzuschauen und seiner Entscheidung zugrunde zu legen. Tut er das, wird er nicht fehlgehen können“[295]. Es sei hierbei zu beachten, so Freisler, „dass nicht der nationalsozialistisch versierte Jurist, sondern der rechtskundige Nationalsozialist, der das Recht sicher erfühlt und instinktmäßig richtig anwendet, das Ideal ist“[296]. Zieht man das so ausgelegte „gesunde Volksempfinden“ als maßgebliches Kriterium für eine Notwehrlage- oder gar Handlung heran, ergibt sich eine grenzenlose Ausweitung der Rechtfertigung im Sinne der Weltanschauung des Regimes, denn danach war, wie im Folgenden noch aufgezeigt werden soll, auch das Vorgehen gegen „politische Gegner“ und gegen sonstigen Gruppen, die nicht in diese Weltanschauung passten von der „Notwehr“ gedeckt, erst recht, wenn sich ihre Aktionen gegen den Staat richteten. Die sog. „politischen Gegner“ und sonstigen Gruppen wiederum hatten nach nationalsozialistischer Ansicht schon alleine deshalb kein Notwehrrecht, weil sie gerade keine Volksgenossen waren und nicht zur Volksgemeinschaft gehörten. Diese umfasste nämlich nur alle Deutschen, die als solche handelten und dachten[297] oder anders ausgedrückt: „die Gemeinschaft von Menschen, die durch gemeinsame Abstammung und ererbte Kultur verbunden, als oberster Einheit zu denken ist[298].“

Im Folgenden sollen deshalb gezielt bei einzelnen Notwehrmerkmalen Untersuchungen hinsichtlich möglicher Veränderungen stattfinden um die Veränderungen im Einzelnen herauszufiltern.

(1) Die Erforderlichkeit

Auch bei der Betrachtung des Merkmals Erforderlichkeit findet sich die eingangs bereits behandelte Lehre von der „gesunden Volksanschauung“ wieder. Gleichzeitig wurde das „gesunde Volksempfinden“ nicht nur als Maßstab dafür, in wie weit eine Verteidigung erforderlich sein

295 Püschel, S. 70 f.
296 Gruchmann, S. 1139.
297 Alter/Bergmann, S. 328.
298 Peters in: Flitner, S. 160; Diem in Flitner, S. 7.

soll, sondern auch dafür, ob überhaupt eine Verteidigung „geboten“ ist gesehen[299]. Dies wird zum Beispiel deutlich wenn man eine Entscheidung des Reichsgerichts aus dem Jahre 1937 betrachtet, in der erstmals[300] die „gesunde Volksanschauung“ herangezogen wurde[301]. Dem Fall lag zugrunde, dass der Angeklagte in einem Wirtshaus mit seinem Kontrahenten zusammentraf, mit dem er bereits schon einmal eine Auseinandersetzung hatte, in deren Verlauf dieser ihm ins Gesicht geschlagen hatte. Im Verlauf der Auseinandersetzung erschoss der Angeklagte seinen Kontrahenten mit dem bei sich geführten Revolver. Das Gericht führte seinerzeit in der Urteilsbegründung dazu aus, dass es dem Angegriffenen im Rahmen der erforderlichen Verteidigung zugemutet werden kann, entweder dem Angriff auszuweichen, oder sich der Hilfe von Dritten zu bedienen, denn es widerspräche dem Wesen der „gesunden Volksanschauung“, wenn der Notwehrübende, der dem Angriff auf andere Weise als durch gewaltsame Abwehr entgehen könne, ohne sich dadurch etwas zu vergeben, ohne eigene oder fremde Interessen zu gefährden besonders dann, wenn sie nur so möglich sei, dass dadurch ein Mensch getötet wird. Schließlich, so führt das Gericht aus, „gebe es zwischen schimpflicher Flucht und gewaltsame Abwehr auch noch andere Wege, um dem Angriff zu entgehen“[302].

Bestätigt wird diese Rechtsprechung ein Jahr später durch eine weitere Entscheidung[303]. In diesem Fall hatte das Reichsgericht darüber zu entscheiden, welche Grenzen dem Notwehrrecht bei der Verteidigung des Hausrechts gesetzt sind. Das Schwurgericht hatte den Angeklagten vom Tatvorwurf des Totschlags freigesprochen, da dieser, so das Gericht, möglicherweise durch Notwehr gerechtfertigt gewesen sei, als er den Angreifer tötete, da dieser nach mehrmaliger Aufforderung die Wohnung nicht verlassen wollte.

---

299 so u.a. auch: Hinüber, v./Tegtmeyer, S. 50.

300 Pauli, S. 65.

301 RGSt 71, 133 (134).

302 So auch Pauli, S. 65.

303 RGSt 72, 57 (59).

Das Gericht hat hierzu wie folgt ausgeführt:

> Das Maß zulässiger Abwehr bestimmt sich allerdings nicht nach dem Verhältnisse des angegriffenen Rechtsgutes zu dem von der Gegenwehr betroffenen, sondern nach der Stärke und Hartnäckigkeit des Angriffes und nach den Mitteln der Abwehr, die dem Angegriffenen zu Gebote stehen. Wenn dieser die Rechtsverletzung auf andere Weise abwenden kann, ohne seiner eigenen Ehre etwas zu vergeben oder eigene oder fremde Belange zu verletzen, namentlich dadurch, daß er Dritte zum Einschreiten anruft, so widerspricht eine gewalttätige Abwehr, die mit der Vernichtung eines Menschenlebens verbunden ist, so sehr dem gesunden Volksgefühl, daß es nicht mehr als zur Verteidigung notwendig anerkannt werden kann.
>
> Dieser Grundsatz ist bereits in der Entscheidung v. 1. März 1937 2 D 711/36 (RGSt. Bd. 71 S. 133; vgl. auch Bd. 69 S. 308, 310) ausgesprochen worden. Der jetzt erkennende Senat tritt ihr bei.

RG 3. Strafsenat Urteil vom 20.01.1938 3 D 963/37 RGSt 72, 57-59.[304]

Es wird also auch schon hier bei der Betrachtung der Erforderlichkeit der Notwehrausübung deutlich, dass das Maß der Erforderlichkeit an der „gesunden Volksanschauung“ gemessen wurde - dies mit der Folge, dass das Notwehrrecht Einschränkungen erfuhr. War noch vor 1933 einzig und allein auf die Intensität des Angriffs abgestellt worden, wurde nunmehr die Wahl des betreffenden Abwehrmittels mit einbezogen. Es bleibt also im Folgenden zu prüfen, inwieweit die Gebotenheit, bzw. das was seinerzeit darunter verstanden wurde Veränderungen erfuhr.

(2) Die Betrachtung der jeweiligen Fallgruppen durch die Rechtsprechung

Um ein möglichst genaues Bild der Anwendung der Notwehr in der Rechtsprechung zu erhalten, soll folgend die Behandlung der einzelnen, heute anerkannten sog. Fallgruppen durch die obergerichtliche Rechtsprechung, vorwiegend der des Reichsgerichts, untersucht werden. Da die jeweiligen Fallgruppen jedoch schon immer aufgrund u.a. zeitgenössischer Wertvorstellungen und sozialpolitischer Wandlungen starken Schwankungen unterliegen ist auch hier vorab herauszustellen, dass die Fallgruppen, die heute weitgehend anerkannt sind, sich erst entwickeln mussten, so dass in den nachfolgenden Fällen teilweise lediglich Tendenzen erkennbar sind, die es herauszufiltern gilt. Auch die

[304] RGSt 72, 57 (59).

hierfür verwendeten Begriffe können folglich nicht ohne weiteres einheitlich auf die heutigen Vorstellungen übertragen werden[305].

Meist wurden die heute unter der dem Merkmal der Gebotenheit anerkannten Fallgruppen auch zu dieser Zeit im Rahmen der Erforderlichkeit der Verteidigung behandelt[306]. Vereinzelt lassen sich daher erste Versuche der höchstrichterlichen Rechtsprechung die Notwehr aus sozialethischen Gründen einzuschränken in der Rechtsprechung des Reichsgerichts, wenn auch nur versteckt, in den Auslegungen, die zum Merkmal der Erforderlichkeit der Verteidigungshandlung angestellt wurden finden.

(2.1) Notwehr bei krassem Missverhältnis zwischen angegriffenem und verteidigtem Rechtsgut

Gemessen an den heutigen Ansichten zur Unfugabwehr und zum groben Missverhältnis zwischen verletztem Rechtsgut und Maß der Verteidigung kann o.g. Entscheidung des Reichsgerichts aus dem Jahr 1937 ebenfalls herangezogen werden, aus der einschränkende Tendenzen zu entnehmen sind[307].

In seiner Entscheidung führte das Reichsgericht aus, dass das Schwurgericht hätte prüfen müssen, ob der Angeklagte, der das Hausrecht verteidigen wollte, durch die Tötung „die Grenzen des zur Verteidigung Erforderlichen" überschritten habe. Dies gelte besonders dann, wenn die Abwehr „ohne seiner Ehre etwas zu vergeben anders möglich sei und insbesondere dann, wenn diese mit der Vernichtung eines Menschenlebens verbunden ist"[308].

Dieser Standpunkt des Reichsgerichts verwundert, wenn man dessen Rechtsprechung z.B. noch im Jahre 1920 betrachtet. Dort wurde nämlich im genannten Obstdiebfall noch eine ganz andere Auffassung vertreten. Das Reichsgericht bejahte seinerzeit die Notwehr mit der Begründung, dass der Angeklagte sich mittels eines Schusses gegen den Diebstahl zur Wehr setzen dürfen, da nur auf diese Weise der Schutz seiner Güter sichergestellt hätte werden können. Die Beachtung des Verhältnismäßigkeitsprinzips wurde vom Gericht abgelehnt, da es hierauf nicht ankommen könne, wenn das Recht gegen das Unrecht geschützt werden müsse. Die Forderung einer solchen Beachtung hätte nämlich stets die Verneinung der Notwehr zur Folge, wenn deren Ausübung mit Beeinträchtigungen von Leib und Leben einherginge. Schließlich müsse

---

305 Ähnlich auch Bitzelekis, S. 91.

306 so u.a. auch: Hinüber, v./Tegtmeyer, S. 50.

307 RGSt 72, 57 (59).

308 RGSt 72, 57 (59).

auch dem Umstand Rechnung getragen werden, dass Notwehr unter Umständen nur dann erfolgreich ausgeübt werden könne, wenn sie schnell erfolge[309]. Dass es eventuell noch andere Möglichkeiten gegeben hätte, diesen Angriff abzuwehren, hatte das Gericht seinerzeit überhaupt nicht in Erwägung gezogen. Tatsächlich war es aber damals allgemein anerkannt, dass sich das Maß der Verteidigung danach richten sollte, wie weit eine solche erforderlich ist. Hierbei war zu entscheiden, welche Gefährlichkeit von dem jeweiligen Angriff tatsächlich ausging[310].

Es liegt hier (ähnlich dem Obstdiebfall) auf der Hand, dass aus heutiger Sicht zur Abwehr des Angriffs, der vorliegend lediglich in der Verletzung des Hausrechts und somit im „sich nicht entfernen“ lag, eine tödliche Abwehr nicht zulässig ist, da in ihr ein grobes Missverhältnis zwischen angegriffenem und verletztem Rechtsgut gesehen werden kann. Auf die Erforderlichkeit - zumindest aus heutiger Sicht - kann hier jedoch schon deswegen zumindest nicht mit der seinerzeit vorgenommenen Begründung abgestellt werden, weil z.B. das Herbeiholen Dritter, wie das Reichsgericht seinerzeit aber ausgeführt hatte, den Angriff (ähnlich dem Obstdiebfall) nicht sofort und gefahrlos beendet hätte. Der vermeintlich Notwehrübende hatte nämlich in beiden Fällen gerade nicht die Möglichkeit der Herbeiholung Dritter. Zudem entspricht es sowohl nach heutigem, aber auch schon nach damaligem[311] Rechtsverständnis dem Wesen der Notwehr dem Notwehrübenden auf Grundlage des § 32 zu gestatten, ohne vorherige Anrufung staatlicher Hilfe rechtswidrige Angriffe abzuwehren.

Es wird deutlich, dass ein Notwehrrecht nach Ansicht des Reichsgerichts nunmehr nicht mehr schrankenlos gewährt werden sollte, wenn ein krasses Missverhältnis, bzw. eine gänzlich unerträgliche Anwendung der Notwehr vorliege.

(2.2) Notwehr bei schuldunfähigem, irrendem oder vermindert schuldfähigem Angreifer

Einer Entscheidung aus dem Jahre 1895 zufolge hatte der angeklagte Wärter einem Geisteskranken, da dieser ihn durch emporhalten einer Gabel bedroht hatte, mit einem starken Filzpantoffel mehrere heftige Schläge auf den Kopf versetzt, so dass dieser zu Boden fiel[312]. Das Gericht führte seinerzeit zur Frage der Notwehr aus, dass ein Täter der

309 RGSt 55, 82, (86).

310 Ebermayer/Eichelbaum/Lobe/Rosenberg, § 53, Nr. 1c.

311 Hierzu: Schwarz, § 53, C; Ebermayer/Lobe/Rosenberg, § 53, III: „Ist insbesondere die Staatsgewalt nicht zur Stelle oder greift ihr Organ nicht spontan und ausreichend ein, so darf der Angegriffene von sich aus den Angriff abweisen.“

312 RGSt 27, 44 (47).

sich im Zeitpunkt des Angriffs „im Zustand von Bewusstlosigkeit oder krankhafter Störung der Geistestätigkeit“ befinde, zu einer Handlung im strafrechtlichen Sinne nicht fähig sei. Folglich sei der von ihm vorgenommene Angriff für ihn auch nicht rechtswidrig. Gleiches gelte auch für einen Angreifer, der „sich aus einem unvermeidbaren Irrtum für zum Angriff befugt“ halte. Der Angegriffene hingegen habe deswegen aber trotzdem „nicht die Rechtspflicht sich eine Beeinträchtigung seiner rechtlich anerkannten Interessen gefallen zu lassen“, weshalb aus seiner Sicht ein solcher Angriff ein rechtswidriger sei, heißt es in den weiteren Ausführungen. Der Angegriffene, führte das Gericht (übereinstimmend mit der seinerzeit herrschenden Lehre) als Argument ins Feld, könne regelmäßig nicht vor seiner Abwehrhandlung überprüfen, ob der Angreifer sich etwa im Zustand einer Geistesstörung befinde oder aufgrund eines unvermeidbaren Irrtums handle, zumal dadurch „der meist durch die Raschheit der Ausführung bedingte Erfolg der Verteidigung“ gefährdet sein könnte. Das Gericht kam in diesem Fall zu dem Ergebnis, dass der von einem Irrenden oder vermindert Schuldfähigen Angegriffene ohne eine Ausweichpflicht oder Ähnliches zu konstituieren ein uneingeschränktes Notwehrrecht hat[313]:

> Von alledem ist jedoch in dem § 53 St.G.B.'s nicht die Rede. In dem zweiten Absatze des § 53 wird diejenige Verteidigung, welche erforderlich ist, um einen gegenwärtigen, rechtswidrigen Angriff von sich oder einem Anderen abzuwenden, als Notwehr bezeichnet, also lediglich ein Angriff vorausgesetzt, der widerrechtlich ist, weil das Recht einen solchen Eingriff in fremde Interessen nicht erlaubt, und es wird lediglich nach der objektiven Beschaffenheit des Angriffes der Umfang der Verteidigungsmittel bemessen. In dem ersten Absatze des § 53 aber wird bestimmt, daß eine strafbare Handlung nicht vorhanden ist, wenn die Handlung durch Notwehr geboten war. Hiernach besteht das gesetzliche Notwehrrecht darin, daß der Angegriffene befugt ist, durch eine dem Angriffe angemessene Verteidigung ein Übel von sich abzuwenden, das ihm durch den Angriff droht, und welches er zu erdulden rechtlich nicht verpflichtet ist, ohne daß es darauf ankommt, ob der Angriff von einem Zurechnungsfähigen oder einem Unzurechnungsfähigen oder von einem in unabwendbarem Irrtume Handelnden ausgeht.

Es fällt bei näherer Betrachtung der vorliegenden Entscheidung auf, dass das Reichsgericht seinerzeit in den Urteilsausführungen eine Einschränkung des Notwehrrechts gegenüber schuldunfähigen Angreifern zu keinem Zeitpunkt in Betracht zog, sondern lediglich die Sicht des Angegriffenen betrachtete, was im Einzelfall zu einer uneingeschränkten Bejahung des Notwehrrechts führte.

---

[313] RGSt 27, 44 (47).

Eine Trendwende leitete das Reichsgericht mit der oben genannten Entscheidung aus dem Jahre 1937 ein, denn hier ging das Reichsgericht bei genauer Betrachtung sogar noch weiter und stellte fest, dass eine Ausweichpflicht, wenn eigene oder fremde berechtigte Interessen nicht gefährdet seien, nach der „gesunden Volksanschauung“ auch bzw. sogar für Angriffe von zurechnungsfähigen Personen gelte, denn die durch das Recht zur Notwehr zugelassene Selbsthilfe sei dort nicht erforderlich, wo der Angegriffene dem Angriff ausweichen könne und in dies auch zumutbar sei[314]. Auch die zuvor erörterte Entscheidung zur Verteidigung des Hausrechts bestätigt diese Trendwende in der Rechtsprechung des Reichsgerichts[315].

In dieser Rechtsprechung bestätigt sich auch die oben bereits erörterte Auffassung der Strafrechtskommission zu dieser Thematik, die seinerzeit u.a. davon ausging, dass zwar grundsätzlich niemand vor einem Angreifer zu fliehen brauche, da dies nicht mit der „Mannesehre“ vereinbar sei, diese Ehre jedoch beispielsweise bei einem Angriff durch einen Geisteskranken erst gar nicht verletzt sei. Damit wird klar, dass von nun an generell einem Angriff auszuweichen war, wo sich dies im Rahmen des Zumutbaren hielt.

(2.3) Notwehr im Rahmen von engen persönlichen Beziehungen

Sehr deutlich wird die Abhängigkeit des jeweils geltenden Rechts von gesellschaftlichen Wertvorstellungen und des damit einhergehenden Notwehrverständnisses bei der Betrachtung der Entwicklung in der Rechtsprechung hinsichtlich der Notwehr innerhalb persönlicher Nähebeziehungen. Noch 1885 musste vom Reichsgericht thematisiert werden, ob einem Ehemann gegen seine Ehefrau ein eheliches Züchtigungsrecht infolge eines Erziehungsrechtes zusteht[316]. Ein solches wurde zwar letztendlich „mangels gesetzlicher Grundlagen“ abgelehnt[317], aber die Entscheidung zeigt sehr deutlich, welche Stellung nach den damaligen Wertvorstellungen die Eheleute innerhalb der Ehe jeweils innehatten.

Hinsichtlich der Ausübung von Notwehr im Rahmen von engen persönlichen Beziehungen, hauptsächlich im Rahmen von ehelichen Auseinandersetzungen erkannte das Reichsgericht noch 1926 keinen Grund, eine Einschränkung des Notwehrrechts vorzunehmen. Diesem Fall lag

314 RGSt 71, 133 (134).

315 RGSt 72, 57 (59).

316 RGSt 12, 368 (371).

317 Das Gericht führte aus, dass zwar kein Züchtigungsrecht bestehe, in der sittlichen und rechtlichen Gemeinschaft der Ehe jedoch der Ehemann das Haupt sei und deshalb sein Entschluss in gemeinschaftlichen Angelegenheiten den Ausschlag gebe.

zugrunde, dass der Ehemann nach einem längeren verbalen Streit unter Eheleuten nachts im gemeinschaftlichen Schlafzimmer seiner Ehefrau drohte, diese zu töten. Als er auf die im Bett liegende Ehefrau zuging, ergriff diese einen Revolver und tötete ihn durch zwei Schüsse. Die Ehefrau wurde wegen Totschlags verurteilt, das Reichsgericht hob dieses Urteil auf[318].

Das Reichsgericht begründete seine Entscheidung damit, dass die Frau sich in einem Zustand „echter Notwehr" befunden habe, da sich aus der Sachlage ergebe, dass der Angriff des Ehemanns ein gegenwärtiger, rechtswidriger war. Auf das Motiv, das die Angeklagte womöglich hatte (das Schwurgericht führte seinerzeit an, die Angeklagte habe die Tat „schon länger beabsichtigt" gehabt und sei, als sich „die erwünschte Gelegenheit" ergeben habe, „planmäßig vorgegangen" um die Tat „in einem günstigen Licht" erscheinen zu lassen) käme es nach dem Reichsgericht ebenso wenig an, wie darauf, dass die Angeklagte noch andere Zwecke außer der Verteidigung beabsichtigte, sofern nur der Verteidigungszweck vorhanden war. Somit stellte das Gericht maßgeblich auf die objektive Notwehrlage ab, und prüfte, ob die Grenzen der zulässigen Verteidigung eingehalten wurden. Eine Einschränkung des Notwehrrechts aufgrund einer ehelichen Nähebeziehung zog das Gericht seinerzeit jedoch erst gar nicht in Erwägung.

Am deutlichsten wird die Wende in der Rechtsprechung des Reichsgerichts unter dem Einfluss der seinerzeit vorherrschenden politischen Veränderungen im bereits genannten Fall Schlitt im Jahre 1942. Bei diesem Fall ist jedoch, wie eingangs der Untersuchung bemerkt, zwischen den Ansichten die seinerzeit vorherrschten und den heutigen Erkenntnissen zu unterscheiden. Dargestellt wurde der Fall Schlitt der Öffentlichkeit damals nämlich so, dass der Ehemann ein brutaler Schläger gewesen sei, der seine Frau über Jahre hinweg so gequält habe, dass diese dann daran gestorben sei. Tatsächlich war es aber so, dass der an einer die psychische Verfassung verändernden Krankheit leidende Ehemann herausgefunden hatte, dass seine Ehefrau ihn betrogen hatte, worauf es zum Streit kam in dessen Folge er so auf sie losging, dass sie an den Folgen ihrer Verletzungen verstarb[319].

Das Landgericht Oldenburg berücksichtigte seinerzeit diese Umstände strafmildernd und verhängte eine Freiheitsstrafe von fünf Jahren. Aufgrund der besonderen Anschauung der Ehe im Nationalsozialismus als Grundlage der Familie, und der Rolle der Frau hierin, sah sich das Reichsgericht unter dem Druck Hitlers gezwungen, das Urteil von einer fünfjährigen Freiheitsstrafe in ein Todesurteil umzuwandeln. Hier wird

318 RGSt 60, 261 (262).

319 Vertiefend hierzu: Schädler, S. 22 ff.

sehr deutlich, dass zukünftig tendenziell gerade in ehelichen Nähebeziehungen im Rahmen von Auseinandersetzungen Einschränkungen hingenommen werden sollten. Insbesondere widersprach Notwehr gegen Frauen und Kinder der nationalsozialistischen Weltanschauung. Darüber hinaus kann auch diesbezüglich auf die generell restriktive Haltung bezüglich des Zugeständnisses eines Notwehrrechts in jener Zeit hingewiesen werden.

(2.4) Notwehr bei Angriffsprovokation oder sonst vorwerfbarer Herbeiführung der Notwehrlage

Es entspricht gerade im Notwehrrecht oftmals der Entwicklung einer Auseinandersetzung bis hin zur konkreten Notwehrsituation, dass im Vorfeld wechselseitige, meist verbale Angriffe stattfinden. Deren Rahmen ist bei der Beurteilung ob eine Angriffsprovokation vorliegt im Einzelfall genau zu beachten, um zu beurteilen ob das jeweilige Verhalten des später dann Notwehrübenden eine Angriffprovokation darstellt oder ob dieses noch im Bereich des Erlaubten liegt. Dementsprechend ist es nicht verwunderlich, dass bezüglich dieser Fallgruppe auf eine Fülle von Fällen zurückgegriffen werden kann. Die bisherige Rechtsprechung des Reichsgerichts wies die Tendenz auf, dem Angegriffenen grundsätzlich nicht das Recht auf Notwehrausübung zu versagen, wenn er den Angriff zuvor provoziert hatte[320]. Das Gericht hat die Auffassung, wie sie beispielsweise die Vorinstanz vertrat, dass „wer eine Auseinandersetzung provoziert habe, der eigentliche Angreifer sei“, und dass „offensives Vorverhalten die Notwehr zwingend ausschließe“, als „rechtsirrthümlich“ verworfen. Dem seinerzeit durch das Reichsgericht zu beurteilenden Sachverhalt lag zugrunde, dass der später Angeklagte nach einer längeren verbalen Auseinandersetzung seinem Kontrahenten nacheilte und gezielt den Streit suchte bzw. diesen fortsetzen wollte. In der Folge packte der Kontrahent den späteren Angeklagten am Hals und stieß ihn mit dem Kopf mehrmals gegen die Wand, worauf dieser sich mit einem Schlag ins Gesicht des vermeintlichen Angreifers zur Wehr setzte und diesen am Auge verletzte. Das Gericht stellte hierzu fest, dass „das angriffsweise Vorgehen des Angreifers gegen den zunächst Angegriffenen das Vorhandensein einer Notwehr auf Seiten des Angreifers nicht mit Notwendigkeit ausschließe“[321]. Hieraus kann gefolgert werden, dass im Umkehrschluss ein Notwehrrecht dann ausgeschlossen sein sollte, wenn das Vorverhalten des später Angegriffenen hierzu Anlass geboten hatte.

---

320 Siehe nur RGRspr. 6 (1884), 576 (577).

321 RGRspr. 6 (1884), 576 (577).

Dieses sah dann das Reichsgericht im Jahre 1908 als gegeben an, als es einen Fall zu beurteilen hatte, in dem der später Angeklagte seinen Gegner durch Beleidigungen und vor allem dadurch, dass er sich ihm in den Weg stellte so provozierte, dass dieser nicht mehr an ihm vorbeikam um ihn dann später unter dem Deckmäntelchen der Notwehr anzugreifen. Als dieser ihn dann „angriff" um sich zu wehren und um vorbeizukommen, stach er mit einem bereits zu diesem Zweck mitgeführten Messer auf ihn ein. Das Reichsgericht verneinte im vorliegenden Fall das Vorliegen von Notwehr mit der Begründung, dass Notwehr dann nicht geübt werden könne, wenn der Betreffende einen rechtswidrigen Angriff vornehmen wollte und nur zum Schein, um seinem Kontrahenten unter dem Deckmäntelchen der Notwehr verletzen zu können, einen äußerlich die Merkmale der Notwehr erfüllenden Zustand herbeiführe und selbst nach Erreichung dieses Zweckes weiterhin seinen Willen darauf richte einen rechtswidrigen Angriff auf den Gegner auszuüben und somit von vorneherein nicht in Verteidigungsabsicht handle. Im Gegensatz zur Vorinstanz (dieses hatte auf das Nichtvorhandensein eines rechtswidrigen Angriffs abgestellt) rückte das Gericht, wie bei näherer Betrachtung auffällt, den Verteidigungswillen in den Vordergrund indem es ihn als nicht gegeben feststellte.

Im Jahre 1926 hatte das Reichsgericht dann einen Fall zu entscheiden, in dem der später Angeklagte die Notwehrlage zwar nicht provozierte, doch wie das Gericht ausführte, ohne bestimmte Absichten eine „Wirtschaft in der Streitgefahr" bestand aufsuchte, obwohl er damit rechnen musste, dass es trotz so einer Auseinandersetzung kommen kann[322].

Das Reichsgericht sah es als erwiesen an, dass die objektive Rechtswidrigkeit des Angriffs nicht dadurch beseitigt werde, dass der Angriff vom Angegriffenen schuldhaft verursacht worden sei, da in dem bloßen Heraufbeschwören eines Streits noch kein Angriff gesehen werden könne. Mit dieser Ansicht grenzte das Gericht erstmals diejenigen Fälle in denen absichtlich eine Notwehrlage provoziert wurde von denen ab, die sich darin erschöpfen, dass der später Notwehrübende schuldhaft aber nicht absichtlich durch sein Verhalten eine Notwehrsituation heraufbeschworen hat. Bei Vorliegen einer lediglich schuldhaften aber nicht gezielten Herbeiführung sollte nach Ansicht des Gerichts das Notwehrrecht nicht ausgeschlossen sein.

Diese Ansicht spiegelte sich auch in einer Entscheidung des Reichsgerichts (2. Strafsenat) aus dem Jahre 1931 wieder, in der es darum ging, dass eine Gruppe junger Männer auf dem Nachhauseweg eine

[322] RG JW 1926, 1171 f.

Straße wählte, in der eine andere Gruppe junger Männer stand, die offensichtlich und daher vorhersehbar Streit suchte[323].

Die Vorinstanz, das Schwurgericht sah es als erwiesen an, dass die Gruppe, die anstatt einen anderen Nachhauseweg zu suchen an der Streit suchenden Gruppe vorbeiging, ein Mitverschulden an der späteren Entwicklung der Situation treffe. Das Schwurgericht führte hierzu aus, dass der Gruppe vorzuwerfen sei, das sie ihren Heimweg in der eingeschlagenen Richtung fortsetzte, obwohl für sie ersichtlich war, dass sie an der Streit suchenden Gruppe vorbei mussten und dies zu einer Auseinandersetzung führen könne. Das Schwurgericht vertrat hierzu die Rechtsauffassung, dass „wer schwer bewaffnet und bereit, von seiner Waffe Gebrauch zu machen, sich ohne zwingenden Grund einer Gruppe von Menschen nährt, von denen er annehmen muss und annimmt, das sie zu händeln geneigt sind, Schuld daran trägt, wenn es bei der Annäherung zwischen ihm und der Gruppe zu einer Schlägerei kommt“[324].

Das Reichsgericht hingegen sah diese Rechtsauffassung als nicht haltbar. In den Urteilsausführungen hieß es zu der Frage, ob es nicht vorsichtiger gewesen wäre, und vom Standpunkt des Rechtsfriedens aus gesehen von den Betroffenen verlangt werden konnte, einen anderen Weg zu wählen um der offensichtlich nahe liegenden Gefahr eines Angriffs aus dem Wege zu gehen unter anderem[325]:

> Daß diese Frage zu verneinen ist, liegt auf der Hand. Einem möglichen rechtswidrigen Angriff braucht der Gefährdete im allgemeinen ebensowenig aus dem Wege zu gehen, wie das nach § 53 StGB. für den bereits Angegriffenen geboten ist. Sich nicht ohne Not in eine Gefahrlage zu begeben, mag vom Standpunkt der Selbsterhaltung rätlich sein; der öffentliche Rechtsfriede aber verlangt keine so weitgehende Rücksicht auf etwaige Friedensstörer.

Wie sich gezeigt hat, spiegelt sich in den vorgenannten Urteilen ein uneingeschränktes Notwehrrecht wieder, welches dem jeweils Betroffenen auch in Situationen zugestanden wurde in denen er sich als Notwehrübender von Anfang an in eine Situation begeben hatte, von der er von vorneherein annehmen konnte, dass sie später zu einer Auseinandersetzung führen würde.

Diese Auffassung änderte sich jedoch entscheidend im Jahre 1937. Das Reichsgericht wollte in dem bereits oben im Rahmen der Erforderlichkeit genannten Urteil erstmals auch in den Fällen, die nicht zu

[323] RGSt 65, 163 (165).
[324] RGSt 65, 163 (165).
[325] RGSt 65, 163 (165).

den Fällen der Absichtsprovokation gehören das Notwehrrecht dahingehend eingeschränkt sehen, dass zumindest dann eine generelle Ausweichpflicht bestehen sollte, wenn die Gefährdung eigener oder fremder Interessen nicht zu erwarten war[326]. Dem Urteil ist, wie oben bereits erwähnt, zu entnehmen, dass nachdem eineinhalb Jahre zuvor bereits schon einmal eine Konfrontation zwischen den Streitparteien stattgefunden hatte, nunmehr erneut ein Streit zwischen den Parteien ausbrach, in dessen Verlauf einer den anderen mit seiner mitgeführten Pistole erschoss. Das Schwurgericht hatte den Angeklagten vom Vorwurf des Totschlags freigesprochen, da es als erwiesen ansah, dass dieser vom Getöteten angegriffen worden sei und sich in Notwehr nur durch den tödlichen Schuss gegen seinen Widersacher hätte verteidigen können. Die Frage des der Auseinandersetzung vorausgehenden Verhaltens des Notwehrübenden ließ das Schwurgericht gänzlich unbeachtet.

Das Reichsgericht hingegen betonte, dass wer rechtswidrig angegriffen werde, nicht unter allen Umständen und mit allen Mitteln berechtigt sei, den Angriff abzuwehren. Es stellte nochmals deutlich heraus, dass der Angegriffene zwar nicht zu „schimpflicher Flucht“ gezwungen sei, aber in Fällen wie dem Vorliegenden stets zu berücksichtigen sei, ob nicht auch mildere Mittel in gleicher Weise zu einer erfolgreichen Abwehr des Angriffs geführt hätten; insbesondere in solchen Fällen wie dem Vorliegenden, in dem der Betroffene möglicherweise „einer erneuten Auseinandersetzung gerade nicht aus dem Wege gehen wollte“. Einer ernstlichen Auseinandersetzung mit dem Kontrahenten aus dem Wege zu gehen, wäre aber dann, so das Gericht, dem Betroffenen umso eher zuzumuten gewesen, wenn festzustellen wäre, dass er als später Notwehrübender ursprünglich die Veranlassung zum Beginn eines neuen Streits gegeben hätte.

An dieser Auffassung wird schon deutlich, dass im Unterschied zur bisherigen Rechtsprechung in derartigen Fällen eine weitere Einschränkung des Notwehrrechts stattfinden sollte. Wo das Gericht noch in vorgenannten Entscheidungen dahingehend argumentierte, dass das Notwehrrecht bei Personen, die lediglich schuldhaft eine Notwehrsituation heraufbeschwören, nicht eingeschränkt sein soll, zeigen sich bei dieser Entscheidung erstmals deutliche Tendenzen dahingehend, dass nunmehr auch dann eine Einschränkung des Notwehrrechts gefordert wurde, wenn die spätere Notwehrsituation zwar nicht absichtlich provoziert wurde, aber mit einer Auseinandersetzung im Vorfeld schon zu rechnen war.

Einer weiteren Entscheidung aus dem Jahre 1940, in der sich das Reichsgericht abermals mit dieser Thematik zu beschäftigten hatte, ist

[326] RGSt 71, 133 (135).

zu entnehmen, dass es sich bei der o.g. eingeläuteten Wende in den Rechtsstandpunkten zur Thematik nicht um einen Ausreißer handelte, sondern, dass diese Rechtsprechung konsequent fortgeführt wurde[327]. Auch in diesem Fall verneinte das Gericht das Vorliegen von Notwehr und hob hervor, dass der Verteidigungswille in einem solchen Fall fehle. Darüber hinaus argumentierte das Gericht in dieser Entscheidung erstmals mit der Figur des Rechtsmissbrauchs. Das Gericht hob hervor, dass im vorliegenden Fall auf den allgemeinen Gedanken des Rechtsmissbrauchs verwiesen werden könne, d.h. konkret dass „der offenbare Missbrauch eines Rechts keinen Rechtsschutz zu beanspruchen hat"[328].

Ähnlich entschied das Gericht schon in einem Urteil vom 20.10.1939[329], in dem es das Vorliegen von Notwehr bei einem Raufhandel verneinte, da die bei diesem vorgenommenen Abwehrhandlungen „lediglich Teile der jeweiligen auf die Überwindung des Gegners gerichteten Gesamttätigkeit seien". Die Gegenseitigkeit könne nur dann entfallen, wenn einer der Kontrahenten zu erkennen gebe, dass er den Kampf nicht mehr fortführen wolle, doch der andere ihn trotzdem weiterführe. Dann könne unter Umständen eine Notwehrlage zugunsten des Aufgebenden anzunehmen sein. Das Gericht stellte hier also maßgeblich auf die Wechselseitigkeit ab und sprach somit auch dem Angegriffenen, der sich außer sich auf die bloße Abwehr zu beschränken in einen Raufhandel begibt, das Recht auf Notwehrausübung ab. Dem zugrunde liegenden Sachverhalt ist zu entnehmen, dass der Angeklagte von seinem angeheiterten, späteren Kontrahenten belästigt wurde und dies mit Schlägen erwidert hatte. Somit hätte das Reichsgericht, selbst wenn es hier nicht von einer gegenseitigen Schlägerei ausgegangen wäre, konsequenterweise ein Notwehrrecht schon deshalb verneinen müssen, weil nach den vom Gericht seinerzeit aufgestellten Grundsätzen ein dem offensichtlich angeheiterten Kontrahenten, „aus dem Wege gehen" zumutbar gewesen wäre.

---

327 RG DR 1939, 346 Nr 11; HRR 1940, Nr. 1143.

328 RG HRR 1940, Nr. 1143.

329 RGSt 73, 341 (343).

(2.5) Zusammenfassung der Fallgruppen

Vorstehend untersuchte Entscheidungen verdeutlichen die tendenziell anzunehmende Trendwende in der Notwehrdogmatik, die durch die gesellschaftlichen und politischen Entwicklungen der damaligen Zeit eingeläutet wurde. Es wird deutlich, dass auch die Rechtsprechung innerhalb kürzester Zeit, weg von einem weit ausgelegten Notwehrrecht, zunehmend eine Einschränkung der Rechte des Notwehrübenden im Sinne des Systems postulierte, wo noch zuvor ein weniger restriktiver Maßstab angelegt wurde. Es hat sich herausgestellt, dass zunehmend nicht mehr nur die Interessen des Angegriffenen, sondern auch vermehrt die des Angreifers in die jeweiligen Entscheidungen eingeflossen sind.

Insgesamt zeigt sich eine Veränderung weg von der Stärkung des Notwehrrechts des Einzelnen, hin zur Stärkung der Rechte der Allgemeinheit - dies bei gleichzeitiger Einschränkung der Rechte des Einzelnen. Hier spiegelt sich also im Notwehrrecht so gut wie fast nirgendwo anders die Einflussnahme des politischen Systems wieder, welches entsprechend seiner Ideologie die Gesamtheit des Volkes über die Belange des Individuums stellte. Ausnahmen sind, wie noch zu zeigen sein wird, dort zu verzeichnen, wo Belange des Regimes, wie zum Beispiel die Ehre der Uniform und des mit ihr verbundenen Amtes, welche bei einer objektiven und vernünftigen Abwägung weit unter einem Menschenleben anzusiedeln wären, über alle anderen Rechtsgüter gestellt wurde.

e) Exkurs

aa) Notwehrausübung durch SA- und SS- Leute

Diese o.g. Einschränkungen galten jedoch, wie oben kurz angemerkt, nicht für uniformierte SA- und SS- Leute, denen es nicht „zuzumuten war“, sich in eine Gefahr zu begeben oder sich gar auf eine eingeschränkte Notwehrausübung einzulassen. Anstatt die Grundsätze, im Rahmen derer ein Notwehrrecht zugestanden wurde, beachten zu müssen, konnten diese im Notfall sofort von der Waffe Gebrauch machen, ohne dass es etwa einer Beachtung der Erforderlichkeit oder gar der Verhältnismäßigkeit bedurfte[330]. In dem zugrunde liegenden Fall aus dem Jahre 1935 geriet ein SA- Sturmbandführer mit einem Untergebenen des Marinesturms in Streit, worauf es zu einer körperlichen Auseinandersetzung kam, in deren Folge der SA-Sturmbandführer seinen Ehrendolch zog und den Angreifer tödlich verletzte.

---

330 RGSt 69, 179 (183); 72, 383 (384).

Das Schwurgericht verneinte seinerzeit richtigerweise (auch nach den damals vorherrschenden Ansichten) ein Notwehrrecht mit der Begründung, dass der Angeklagte, wie er gewusst habe, seinem Angreifer körperlich überlegen war und sich deshalb auch ohne Einsatz des Dolches, gegen den Angriff hätte wehren können, wenn er nur gewollt hätte. Der Angeklagte soll sich auch der Tatsache bewusst gewesen sein, dass der Einsatz des Dolches in der konkreten Kampfessituation an sich überhaupt nicht erforderlich gewesen sei. Auch die allgemeine Dienstordnung, so die weiteren Ausführungen, sei hier nicht einschlägig gewesen, da auch hiernach sich der Vorgesetzte zur Abwehr eines tätlichen Angriffs im Rahmen des §53 StGB bewegen muss[331].

Dies wurde daraufhin jedoch vor Reichsgericht grundlegend anders beurteilt. In den Urteilsausführungen des Reichsgerichts hieß es dazu[332]:

> Diese Ausführungen begegnen insofern rechtlichen Bedenken, als sie den Begriff der Notwehr angesichts der besonderen Umstände des Falles zu eng auffassen. Obwohl das Schwurgericht die ADO. für die SA. erwähnt, beurteilt es die Notwehrfrage nicht anders, als wenn es sich um einen die öffentlichen Belange nicht berührenden Streit zweier Privatpersonen gehandelt hätte.

Das Gericht führte hierzu weiter aus, der betroffene SA- Sturmbandführer sei zu der Notwehrhandlung nicht nur befugt, sondern auch berechtigt und verpflichtet gewesen, um das Ansehen und die Belange der in ihm verkörperten Befehlsgewalt zu verteidigen. Dies gelte hier umso mehr, da der Angriff in aller Öffentlichkeit geschah. In solch einer besonderen Situation habe der Angegriffene, anders als wenn es sich um einen Streit zwischen zwei Privatpersonen handelt der die öffentlichen Belange nicht berührt, die Befugnis, sich einem solchen Angriff gegenüber sofort und mit wirksamen Mitteln zur Wehr zu setzen[333].

331 RGSt 72, 383 (384).
332 RGSt 72, 383 (384).
333 RGSt 69, 179 (183).

In den weiteren Ausführungen hieß es dazu[334]:

> Er war nicht nur befugt, dem Angriff gegenüber auf seinen persönlichen Schutz bedacht zu sein, vielmehr auch berechtigt und verpflichtet, das Ansehen und die Belange der in ihm verkörperten und durch ihn vertretenen Befehlsgewalt zu verteidigen. Dabei brauchen nicht die Vorschriften der erwähnten Dienstordnung herangezogen zu werden; dieses Recht der Verteidigung ergibt sich vielmehr aus dem allgemeinen Notwehrbegriff des § 53 StGB. Insoweit kommt es auch nicht entscheidend darauf an, daß der Angeklagte vor Beginn des Streites den Untergebenen und Kameraden gegenüber nicht das Benehmen an den Tag gelegt hatte, das sich aus dem Vorgesetztenverhältnis ergab, daß er sich vielmehr, wie das Schwurgericht feststellt, zu groben Schimpfworten hatte hinreißen lassen.
>
> Da das Schwurgericht bei der Entscheidung der Frage, ob die Art und Weise der Verteidigung des Angeklagten durch Notwehr geboten war, die vorstehend dargelegten Gesichtspunkte außer acht gelassen hat, muß das angefochtene Urteil aufgehoben werden. Der Sachverhalt bedarf der nochmaligen tatrichterlichen Aufklärung unter Zugrundelegung des Begriffs der Notwehr, wie er sich aus dem Gesagten ergibt.

In einer weiteren Entscheidung bestätigte das Reichsgericht gerade mal ein Jahr später diese Ansicht[335]:

> **131. Einem SS.-Mann in Uniform, der auf öffentlicher Straße von einer Übermacht streitsüchtiger Gegner angegriffen wird, ist selbst dann nicht zuzumuten, auf den Gebrauch seiner Waffe zu verzichten, wenn er sich seiner Angreifer auch noch mit der Faust erwehren könnte.**

Auch diesem Fall lag zugrunde, dass ein SS-Mann von seinem Dolch Gebrauch machte, obwohl ihm eine andere Form der Verteidigung möglich gewesen wäre. Das Reichsgericht bejahte in diesem Fall die Notwehr erneut mit dem Argument, dass es einem SS-Mann nicht zumutbar sei, sich öffentlich auf eine solche Auseinandersetzung – und schon gar nicht auf einen Faustkampf – einzulassen, da dadurch die Gefahr der Beschmutzung des Ansehens der Uniform zu groß wäre[336]. Das Gericht sah den Freispruch des Angeklagten als gerechtfertigt an, da nach der Überzeugung des Schwurgerichts vom Angreifer noch weitere Angriffe zu erwarten waren, nachdem ihn der Notwehrübende, um ihn abzuwehren, zurückgestoßen hatte. Das Schwurgericht hatte aber sei-

334 RGSt 69, 179 (183).
335 RGSt 72, 383 (384).
336 RGSt 72, 383 (384), Ähnlich: Lange/Kohlrausch, § 53, Nr. 2.

nerzeit, ausgehend von einer normalen Notwehrsituation und unter Zugrundelegung der vorherrschenden Ansichten, konsequenterweise festgestellt, dass der Angeklagte die Grenzen der erforderlichen Abwehr durch den Einsatz der Dienstwaffe überschritten habe, da er sich, so das Argument, mit seinen Fäusten gegen den Angriff hätte wehren können. Auch hierzu führte das Reichsgericht aus, dass diese Erwägung der besonderen Lage in der sich der Angegriffene befand nicht gerecht werde, da dieser sich in seiner Uniform als SS-Mann und auch in seiner Eigenschaft als solcher befand, als er um Hilfe gebeten wurde. Er musste daher angesichts des Angriffs das Ansehen der Uniform wahren, „nachdem er sich mit seiner Person als Uniformträger zum Schutze eines Volksgenossen eingesetzt hatte". Zentrales Argument der Urteilsausführungen war jedoch, dass „der Träger der SS-Uniform den Volksgenossen nicht das Schauspiel einer öffentlichen Balgerei bieten könne"[337].

Es wird hierdurch unter anderem deutlich, dass bei der Betrachtung der Frage ob auch ein milderes Mittel den Angriff ebenso schnell und sicher beendet hätte nicht etwa wie aus heutiger Sicht zu erwarten wäre darauf abgestellt wurde, dass sich der Angegriffene einer Mehrheit von Angreifern gegenüber sah und deshalb ein milderes Mittel nicht erfolgversprechend gewesen wäre, sondern dass das Ansehen der Uniform und somit die Ehre im Vordergrund standen und somit in jedem Fall (so auch bei nur einem Angreifer) eine tödliche Abwehr rechtfertigt war. Von diesem Standpunkt aus betrachtet wird deutlich, dass es nicht etwa auf die Zahl der Angreifer oder Ähnliches ankommen sollte (ähnlich hatte ja das Schwurgericht ansatzweise argumentiert), sondern auf die Tatsache, dass das Ansehen der Uniform unter allen Umständen zu wahren sei - auch um den Preis eines Menschenlebens. Das Gericht spricht in diesem Zusammenhang sogar von einer Gefährdung der SS-Uniform in hohem Maße[338]. Interessant ist, dass man - wohlgemerkt mit einer eben ganz anderen Argumentation - heute wahrscheinlich zum selben Ergebnis käme, nämlich dass der Angegriffene durch Notwehr gerechtfertigt war.

bb) Die Einordnung der sogenannten Staatsnotwehr

(1) Notwehrrecht des Einzelnen gegen den Staat

Einen weiteren Nachweis dafür, dass im nationalsozialistischen System die Notwehr im Sinne der Weltanschauung des Systems betrachtet wurde, bietet die Betrachtung der sog. Staatsnotwehr. Bereits die amtliche

337 RGSt 69, 179 (183, 184).
338 RGSt 69, 179 (183, 184).

Strafrechtskommission lehnte die Aufnahme entsprechender Vorschriften über Staatsnotwehr und Staatsnotstand in ihrem Entwurf ab. Wenn die Kommission in diesem Zusammenhang jedoch von einem sog. Staatsnotwehrrecht sprach, sollte hiervon lediglich ein Verteidigungsrecht gegen fehlerhaftes Handeln der staatlichen Verwaltung gemeint sein, welches die staatliche Behördenorganisation betraf[339], aber nicht der Staat im weiteren Sinne, der als Säule des völkischen Lebens und der völkischen Ordnung definiert wurde[340]. Ein Notwehrrecht des Einzelnen gegen die Staatsführung kam nach nationalsozialistischer Rechtsauffassung schon deshalb nicht in Betracht, weil das Zugeständnis eines solchen Rechtes nach der Lehre von der Einheit, von Volk und Führer einem Notwehrrecht gegen den Führer selbst gleichgekommen wäre, was nicht nur der nationalsozialistischen Weltanschauung an sich, sondern auch dem Rechtsgebilde des Führerstaates in jeder Hinsicht widersprochen hätte[341].

Teilweise wurde als Argument für eine Versagung des Notwehrrechts gegen den Führer und den NS-Staat auch ins Feld geführt, dass ein Notwehrrecht gegenüber der politischen Führung schon deshalb ausgeschlossen sei, „weil das im Volke lebende Recht im Führerwillen seine verbindliche Gestalt erlange und dieser in sich den völkischen Gemeinwillen bilde[342].“ Weiter wurde hierzu argumentiert, dass wenn das Volk Ursprung, Kern und Ziel allen Handelns sei und die Einheit von Volk, Führung, Staat und Bewegung hergestellt sei, eine Notwehrhandlung gegen diesen Staat unter dem Gesichtspunkt der Volksnotwehr aus Sicht eines nationalsozialistischen Betrachters nicht mehr in Frage kommen könne. Aus diesem Grund schieden sowohl Rechte des Einzelnen als auch von Gemeinschaften hinsichtlich eines vermeintlichen Notwehrrechts gegen den Führerstaat aus[343].

(2) Notwehrrecht des Einzelnen zugunsten des Staates

Auch eine Verteidigung zugunsten des Staates sollte nicht per se zulässig sein. Begründet wurde diese generelle Ablehnung eines Notwehrrechts im weiteren Sinne mit der Auffassung, dass im autoritären Führerstaat für eine Stellvertretung der Staatsgewalt durch Private kein Raum sei. Klee führte dazu an: „Im autoritären Führerstaat ist für eine Stellvertretung der Staatsgewalt durch nicht dazu berufene Private in

[339] Ahrens, S. 32 f.
[340] Koch, S. 96.
[341] Koch, S. 96 f.
[342] Koch, S. 96.
[343] Freisler, Staatsnotwehr im Lichte des Nationalsozialismus, DJ 1935, S. 856.

Ausübung des Schutzes gegen Angriffe auf den Bestand von Volk und Staat kein Raum“[344]. Ausnahmsweise sollte nach der Ansicht von Klee ein Notwehrrecht zugunsten des Staates dann zugelassen sein, wenn dieser selbst tatsächlich „verhindert sei Ordnung zu halten“ und die Anwendung der Notwehr nur in seinem Sinne liege, wobei von einer solchen Vertretung grundsätzlich nur die Rede sein könne, wenn Träger und Schützer des angegriffenen Rechtsguts im Staate zusammenfielen, da der Staat sich selbst schützen könne“[345]. Somit war hiernach im Endeffekt eine Notwehrausübung gegen, als auch für Handlungen des Staates und seiner Organe ausgeschlossen.

Eine Notwehrhandlung des jeweiligen Bürgers „zugunsten des Staates“ sollte somit unter Umständen bzw. Nur stark eingeschränkt zugelassen werden. Dies wurde ferner damit begründet, dass man sich durch eine solche Normierung nicht der Gefahr eines „Missbrauchs unter dem Deckmantel der Wahrnehmung staatlicher Interessen“ aussetzen wollte[346]. Focke wollte seinerzeit aus diesem Grunde beispielsweise unter Berufung auf die Rechtsprechung des Reichsgerichts dem Betroffenen ein Notwehrrecht zugunsten des Staates dann einräumen, wenn sein Handeln „bei bedrängter Lage des Staates aus Vaterlandsliebe zum Schutze der bedrohten Interessen des Staates erfolge“. Er begründete dies ebenfalls damit, dass auf diese Weise Fälle ausgeschlossen werden sollen, in denen der Handelnde nur seiner Meinung nach Staatsnotwehr übt, der Staat tatsächlich aber gar nicht in Gefahr sei[347].

---

[344] Klee, S. 68 f.

[345] Klee, S. 68 f.

[346] Nagler in: Ebermayer/Lobe/Rosenberg, § 53 S. 429.

[347] Focke S. 17; aber auch Klee, S 68 f.

Ähnlich hat nämlich das Reichsgericht bereits im Mai 1929 entschieden, wobei dieses jedoch nicht generell von der Unzulässigkeit von Notwehr zugunsten des Staates ausging[348]:

4. Sind Rechtsgüterverletzungen straflos, die aus Vaterlandsliebe zum Schutze bedrohter Interessen des Staats begangen sind?

II. Strafsenat. Urt. v. 8. Mai 1929 g. R. II 1368/28.

I. Schwurgericht III Berlin.

Gründe:

Das Schwurgericht lehnt aber die Anwendung des Notwehrbegriffs schon aus dem Grunde ab, weil sich der Angriff L.s nicht gegen einen „andern" gerichtet habe, unter dem nach § 53 StGB. immer nur ein Mensch zu verstehen sei. Diese Rechtsauffassung des Notwehrtatbestands ist zu eng. Auch zugunsten juristischer Personen des privaten oder öffentlichen Rechts kann Notwehr geübt werden, wenn rechtswidrige Angriffe gegen ihre geschützten Rechtsgüter erhoben werden. Es ist kein Grund einzusehen, warum z. B. die Abwehr eines diebischen Angriffs auf das Vermögen etwa einer Aktiengesellschaft oder einer Gemeinde vom Standpunkt der Notwehr anders behandelt werden sollte als ein solcher auf das Eigentum eines einzelnen Menschen. Daraus ergibt sich, daß es auch ein Notwehrrecht des einzelnen Staatsbürgers gegenüber rechtswidrigen Angriffen auf die Lebensinteressen des Staats gibt, sei es, daß sich dieser Angriff gegen die Verfassung oder gegen Gebietsteile des Staats (§ 81 Abs. 1 Nr. 2—4 StGB.) oder gegen die Landesverteidigung (§§ 89 flg. StGB.; SpionG. vom 3. Juni 1914) richtet. Es kann nicht angenommen werden, daß der Gesetzgeber dem Bestand des Staats geringeren Schutz gewähren wollte als der Erhaltung sonstiger Rechtsgüter. Man denke an den Fall, daß ein Spion mit Gegenständen, deren Geheimhaltung im höchsten Interesse der Landesverteidigung liegt, im Begriffe ist, die Reichsgrenze zu überschreiten, und obrigkeitliche Hilfe nicht sofort zur Stelle ist.

(3) Notwehrrecht der Staatsorgane

Die Organe des Staates hingegen sollten nach Ansicht der Kommission jedoch ein sog. Staatsnotwehrrecht haben[349]. Dieses Recht des Staates war bereits mit dem Gesetz über die sog. Maßnahmen der Staatsnotwehr vom 3.7.1934 normiert worden[350]. Die Reichsregierung hat in diesem „Gesetz" lediglich einen einzigen Artikel verfasst, in dem die zur Niederschlagung der damals sog. „hoch- und landesverräterischen Angriffe" vom 30. Juni, sowie vom 1. und 2. Juli als sog. „Staatsnot-

[348] RGSt 63, 215 (220).
[349] Lüken, S. 128.
[350] Vertiefend hierzu: Werle, S. 135 ff.

wehr" für rechtens erklärt wurden. Tatsächlich aber waren die zur Niederschlagung ergriffenen Maßnahmen nach heutigem Rechtsverständnis als Tötungsdelikt einzustufen und schon alleine weil die Rechtfertigung dieser Maßnahme als Staatsnotwehr rückwirkend eintreten sollte, absolut unverständlich. Auch nach damaliger Ansicht war dieses Handeln „entgegen aller Grundsätze der zivilisierten Staaten und zur sittlichen Empörung aller rechtlich Denkenden", so dass dieses Handeln schon seinerzeit zu einer ungeheueren Rechtsunsicherheit führte[351]. Es könnte kaum auf andere Weise als hierdurch deutlicher zum Ausdruck kommen, wie sehr systemabhängig die Auslegung der Notwehr im Nationalsozialismus geworden war. Spätestens wenn man die Argumentation Hitlers zur Rechtfertigung dieser Morde heranzieht wird klar, dass eine stetige Verdrehung verschiedener Floskeln dazu führte, dass jegliches rechtsstaatliche Denken ausgehebelt wurde, in diesem Fall sogar die Gewaltenteilung. Hitler rechtfertigte die Morde nämlich wie folgt:

> *„Wenn mir jemand den Vorwurf entgegenhält, weshalb wir nicht die ordentlichen Gerichte zur Aburteilung herangezogen hätten, dann kann ich nur sagen: in dieser Stunde war ich verantwortlich für das Schicksal der deutschen Nation und damit des deutschen Volkes oberster Gerichtsherr"*[352].

Nun sollte man meinen, diese Ansicht wurde im Regime klammheimlich hingenommen. Dies war jedoch nicht der Fall - im Gegenteil - sogar die Literatur sicherte diese Meinung noch rechtlich ab, indem sie hierzu erklärte, dass die Bindung an Normen der positiven Rechtsordnung ihre Grenze in der Existenz und der Behauptung der nationalen Lebensordnung finde und deshalb alle Maßnahmen, die dieser Behauptung dienen als Staatsnotwehr gerechtfertigt seien[353].

Andere gingen sogar noch weiter und bezeichneten Hitler „als einen Mann der aus dem Volk aufgestanden sei und inzwischen in seiner Stellung als Urbild des Richters im vollkommensten Sinne gelte, der ja gerade vom Volk hierzu gewählt wurde"[354].

---

[351] Püschel, S. 58.
[352] Lüken, S. 128.
[353] Huber, Sp. 950, 960.
[354] Hirsch/Majer/Meinck, S. 540.

(4) Zwischenergebnis

Auch die Analyse des Instituts der Staatsnotwehr hat gezeigt bzw. bestätigt, dass das Notwehrrecht starken Veränderungen durch den Einfluss des Systems unterworfen war. Es hat sich herausgestellt, dass auch hier die Individualinteressen hinter den staatlichen Interessen zurückblieben sind und das Notwehrrecht zugunsten des Systems und der Allgemeininteressen stark eingeschränkt, bisweilen sogar gänzlich unterdrückt wurde. Staatsnotwehr wurde in erster Linie einseitig als Instrument des Staates gegen systemkritische Bürger genutzt. Ein Notwehrrecht des einzelnen Bürgers gegen den Staat und seine Organe hingegen wurde gänzlich unterbunden.

f) Zusammenfassung und Endergebnis der Entwicklung der Notwehr im Nationalsozialismus

Die Analyse der verschiedenen Bereiche hat gezeigt, dass die Entwicklung der Befugnisse, die dem Notwehrübenden eingeräumt wurden, im Verlauf ihrer Entwicklung stark von verschiedenen Einflussfaktoren abhängig war.

Zunächst kann festgestellt werden, dass grundsätzlich gesellschaftliche und politische Einflüsse tief bis in die einzelnen Bereiche der Notwehr hineingewirkt haben. Zum einen kann eine Entwicklung dahingehend aufgezeigt werden, dass im totalitären System des Nationalsozialismus das Interesse des Einzelnen an der Abwehr eines Angriffs dem Interesse der Volksgemeinschaft gegenüberstand. Während vor der Zeit des Nationalsozialismus dem Einzelnen noch ein großzügigeres Notwehrrecht zugestanden wurde, wurde dieses aufgrund des sich im System des Nationalsozialismus gewandelten gesellschaftlichen und politischen Verständnisses starken Einschränkungen unterworfen. Diese Entwicklung ist jedoch nicht völlig losgelöst zu sehen, sondern ging mit der gesellschaftspolitischen Entwicklung einher, so dass eine entsprechende Tendenz auch schon kurz vor der Zeit des Nationalsozialismus erkennbar war.

Zum anderen hat die Untersuchung gezeigt, dass sich sowohl in der Rechtsprechung als auch in der Lehre eine Entwicklung dahingehend vollzogen hatte, dass das Notwehrrecht des Einzelnen hinter die Interessen der Allgemeinheit zurücktreten musste. War noch im 19. Jahrhundert eine liberale und freiheitliche Denkweise vorherrschend, die das Recht des Einzelnen bei gleichzeitiger Zurückdrängung der staatlichen Einschränkungen stärkte, fand um die Jahrhundertwende in der Gesellschaft vermehrt eine einschränkende Tendenz Beachtung, die ausgehend vom Einzelnen als Teil der Gesellschaft dessen Handlungen den

Anschauungen der Gesellschaft unterwarf. Für die konkrete Notwehrsituation hieß das unter anderem, dass nicht, wie es bis dahin der Fall war, lediglich die Interessen des Angegriffenen berücksichtigt wurden, sondern dass vermehrt auch die Interessen des Angreifers mit in die Betrachtung eingeflossen sind und somit die Notwehr am Maß des gesellschaftlich Gewollten gemessen wurde. Ihren vorläufigen Höhepunkt fand diese Entwicklung in der Zeit des Nationalsozialismus, wo festgelegt wurde, dass Notwehr dann nicht geübt werden könne, wenn ein gefahrloses Ausweichen möglich sei.

Eine Ausnahme von der Einschränkung der Notwehrbefugnis des Individuums ist in jener Zeit hinsichtlich Personen die den Staat repräsentierten festzustellen. Hierin bestätigt sich das oben gefundene Ergebnis dahingehend, dass Repräsentanten des Staates und somit im weiteren Sinn auch der „systemtreuen Allgemeinheit" ein weiteres Notwehrrecht zugestanden wurde. Insgesamt kann diese Entwicklung für alle Bereiche, die untersucht wurden, bis auf unerhebliche Ausnahmen weitestgehend bestätigt werden[355].

IV. Die Entwicklung des Notwehrrechts in der DDR

Im Folgenden ist zu untersuchen, ob sich oben festgestellte Entwicklung bzw. das gefundene Ergebnis im nationalsozialistischen System durch eine entsprechende Entwicklung im sozialistischen System der DDR bestätigen lässt, so dass auch hier eine Einschränkung des Notwehrrechts des Einzelnen zugunsten des Notwehrrechts der Allgemeinheit festgestellt werden kann.

Auch im Sozialismus in der DDR kann, soviel sei vorangestellt, von einer Anpassung des Notwehrrechts an die politischen Vorgaben gesprochen werden. In diesem Zusammenhang ist jedoch, wie auch im Nationalsozialismus, bei der Verwendung der verschiedenen Begriffe Vorsicht geboten, weshalb im vorliegenden Fall von einem sog. „politischen Strafrecht" zu sprechen, genau genommen eine „Verdoppelung des Begriffs" wäre, denn jedes strafrechtliche Normengefüge ist letztendlich Ausdruck der jeweiligen gesellschaftlichen Definition von Kriminalität und somit von der Politik geprägt. Deshalb soll im Folgenden unter dem Begriff des „politischen Strafrechts" ausschließlich die von der Justiz des Systems geführte Auseinandersetzung des Staates mit seinen politischen Gegnern mit den Mitteln eines hierfür eigens geschaffenen und bisweilen sehr eigentümlich gehandhabten Strafrechts verstanden werden.

355 Siehe Ebermayer/Lobe/Rosenberg, § 53, S. 425.

Im „Kleinen politischen Wörterbuch[356]" von 1978 hieß es angelehnt an den einstigen Ausspruch von Marx auf Seite 855: „Solange der Kommunismus nicht im Weltmaßstab gesiegt hat, kann die öffentliche Gewalt niemals ihren politischen Charakter verlieren." Und auf Seite 500: „Das Strafrecht eines Staates bestimmt, welche Handlungen den Interessen der jeweils herrschenden Klasse so gefährlich sind, dass sie als Straftaten mit staatlichen Zwangsmaßnahmen unterbunden werden sollten." Die Bedeutung dieser Zeilen lässt vermuten, welchen Stellenwert das Strafrecht im DDR-Regime hatte.

Im sozialistischen, aber auch im kommunistischen Selbstverständnis diente das Recht einzig und allein der Durchsetzung und Sicherung der sozialistischen Gesellschafts- und Staatsordnung und war somit unmittelbares Instrument der Politik. Rechtsfragen wurden zuallererst als Machtfragen angesehen, weshalb auch die Unterordnung des Rechts unter den diktatorischen Verfügungsanspruch der Partei erfolgte[357]. Auch das Strafrecht, und somit natürlich auch das Notwehrrecht, wurde in der Deutschen Demokratischen Republik vom dort herrschenden Staatssystem entsprechend der politischen Vorgaben beeinflusst und ein Strafrecht im Sinnbild der sozialistischen Ordnung unter dem Einfluss der stalinistischen Herrschaft geschaffen. Dies geschah in erster Linie mit Hilfe des o.g. Politischen Strafrechts der DDR[358]. Das Politische Strafrecht diente einzig und allein zur Erhaltung und Sicherung der Machtstrukturen in der ehemaligen DDR[359]. Der persönliche Vorwurf, der dem Täter einer Straftat gemacht wurde, lag darin, den in der Geschichte angelegten Weg zum Sozialismus nicht nachvollzogen und sich bewusst und gewollt für die gesellschaftswidrige Tat entschieden zu haben. Der Sinn des Strafens im Regime bestand darin, den Klassenfeind unschädlich zu machen, jedoch bei bloßen Verfehlungen Einsichtsfähiger auf deren Bewusstsein einzuwirken und diese zur sozialistischen Gesetzlichkeit zu erziehen[360].

Die Formulierung des o.g. persönlichen Strafvorwurfs wird umso verständlicher, wenn man die „Grundlagen und den Zweck der strafrechtlichen Verantwortlichkeit", wie sie in Art. 2 definiert wurden, vor Augen hält.

---

356 Böhme, S. 855 und 500.
357 Engelmann, Vollnhals, S. 9.
358 Vormbaum, S. 250.
359 Asche, S. 6.
360 Rüping/Jerouschek, S. 130, Rn. 336.

Dort heißt es:

> *„Die sozialistische Gesellschaftsordnung gewährleistet, dass in ihr jeder Bürger sein Leben in voller Wahrung seiner Würde, seiner Freiheit und seiner Menschenrechte in Übereinstimmung mit den Rechten und Interessen der sozialistischen Gesellschaft, des Staates und seiner Bürger gestalten kann“*[361].

1. Die Entwicklung des Strafrechts im sozialistischen System der DDR

Wie oben, so soll auch im Folgenden zuerst eine allgemeine Analyse des Strafrechts und seiner Entwicklung im sozialistischen System zum besseren Verständnis des Notwehrrechts erfolgen, bevor auf dieses dann näher eingegangen werden kann, da nur hierdurch die Zusammenhänge zwischen System und Notwehrrecht, beziehungsweise Beeinträchtigung des Notwehrrechts durch dessen Einflüsse verständlich wird.

Nicht nur in der Bundesrepublik Deutschland, sondern auch in der SBZ[362]/DDR hatte das Reichsstrafgesetzbuch von 1871 nach 1945 weiter Gültigkeit – dieses galt in der SBZ/DDR sogar bis 1968; parallel dazu galten auch die jeweiligen Vorschriften des Alliierten Kontrollrats über die Aufhebung strafrechtlicher Bestimmungen[363]. Es scheint natürlich auf den ersten Blick nicht zu überzeugen, beziehungsweise nicht mit der sozialistischen Weltanschauung vereinbar zu sein, dass das alte Reichsstrafgesetzbuch im sozialistischen System der DDR immerhin noch bis 1968 Gültigkeit hatte, zumal es sich hierbei um ein Strafgesetzbuch aus gerade der Zeit handelte, die vom neuen System als Negativvorbild propagiert wurde. Diese Vorgehensweise überzeugt aber dann, wenn man zugrunde legt, dass die Zeit bis 1968 von einer enormen, aufwändigen und zeitintensiven Entwicklung und Umstrukturierung geprägt war und ein vergleichbares Strafgesetzbuch seinerzeit nicht verfügbar war. Dennoch ist fraglich, warum hierfür dann zunächst ausgerechnet das alte Reichstrafgesetzbuch weiter Gültigkeit hatte. Klar wird dies jedoch, wenn man sich einmal die unterschiedlichen Betrachtungsweisen der in Ost-, sowie in Westdeutschland übereinstimmenden Bezeichnungen vor Augen hält. Zu dieser Problematik der scheinbar widersprüchlichen Betrachtungsweise des Rechts hat die

---

361 Vertiefend hierzu: Vormbaum/Welp, StGB, 2. Bd., S. 18 ff.

362 soweit hier von der SBZ gesprochen wird, gilt dies natürlich ausschließlich für das Gebiet der damaligen DDR, nicht aber für die anderen von SBZ umfassen Gebiete.

363 SBZ von A-Z aus dem Jahr 1966. S. 468.

in der DDR geltende sozialistische Rechtsauffassung folgende Erklärung geliefert:

> *„An der Tatsache der Schaffung einer neuen Rechtswelt ändert auch die Übernahme zahlreicher Begriffe aus der westlichen Terminologie und die Beibehaltung „kapitalistischer Gesetze" wie zum Beispiel des alten StGB vom 15.05.1871 nichts. Was für die politischen Begriffe wie „Demokratie" und „Freiheit" längst bekannt ist, gilt in hohem Maß ebenfalls für die Jurisprudenz: Hinter der mit dem Westen übereinstimmenden Bezeichnungen verbirgt sich ein völlig verschiedener Inhalt"*[364].

Genau diese Beachtung soll bei der Analyse der folgenden Normen und ihrer Auslegung entsprechend Berücksichtigung finden. Es soll also im Folgenden versucht werden, die zu analysierenden Normen nicht aus unserem Verständnis, wie es heute vorherrscht, heraus zu analysieren, sondern aus dem Blickwinkel der damaligen Zeit um ein möglichst genaues Ergebnis zu erzielen. Bezeichnend für die gesamte Entwicklung des DDR Strafrechts ist, dass ein bereits im Jahr 1951 in Angriff genommener erster Entwurf der SED für ein neues Strafgesetzbuch von der Sowjetischen Kontrollkommission im Mai 1953 als zu „versöhnend" und zu „wenig revolutionär" abgelehnt wurde und der damalige Justizminister Max Fechner sich deshalb eine schwere Rüge einhandelte[365]. Es zeigt vielmehr, wie ernst es der sowjetischen Besatzungsmacht mit der stalinistischen Umformung der Justizpflege war. Ab Frühjahr 1953 wurde zunehmend Druck auf Staatsanwaltschaften, Gerichte und die Anwaltschaft ausgeübt, die Rechtspraxis stärker an den politischen Erfordernissen auszurichten. Das unmittelbare Resultat war ein signifikanter Anstieg der politisch motivierten Urteile, u.a. wegen Spionage, Boykotthetze, illegaler Gruppenbildung, etc.

Im Jahre 1957 erging dann ein umfangreiches Gesetz „zur Ergänzung des Strafgesetzbuches"[366]. Ein erneuter Entwurf des Strafgesetzbuches sollte dann bis zum Juli 1959 vorliegen[367]. Am 12. Januar 1968 wurde sodann durch die Volkskammer die sog. „sozialistische Strafrechtsreform der SED" in der DDR abgeschlossen. Das neue Gesetz trat am 1. Juli 1968 in Kraft, welches vor allem die sozialistische Staats- und

---

364 Zürcher, S 9.
365 Rosenthal, Strafrechtsreform der SED, S. 7; Engelmann, Vollnhals, S. 113 f.
366 Vormbaum, Reform des StGB, S. 252.
367 NJ 1958, S. 551.

Gesellschaftsordnung schützen sollte und nunmehr den Forderungen der sowjetischen Kontrollkommission Rechnung trug[368].

Im Besonderen diente dieses überarbeitete StGB dem Kampf gegen die dort sogenannten „verbrecherischen Anschläge auf den Frieden und die Deutsche Demokratische Republik", ausgehend vom westdeutschen Imperialismus und seinen Verbündeten.

Der Schutz der Staats- und Gesellschaftsordnung war ausführlich im Besonderen Teil, in Kapitel 8 unter „Straftaten gegen die staatliche und gesellschaftliche Ordnung" verankert. Darüber hinaus waren die Sicherung und der Schutz der sozialistischen Staats- und Gesellschaftsordnung der DDR in Kapitel 1 „Verbrechen gegen die Souveränität der Deutschen Demokratischen Republik, den Frieden, die Menschlichkeit und die Menschenrechte" und Kapitel 2 „Verbrechen gegen die Deutsche Demokratische Republik" im Besonderen Teil des StGBs normiert. Die Kapitel 1, 2 und 8 machten das bereits genannte Politische Strafrecht aus und bildeten den Kern des StGBs der DDR.

2. Auswirkungen der gesellschaftspolitischen Entwicklung auf das Strafrecht

Nach diesem kurzen historischen Abriss der strafrechtlichen Entwicklung sollen an dieser Stelle die Grundsätze des Sozialismus und ihre Auswirkungen auf das Strafrecht allgemein dargestellt werden, um anhand dieser gesellschaftspolitischen Entwicklung besser verstehen zu können, weshalb das Notwehrrecht sich in diese Richtung entwickelte.

Leitender Grundsatz einer jeden Betrachtung des Strafrechts im sozialistischen Regime war, dass hierbei stets das „Prinzip der sozialistischen Gesetzlichkeit[369]" zu beachten war. Dieser Begriff stammte noch aus der Zeit des Kommunismus der Jahre von 1917 bis 1921 und bedeutete damals nichts anderes, als die willkürliche Entscheidung von Volksgerichten, die ohne formelle Gesetze, lediglich ihrem „revolutionären Gewissen" unterworfen, ihre Urteile fällten[370]. Die Bedeutung dieses Begriffs änderte sich jedoch im Laufe der Entwicklung und Festigung des kommunistischen Herrschaftssystems dahingehend, dass dieser zum Zeitpunkt des Sozialismus in der DDR von allen Staatsorganen und jedem Bürger strengster und möglichster Einhaltung aller obrigkeitlichen Vorschriften forderte um den konkreten Staatswillen auf allen

368 Rosenthal, Strafrechtsreform der SED, S. 5.

369 Teilweise war auch der Begriff der sog. „demokratischen Gesetzlichkeit" geläufig, welcher noch bis 1958 verwendet wurde. Im Folgenden soll jedoch aus Gründen der besseren Verständlichkeit ausschließlich von der sozialistischen Gesetzlichkeit gesprochen werden.

370 Jescheck, S. 18.

Ebenen durchzusetzen. Recht und Gesetz waren hierdurch unweigerlich zu Instrumenten einer staatlich verordneten totalitären Ideologie degradiert worden[371]. Hauptsächlich sollte das Prinzip der „sozialistischen Gesetzlichkeit" aber dazu führen, die häufig wechselnden offiziellen Interpretationen der jeweiligen Gesetze nach den Erfordernissen der Tagespolitik zur jederzeit verbindlichen Richtlinie für alle Staats - und Parteiorgane zu machen. Jescheck definiert sie sogar als „rückhaltloses Bekenntnis zur Herrschaft des Positivismus in Gestalt der jeder Diskussion entrückten alleinseligmachenden Parteibeschlüsse"[372]. Bereits hier werden Parallelen zur Verknüpfung von totalitärem Strafrecht und Politik, wie es auch im Dritten Reich der Fall war, deutlich.
So verwundert es natürlich auch nicht, dass von einem Dozenten der Humboldt- Universität seinerzeit zu diesem Thema Folgendes ausgeführt wurde:

> *„Die Beschlüsse der Partei erwachsen aus der Erkenntnis des historisch Notwendigen, sie sind deshalb die praktisch politische Umsetzung dessen. Sie sind Grundlage unserer Gesetzlichkeit und unserer Gesetze. Diese nehmen ihrerseits in Form staatlich verbindliche Rechtsnormen die in den Parteibeschlüssen bereits erkannte und herausgearbeitete Gesetzmäßigkeit unserer gesellschaftlichen Entwicklung in sich auf, konkretisieren sie und sind in diesem Sinne selbst Parteibeschlüsse. Unser sozialistisches Recht ist als Instrument der staatlich herrschenden Arbeiterklasse ein spezifischer Ausdruck der führenden Rolle der Partei. Der Wille der Partei wird in unserem sozialistischen Recht fixiert. Verletzungen oder Missachtung unserer Gesetzlichkeit bedeutet daher letztlich die Verletzung bzw. Missachtung von Parteibeschlüssen"*[373].

Die Ähnlichkeit mit den seinerzeit im Nationalsozialismus gemachten Aussagen ist bereits frappierend. Ein weiteres Indiz für die Beeinflussung der Rechtsordnung bilden die Artikel im ersten Kapitel des allgemeinen Teils des DDR-StGB, die unter der Überschrift „Grundsätze des sozialistischen Strafrechts der DDR" zusammengefasst sind. Bei näherer Betrachtung dieser Grundsätze kann vermutet werden, dass auch die Normierung der Notwehr im Sinne des Systems ausgestaltet worden sein könnte. Diese ist nämlich in unmittelbarem Zusammenhang mit dem Gedanken des Art. 1 zu sehen.

---

[371] Limbach in ZRP 1992, Heft 5 S. 170.
[372] Jescheck, S. 20.
[373] Jescheck, S. 19 f; Buchholz, S. 745.

In Art. 1 unter der Überschrift „Schutz und Sicherung der sozialistischen Staatsordnung und der sozialistischen Gesellschaft“ wurde wie folgt konstatiert[374]:

> *„Gemeinsames Interesse der sozialistischen Gesellschaft, ihres Staates und aller Bürger ist es, den zuverlässigen Schutz der Souveränität der Deutschen Demokratischen Republik und der sozialistischen Errungenschaften, des friedlichen Lebens und der schöpferischen Arbeit der Menschen, der freien Entwicklung und der Rechte jedes Bürgers zu gewährleisten. Der Kampf gegen alle Erscheinungen der Kriminalität, besonders gegen die verbrecherischen Anschläge auf den Frieden, auf die Souveränität der Deutschen Demokratischen Republik und auf den Arbeiter-und- Bauern-Staat, ist gemeinsame Sache der sozialistischen Gesellschaft, ihres Staates und aller Bürger. Der sozialistische Staat schützt seine staatlichen, wirtschaftlichen und militärischen Geheimnisse allseitig gegenüber jedermann“.*

Welcher Zeitgeist auf die Notwehr einwirkte und wie diese im sozialistischen Stil von der Reform erfasst wurde, zeigt auch schon die Präambel des Strafgesetzbuches der DDR, welche zu erklären versuchte welchen Zweck das „sozialistische“ Recht der DDR erfüllen wollte beziehungsweise sollte. Sie ist insoweit ein wichtiger Indikator, als dass sie den Charakter und die Zielsetzungen des Gesetzes und somit letztendlich auch die einzelnen Notwehrnorm beschreiben sollte. Die Präambel des StGB knüpfte an die vom Staatsrat gesetzlich formulierte Definition des sozialistischen Rechts an[375]. Dort heißt es:

> *„Das sozialistische Recht der Deutschen Demokratischen Republik dient der weiteren Gestaltung der entwickelten sozialistischen Gesellschaft. Es ist auf die Verwirklichung der Interessen der Werktätigen und den Schutz der sozialistischen Staats- und Gesellschaftsordnung sowie der Freiheit und Menschenwürde der Bürger gerichtet.*
>
> *Das Strafrecht als Teil des einheitlichen sozialistischen Rechts hat die Aufgabe, die sozialistische Staats- und Gesellschaftsordnung sowie die Rechte und Interessen der Bürger vor kriminellen Handlungen, insbesondere vor verbrecherischen. Angriffen gegen den Frieden und die Deutsche Demokratische Republik, zu schützen.*

---

374 Vormbaum/Welp, StGB, 2. Bd., S. 4.

375 Rosenthal, Das neue politische Strafrecht der DDR, S.12.

Es gebietet, dass jeder zur Verantwortung gezogen wird, der sich eines Verbrechens oder Vergehens schuldig macht. Das sozialistische Strafrecht ist darauf gerichtet; Personen, die Straftaten begehen, zur Einhaltung der sozialistischen Gesetzlichkeit zu erziehen sowie die Aktivitäten zur Vorbeugung und Bekämpfung der Kriminalität zu fördern: Es wendet sich an alle Bürger, staatlichen und gesellschaftlichen Organe und an alle Kollektive, wachsam und unduldsam gegenüber feindlichen Anschlägen gegen die sozialistische Ordnung und das friedliche Leben der Bürger sowie gegenüber allen Erscheinungen von Ungesetzlichkeit und Verantwortungslosigkeit zu sein. Es fordert jeden auf, aktiv mitzuwirken; damit Straftaten verhütet; alle Verbrechen und Vergehen aufgedeckt, ihre Ursachen und Bedingungen beseitigt und die Schuldigen zur Verantwortung. gezogen werden. Die Festigung der Disziplin und Ordnung in allen Bereichen des gesellschaftlichen Lebens und die Erhöhung der Verantwortung jedes Bürgers für die Wahrung des Rechts sind wesentliche Voraussetzungen für die Verwirklichung des sozialistischen Strafrechts der Deutschen Demokratischen Republik".

Wie sich das Wesen der Notwehr in dieses System einfügte, zeigen beispielsweise die Ausführungen zum „Begriff der Notwehr im Strafrecht der DDR" von Orschekowski, der in der Notwehr nicht nur den Kampf des Einzelnen gegen das Verbrechen sah, sondern auch die Verteidigung der Verhältnisse und Einrichtungen des sozialistischen Staates bzw. die Unterstützung des Staates bei dieser Aufgabe mit allen Kräften[376]. Wie sich diese Denkweise auf die Notwehr bzw. auf deren konkrete Elemente ausgewirkt hat und welche Folgen dies wiederum hatte ist Gegenstand der nachfolgenden Untersuchung.

3. Der Einfluss dieser Entwicklung auf das Notwehrrecht

Nach dem soeben Aufgezeigten überrascht es natürlich nicht, dass diese Einflüsse selbstverständlich auch gravierende Auswirkungen auf das Notwehrrecht hatten.

Die Normierung der Notwehr war im neuen StGB im zweiten Kapitel unter den sog. „Voraussetzungen der strafrechtlichen Verantwortlichkeit" im dritten Abschnitt unter der Überschrift Notwehr und Notstand (§ 17) verortet und stellte einen für das sozialistische System äußerst wichtigen Rechtfertigungsgrund dar. Die Rechtswidrigkeit war nämlich nach sozialistischer Auffassung einerseits die juristische Widerspiegelung der sog. „Gesellschaftswidrigkeit" eines Vergehens oder der „Ge-

[376] Orschekowski, S. 16 f.

sellschaftsgefährlichkeit“ des Verbrechens, andererseits das durch diesen Begriff definierte objektive mit der Tat begangene Unrecht. Demnach war die Gesellschaftswidrigkeit einer Tat der Grund dafür, dass die Handlung im Strafgesetz zum Vergehen oder Verbrechen erklärt und mit Maßnahmen der strafrechtlichen Verantwortlichkeit bedroht wurde. Nach Ansicht des sozialistischen Gesetzgebers drückte der Begriff „Rechtswidrigkeit“ aus, dass jede Straftat eine Negation der durch das Strafrecht als repräsentierter sozialistischer Rechtsordnung und damit ein Rechtsbruch, objektives Unrecht ist[377]. Erkennbar ist hier, dass der gesellschaftsbezogene Aspekt der Rechtswidrigkeit sehr im Vordergrund steht und hierdurch erst die Verknüpfung zur sozialistischen Gesellschaft gelingt.

So hieß es auch in den Ausführungen zur Rechtswidrigkeit:

> *„Der Begriff der Rechtswidrigkeit geht in seiner Abstraktheit weit über das strafrechtliche Unrecht hinaus und erfasst auch andere rechtswidrige Handlungen, weshalb er zur alleinigen Charakteristik von Straftaten nicht ausreicht. In Verbindung mit den materiellen und ideologischen Eigenschaften der Straftaten besagt er jedoch, dass es sich bei den Straftaten um Unrecht spezifischer sozialer Qualität handelt, das sich von anderen Rechtsverletzungen in gewichtiger Weise abhebt. Es geht hier um ein Unrecht das die ganze Gesellschaft zur Verteidigung ihrer Lebensbedingungen herausfordert“*[378].

Der oben angesprochene Gedanke, dass dem Täter zum Vorwurf gemacht werde sich nicht an die sozialistische Rechtsordnung gehalten zu haben spiegelt sich auch hier wieder. So heißt es zum Beispiel in einem Lehrbuch aus der damaligen Zeit zur Rechtswidrigkeit:

> *„In der Rechtswidrigkeit objektiviert sich das in sich differenzierte subjektiv rechtsbrecherische Verhältnis des Straftäters zur sozialistischen Rechts - und Gesellschaftsordnung bzw. zu den elementaren Normen der menschlichen Gesellschaft und des Zusammenlebens der Völker überhaupt“*[379].

377 Leschkas/Seidel, S. 174 f.
378 Leschkas/Seidel, S. 174 f.
379 Leschkas/Seidel, S. 174 f.

a) Die Analyse des Wortlautes

Deshalb ist im Folgenden zunächst zu untersuchen, ob sich diese Anschauung hinsichtlich der Rechtswidrigkeit auch im Wortlaut und in der Anwendung des Notwehr-Paragraphen selbst widerspiegelt. Dem § 17 des StGB der DDR selbst war folgender Wortlaut zu entnehmen:

> *„Wer einen gegenwärtigen rechtswidrigen Angriff gegen sich oder einen anderen oder gegen die sozialistische Staats- und Gesellschaftsordnung in einer der Gefährlichkeit des Angriffs angemessenen Weise abwehrt, handelt im Interesse der sozialistischen Gesellschaft und ihrer Gesetzlichkeit und begeht keine Straftat"*[380].

Dem Wortlaut nach war also im Unterschied zum bis dahin existierenden StGB das Einschreiten gegen alle Angriffe auf die sozialistische Staats- und Gesellschaftsordnung[381] und die Rechte und Interessen der Bürger gestattet, soweit sie sich gegen rechtlich geschützte Verhältnisse richteten. Wenn man zunächst den Wortlaut der Norm näher betrachtet, fällt auf, dass dieser im Unterschied zum bis dahin gültigen Reichsstrafgesetzbuch dahingehend geändert wurde, dass auch ein Angriff gegen die sozialistische Staats- und Gesellschaftsordnung abgewehrt werden konnte. Dieser Wortlaut, der im übrigen nunmehr auch die oben genannte Kritik der sowjetischen Kontrollkommission berücksichtigte, weist erstaunliche Ähnlichkeiten mit der Auslegung der Notwehr im Dritten Reich auf, indem er ebenfalls darauf abstellt, dass der Angegriffene mit der Abwehr das Recht gegen das Unrecht verteidige, so dass sein Handeln in voller Übereinstimmung mit den Interessen der aktuell vorherrschenden gesellschaftlichen Weltanschauung steht.

Begründet wurde diese Veränderung hinsichtlich der Verteidigung des sozialistischen Staates und seiner Ordnung mit dem Argument, dass das Recht Notwehr zu üben das Rechtsbewusstsein der Bürger gegen alle Angriffe auf gesellschaftliche und persönliche Interessen vorzugehen fördere und somit zum Schutz und zur Festigung der sozialistischen Gesellschaftsordnung beitrage[382]. So verwundert es auch nicht, dass als rechtlich geschütztes Verhältnis im Sinne dieser

---

380 Schroeder, Die Strafgesetzgebung in Deutschland, Strafgesetzbuch der Deutschen Demokratischen Republik von 1972, § 17.

381 Die Schutzobjekte der Staats-und Gesellschaftsordnung wurden mit der Einführung des neuen StGB im Jahre 1968 in das Gesetz aufgenommen, vgl. u.a.Heilborn/Schmidt/Weber, § 17, S. 110.

382 Schmidt/Beyer, NJ 1960, 310, 316.

Norm nicht nur das Leben und die Gesundheit oder die Würde des Einzelnen genannt sind, sondern eben auch die Sicherheit oder die öffentliche Ordnung des sozialistischen Staates oder das sozialistische Eigentum[383].
Im Lehrbuch zum Strafrecht der DDR heißt es hierzu:

„Ausgehend von der Übereinstimmung der Interessen der sozialistischen Gesellschaft mit denen jedes einzelnen Bürgers, rechtfertigt § 17 StGB nicht nur die Abwehrhandlungen gegen Angriffe gegen den Abwehrenden oder einen Dritten, sondern ausdrücklich auch die Abwehr von Angriffen gegen die sozialistische Staats- und Gesellschaftsordnung[384]".

In der Kommentierung zu § 17 StGB von 1984 heißt es deshalb sogar:

„Wer in Notwehr handelt, verhält sich gesellschaftsgemäß und verantwortungsbewusst. Auch rowdyhafte Gewalttätigkeiten, Drohungen, grobe Belästigungen, böswillige Beschädigungen von Sachen beziehungsweise Einrichtungen sowie öffentliche Herabwürdigung oder Hetze gegen die sozialistische Staats- und Gesellschaftsordnung rechtfertigen Notwehrhandlungen"[385].

Rowdytum war wiederum in § 215 StGB[386] geregelt. Rowdyhafte Gewalttätigkeiten, Drohungen und grobe Belästigungen waren hiernach solche, die sich gegen die öffentliche Ordnung oder die Regeln des sozialistischen Gemeinschaftslebens richteten.

Hieraus kann im Zusammenhang mit der allgemeinen Entwicklung der Strafrechts geschlossen werden, dass im Vergleich zum Reichsstrafgesetzbuch von 1871 die Ausübung der Notwehr, wie schon aus dem Dritten Reich bekannt, zugunsten des vorherrschenden Systems, hier der sozialistischen Weltanschauung, erweitert beziehungsweise modifiziert wurde, wobei dies hier anders als im dritten Reich explizit formu-

---

383 Hierunter fiel nach der Legaldefinition des § 157 Abs. 1 Satz 1 StGB sowohl das Vermögen der DDR, ihrer Organe, Einrichtungen und Betriebe, als auch das Eigentum ihrer Parteien und Organisationen; vertiefend hierzu: Neuhof/Orschekowsky in: Heilborn, Schmidt, Weber, Strafrecht der DDR, § 17; Rettler, S. 107.

384 Lehrbuch des sozialistischen Strafrechts, Allgemeiner Teil, S. 397.

385 Duft/Heilborn, StGB Kommentar 1984.

386 Duft/Heilborn, StGB Kommentar 1984.

liert wurde. Nachdem nun eine Veränderung im Wortlaut ausgemacht werden konnte, ist im Folgenden zu prüfen, welche Veränderungen im Einzelnen vorgenommen wurden und wie sich dies konkret ausgewirkt hat.

aa) Konkrete Veränderungen der einzelnen Elemente der Notwehr im Vergleich zur westdeutschen Entwicklung

Durch die Einbeziehung solcher Aspekte, wie z.B. vorliegend der sozialistischen Gesellschaftsordnung ändern sich auch die einzelnen Voraussetzungen unter denen ein Notwehrrecht angenommen werden kann. Dieser Unterschied wird vor allem deutlich, wenn man die Notwehrnorm im bundesdeutschen StGB hinsichtlich der einzelnen Voraussetzungen mit der Notwehrnorm des DDR- Strafgesetzbuches vergleicht um eine direkte Veränderung herauszustellen. Ein direkter Vergleich mit dem vorangegangenen Reichsstrafgesetzbuch kann hier schon deshalb nicht zielführend sein, weil, wie bereits ansatzweise sichtbar wurde, aufgrund des geltenden Herrschaftssystems (totalitärer Staat) keine wesentliche Veränderung feststellbar wäre. Im Übrigen ermöglicht der Vergleich der parallel verlaufenden Entwicklung im sozialistischen mit der im demokratischen Staat eine sachgerechtere Lösung im Sinne der Fragestellung.

bb) Notwehrfähiges Rechtsgut

Bei einem Vergleich beider Entwicklungen ist zunächst festzustellen, dass zwar auch im seinerzeit gültigen, wie auch im heutigen bundesrepublikanischen Recht die Rechtsgüter der Allgemeinheit Angriffsobjekt sein konnten, bzw. können, was aber letztendlich schon immer über die Institution der Nothilfe gelöst wurde, was bedeutet, dass als verteidigungsfähig nur überindividuelle Rechtsgüter und somit nur solche Güter der Allgemeinheit in Betracht kommen können, die einem individualisierbaren Subjekt zugeordnet werden können und somit auch individuelle Schutzinteressen betreffen[387]. Daher sind die Fälle der sogenannten Staatsnothilfe, in denen die Interessen des Staates als Institution bedroht sind, nicht als notwehrfähiges Rechtsgut erfasst[388].

Im Recht der DDR hingegen waren Rechtsgüter der Allgemeinheit uneingeschränkt notwehrfähig; so war z.B. das sozialistische Eigen-

---

[387] Fischer, 56. Aufl., § 32 Rn. 10; aber auch schon Kühl AT, § 7, Rn. 37, sowie Lackner, § 32, S. 195.

[388] Engländer in: Matt/Renzikowski, § 32, Rn. 13.

tum[389] vom Notwehrrecht des Einzelnen ausdrücklich umfasst, ohne dass es einer ausdrücklichen Beschränkung wie im bundesdeutschen Recht bedurfte, die wenigstens auch die Interessen des Notwehrübenden als Betroffen forderte[390].

Ein wesentlicher Unterschied zeigt sich darüber hinaus bei einem direkten Vergleich darin, dass heute, wie auch schon nach dem seinerzeit gültigen westdeutschen Recht die öffentliche Ordnung für sich genommen für den Einzelnen nicht notwehrfähig ist bzw. war[391], während diese im sozialistischen Staat von Anfang an sogar explizit als notwehrfähig normiert wurde[392]. Dies geht schon alleine aus dem Wortlaut hervor, der einen Angriff auf den Einzelnen oder gegen die sozialistische Staats- und Gesellschaftsordnung nennt. So wurde z.B. in der einschlägigen Literatur jener Zeit immer wieder betont, „dass es für die Notwehr gleichgültig sei, gegen welches rechtlich geschützte Verhältnis sich der Angriff richte. Dies könne beispielsweise sowohl „das Leben und die Gesundheit oder die Würde eines Bürgers, aber auch die Sicherheit oder die öffentliche Ordnung des sozialistischen Staates oder das sozialistische Eigentum oder das persönliche Eigentum[393] oder der Besitz des Bürgers sein“[394]. Hierzu wurde zum Beispiel auch angeführt, dass „böswillige Beschädigungen von Sachen bzw. Einrichtungen, sowie öffentliche Herabwürdigungen oder Hetze gegen die sozialistische Staats- und Gesellschaftsordnung entsprechende Notwehrhandlungen rechtfertigen würden“[395].

Erstaunlich sind die jeweils verschiedenen Begründungen hierzu. Während es im westdeutschen Lehrbuch zum Allgemeinen Teil[396] dazu heißt, dass „die Verteidigung von Allgemeininteressen z.B. an der

---

[389] Der Begriff bezeichnet das Volkseigentum, das Eigentum sozialistischer Genossenschaften, sowie das Eigentum gesellschaftlicher Organisationen der Bürger (vgl.: Rockstuhl, ZGB § 18 I ZGB-DDR).

[390] Duft/Heilborn, § 17, Anm. 1 f.; Heilborn/Schmidt/Weber, § 17, S. 110.

[391] Jakobs, AT, 1. Aufl. 1982, S. 314; Wessels/Beulke, AT, 32. Aufl., § 8, Rn. 329; Kühl AT, § 7, Rn. 38; Fischer, 56. Aufl., § 32 Rn. 10; 49. Aufl., § 32 Rn. 7; Kindhäuser, § 32, Rnrn. 39 ff m.w.N.

[392] Siehe z.B. Duft/Heilborn, § 17, Anm. 1 f; Leschkas/Renneberg, S. 397.

[393] Durch die Abgrenzung zum persönlichen Eigentum wird ebenfalls deutlich, dass unter sozialistischem Eigentum nicht etwa das Eigentum des Einzelnen, das auch der Allgemeinheit zuordenbar ist gemeint war, sondern wie in § 18 ZGB formuliert, rein staatliches Eigentum angesprochen war.

[394] So z.B. Orschekowski, S. 16 f., der den einzelnen Bürger sogar als Unterstützer des Staates im Kampf gegen das Verbrechen gegen Einrichtungen oder Verhältnisse des sozialistischen Staates sieht, indem er diesen schützt und verteidigt; aber auch: Duft/Heilborn, § 17, Anm. 1 f.; Gerats/Leschkas/Renneberg, S. 499 ff.; Heilborn/Schmidt/Weber, § 17, S. 110.

[395] Duft/Heilborn, § 17, Anm. 1 f.

[396] So z.B. Kühl AT, § 7, Rnrn. 41 f m.w.N.

Aufrechterhaltung der öffentlichen Ordnung allein Aufgabe der staatlichen Organe sei, um jeder Selbstjustiz durch Sittenwächter entgegenzuwirken", wird im Lehrbuch der DDR hierzu ausgeführt, dass „ausgehend von der Übereinstimmung der Interessen der sozialistischen Gesellschaft mit denen jedes einzelnen Bürgers § 17 im Gegensatz zur Regelung im alten StGB nicht mehr nur Abwehrhandlungen gegen Angriffe auf den Abwehrenden oder einen Dritten sondern auch die Abwehr von Angriffen gegen die sozialistische Staats- und Gesellschaftsordnung rechtfertige. Das Recht der Notwehr fördere nämlich das Rechtsbewusstsein der Bürger gegen alle Angriffe auf gesellschaftliche und persönliche Interessen vorzugehen. Es trage somit zum Schutz und zur Festigung der Gesellschaftsordnung bei"[397]. Abgegrenzt, um eine uferlose Ausweitung zu vermeiden, wurde das Notwehrrecht auf der anderen Seite wiederum dadurch, dass es sich „in den Grenzen der sittlichen und moralischen Anschauungen des Volkes und der Gesetze" dahingehend zu bewegen hatte, als dass der Notwehrübende durch seine Handlung „allein zur Abwehr des gesellschaftsgefährlichen Angriffs" zu handeln, aber nicht „die dem Staat zukommende Unterdrückungs- und Erziehungsfunktion gegenüber dem Täter" wahrzunehmen hatte[398].

Es kann also schon hier festgestellt werden, dass die Entwicklungen in den jeweiligen Staaten verschieden verlaufen sind. Hinsichtlich des geschützten Rechtsgutes der Staats- und Gesellschaftsordnung ist bei einem direkten Vergleich festzustellen, dass im DDR- Notwehrrecht dann weitere Zugeständnisse an den Notwehrübenden gemacht wurden, wenn dieser zum Wohle des sozialistischen Staats- und Gesellschaftsordnung gehandelt oder gar das sozialistische Eigentum verteidigt hat.

cc) Die Gegenwärtigkeit des Angriffs

Im StGB der DDR wurde die Prüfung der Notwehr zum einen in eine sog. „Rechtfertigungssituation" und zum anderen in eine „rechtmäßige Reaktion" unterteilt. Dies entspricht der in der Bundesrepublik bekannten Unterteilung in „Notwehrlage" und „Notwehrhandlung". Dass diese Unterscheidung nicht ganz unproblematisch ist, nämlich dann wenn Rechtsgütern, wie oben genannt, eine weitere Determinante hinzugefügt wird, zeigt folgende Überlegung:

Wenn man nun mit dem Wortlaut des StGB der DDR davon ausgeht, dass eine Notwehrlage, wie soeben festgestellt, auch dann bestand, wenn ein gegenwärtiger rechtswidriger Angriff auf die sozialistische

---

[397] Heilborn/Schmidt/Weber, § 17, S. 110.

[398] Orschekowski, S. 17.

Staats- und Gesellschaftsordnung vorlag, muss zunächst die Gegenwärtigkeit genauer betrachtet werden. Dem seinerzeit gültigen Kommentar ist zu entnehmen, dass die Gegenwärtigkeit des Angriffs dann zu bejahen war, „wenn der Rechtsverletzer unmittelbar auf das rechtlich geschützte Objekt einwirkte, auch wenn dem tatsächlichen Verhalten nach in der konkreten Situation auf das unmittelbare Bevorstehen eines Angriffs geschlossen werden konnte, wobei für den Notwehrübenden zum Zeitpunkt der Notwehrhandlung erkennbar gewesen sein musste, dass ein rechtswidriger Angriff unbedingt und sofort zu erwarten ist“[399]. Wie auch im westdeutschen Recht ist somit ein Angriff der sich noch im Stadium der Planung oder im Anfangsstadium der Vorbereitung befindet noch kein unmittelbar bevorstehender Angriff[400].

Problematisch konnte dies aber im Bereich der Notwehr gegen Angriffe auf die sozialistische Staats- und Gesellschaftsordnung werden. Bei meist ungeplanten oder gar spontanen bzw. kurzfristigen Aktionen gegen die sozialistische Staats- und Gesellschaftsordnung dürfte in den meisten Fällen die Gegenwärtigkeit noch gewahrt gewesen sein, wohingegen in aller Regel nicht einzelne Aktionen, sondern die Abwehr langfristiger und länger geplanter Aktionen das Problem für die Staatsführung darstellten, da sie aufgrund des Zeitraumes, über den sie hinweg erfolgten und aufgrund der Planungsphase vor dem eigentlichen Angriff auf die sozialistische Staats- und Gesellschaftsordnung schon begonnen haben, so dass nach o.g. Kriterien eigentlich noch nicht von einem Angriff gesprochen werden kann. Konsequenterweise musste die Kommentierung der Notwehr hierauf ebenfalls eingehen. Das sozialistische Strafrecht löste das Problem, indem es zunächst herausstellte, dass ein Angriff in einem solchen Fall, in dem er sich im Stadium der Planung befinde nicht unmittelbar bevorstehe, sondern bereits in vollem Gange sei, führte dann dazu aus, dass dies insbesondere dort zutreffe, wo Angriffe sich gegen geschützte gesellschaftliche Verhältnisse richteten, zu deren Schutz Vorbereitung und Versuch strafrechtliche Verantwortlichkeit begründen der die als Unternehmensdelikte ausgestaltet seien[401].

Demzufolge konnten aufgrund der Nähe zu Dauergefahren auch solche Angriffe gegenwärtig sein, die sich als Unternehmensdelikte herausstellen und nicht mehr nur als reine Dauergefahr. Deutlich, in welche Richtung sich diese Auslegung entwickelte wird wenn man in diesem Zusammenhang die Natur der Unternehmensdelikte im sozialistischen System näher betrachtet. Hierbei fällt auf, dass Delikte die ihrer Natur

---

399 Duft/Heilborn, § 17, Anm. 4.

400 Gerats/Leschkas/Renneberg, S. 503.

401 Heilborn/Schmidt/Weber, § 17, S. 111; aber auch Duft/Heilborn, § 17, S. 83.

nach einen unmittelbaren und für den Bestand wichtigen Bezug zum politischen System hatten und die bisher als reines Tätigkeitsdelikt ausgestaltet waren mit der Zeit als Unternehmensdelikt eingestuft wurden. Anschaulich kann dies u.a. am Beispiel der Fahnenflucht aufgezeigt werden. Diese wurde nach 1962 nicht nur im Strafmaß (von ursprünglich Gefängnisstrafe auf Zuchthausstrafe bis zu acht Jahren) erhöht, sondern von einem Tätigkeitsdelikt in cin Unternehmensdelikt umgestaltet. Dies hatte zur Folge, dass nun bereits schon Vorbereitungshandlungen den Straftatbestand erfüllten und ein wirksames und frühzeitiges Eingreifen, u.a. auch unter dem Aspekt der Notwehr möglich wurde, während man bisher auf das Unmittelbare Ansetzen zur Tat angewiesen war, um die Gegenwärtigkeit zu bejahen. Es liegt also auch hier auf der Hand, dass durch eine derartige Umstellung im Notwehrbereich geschickt verdeckt nicht nur eine Strafschärfung, sondern vor allem auch eine Ausklammerung von Versuch und Rücktritt erreicht werden sollte, womit folglich auch eine schrittweise Ausweitung der Notwehrbefugnisse zugunsten des Staates erreicht werden konnte[402].

Dieses Ergebnis bestätigt sich unter anderem durch Aussagen der Staatsführung selbst. Unter anderem wurde nämlich zu den Unternehmensdelikten ausgeführt, dass „die meisten der Verbrechen gegen die Deutsche Demokratische Republik als Unternehmensdelikte ausgestaltet seien, wodurch im künftigen StGB nach dieser bewährten Methode, die einerseits größte Schlagkraft und Elastizität gegenüber solchen Verbrechen erreicht werden könne, andererseits aber auch den Forderungen der oben näher behandelten sozialistischen Gesetzlichkeit vollauf Genüge getan sei“[403].

Nach westdeutschem Recht ist ein Angriff gegenwärtig, der unter anderem auch unmittelbar bevorsteht. Entscheidend ist hier eine Bewertung, wie sie auch für den Versuchsbeginn vorgenommen wird[404]. Hierbei ist also erforderlich, dass das betroffene Rechtsgut konkret (d.h. ohne weitere wesentliche Zwischenschritte) gefährdet ist[405]. Zwar gab es auch im westdeutschen Recht immer wieder Tendenzen das dem Versuch unmittelbar vorgelagerte Stadium schon dem gegenwärtigen Angriff (unter dem Aspekt der wirksamsten Abwehr) zuzurechnen[406] doch ist selbst bei Zugrundelegung dieser Ansicht die Grenze dort zu

402 Prinz in: Bauer/Theisen/Welker, S. 240.

403 Ulbricht, S. 1277.

404 Kühl AT, § 7, Rnrn. 40 f.

405 Wessels/Beulke, AT, 32. Aufl., § 8, Rn. 329; aber auch schon Lackner, § 32, S. 196 f.

406 Siehe Kühl AT, § 7, Rnrn. 41 f m.w.N; Kindhäuser, § 32, Rnrn. 19 f.

ziehen wo auch zukünftig zu erwartende Angriffe erfasst werden, obwohl diese hinsichtlich ihrer Durchführung vom Angegriffenen noch gar nicht als solche erkennbar sind. Aus diesem Grund sind auch Dauergefahren, d.h. Gefahrsituationen in denen der Zeitpunkt des möglichen Schadenseintritts noch nicht abgesehen werden kann nicht vom Begriff des gegenwärtigen Angriffs umfasst[407].

Damit wird in der Bundesrepublik die Abwehr künftiger, nicht unmittelbar bevorstehender Angriffe nicht vom Notwehrrecht umfasst um eine Ausuferung des Anwendungsbereichs zu vermeiden[408].

Beim Vergleich beider Entwicklungen hat sich folglich auch unter dem Aspekt der Gegenwärtigkeit herauskristallisiert, dass im sozialistischen Recht mit der Zeit mehr und mehr Delikte, die einen Bezug zum Staatssystem hatten, auch hinsichtlich der gegen sie zu übenden Notwehr verschärft wurden. Im westdeutschen Recht hingegen wurde rein auf die Gegenwärtigkeit abgestellt, wobei für unmittelbar bevorstehende Angriffe die für den Versuchsbeginn vorgegebene Formel vom unmittelbaren Ansetzen zur Tatbestandsverwirklichung analog angewendet wurde. Weitergehende Befugnisse hinsichtlich des dem Versuchsstadium vorangehenden Stadiums wurden zwar diskutiert, doch wollte man diese dem Notwehrübenden bewusst nicht zugestehen. Hier stand rein das jeweilige Individuum im Mittelpunkt, welches auf der einen Seite sich nur soweit verteidigen sollte, wie dies nötig war und auf der anderen Seite der Schutz des Gegenübers, der vor überzogenen Abwehrmaßnahmen oder gar Willkür aufgrund noch gar nicht sicher zu prognostizierender Durchführungshandlungen geschützt werden sollte. Anders wurde dies, wie oben aufgezeigt, im sozialistischen Recht gesehen, wo man mit der Zeit vermehrt gezielt Delikte, die den Staat und seine Organe betrafen so umgestaltet hat, dass nicht mehr der Einzelne sondern der Zweck und mit ihm auch staatliche Interessen in den Vordergrund rückten.

dd) Die Rechtswidrigkeit des Angriffs

Nach DDR-Recht war der Angriff rechtswidrig, wenn auf Seiten des Angreifers kein Recht bestand, so zu handeln und auf Seiten des Abwehrenden keine Pflicht bestand, den Angriff zu dulden[409]. Dies entspricht im Wesentlichen der westdeutschen Interpretation. Während jedoch, wie später noch genauer zu zeigen sein wird, in Westdeutschland zunehmend diskutiert wurde, ob Notwehr generell gegen Schuld-

407 Schmidt, S. 123.
408 Leipold/Tsambikakis/Zöller, § 32, Rn. 4; so aber auch schon RG 64, 101.
409 Duft/Heilborn, § 17, Anm. 5.

unfähige namentlich Geisteskranke, Betrunkene und Kinder zulässig sei, oder ob Einschränkungen schon hier vorgenommen werden sollten[410] (die herrschende Meinung lehnte das Erfordernis der schuldhaften Verursachung des Angriffs für die Notwehrlage ab[411]), wurde nach DDR-Recht grundsätzlich in solchen Fällen ein Notwehrrecht zugestanden. Eine vergleichbare Diskussion wie in der Bundesrepublik fand diesbezüglich, soweit ersichtlich, erst gar nicht statt[412]. Begründet wurde dies damit, dass nicht nur schuldhafte Angriffe eines strafrechtlich Verantwortlichen sondern auch solche der oben genannten Personen rechtlich geschützte Interessen des Staates oder des einzelnen Bürgers angreifen können. Einschränkungen wurden dann aber im Rahmen der Angemessenheit vorgenommen. Festzustellen ist also auch hier, dass Tendenzen dahingehend ersichtlich werden, dass fast ausnahmslos der sozialistischen Gesellschaftsordnung Vorrang eingeräumt wurde.

ee) Abwehr in einer der Gefährlichkeit des Angriffs angemessenen Weise

Auch hier ist im direkten Vergleich mit der westdeutschen Entwicklung festzustellen, dass der Wortlaut des DDR-Notwehrparagraphen im Unterschied zur westdeutschen Formulierung eine „Abwehr in einer der Gefährlichkeit des Angriffs angemessenen Weise“ forderte. Dieses Merkmal scheint vergleichbar mit dem im StGB der Bundesrepublik normierten Merkmal der Erforderlichkeit, denn es wird im Lehrbuch zum Allgemeinen Teil so definiert, „dass die zur Verteidigung oder Abwehr eingesetzten Mittel, Methoden und angestrebten bzw. erzielten Wirkungen in einem angemessenen Verhältnis zur Gefährlichkeit des Angriffs stehen müssen. Unter diesen Voraussetzungen, habe der Verteidiger das Recht, dasjenige Mittel anzuwenden, das ihm nach den konkreten Umständen zur wirksamen Abwehr des Angriffs als das mildeste und zugleich geeignetste erscheint“. Darüber hinaus wird aber auch darauf hingewiesen, dass es auf die Schadensfolgen, die durch die Verteidigung eintreten, nicht ankommen könne, da sonst die Interessen des Angrei-

---

[410] Köhler, AT, S. 267 f. m.w.N.

[411] Vgl. Lackner /Kühl, § 32, Rn. 5 m.w.N., wo z.B. teilweise gefordert wird, dass der Angriff vorsätzlich und schuldhaft, vorwerfbar vorsätzlich oder bewusst fahrlässig, verschuldet, zurechenbar oder „unter grober Rechtsmissachtung“ begangen wurde; Wessels/Beulke, AT, 32. Aufl.,Rn. 331.

[412] Lediglich vereinzelt finden sich knappe Hinweise, dass durch eine andere Auffassung das Notwehrrecht zu sehr eingeschränkt und den Sicherheitsinteressen der Gesellschaft ungenügend Rechnung getragen würde; so zum Beispiel in: Leschkas/Renneberg, S. 399 f; ähnlich: Gerats/Leschkas/Renneberg, S. 502.

fers über die des Angegriffenen vor allem aber über die der sozialistischen Gesellschaft gestellt würden[413].

Bei der Bestimmung des Merkmals der Gefährlichkeit waren zum Beispiel Umstände, wie die Anzahl der angreifenden Personen, ihre körperliche Konstitution, aber auch Ziele und Fähigkeiten des Angreifers, sowie die Gefährlichkeit des Angriffs von Bedeutung. Auch auf Seiten des Angegriffenen war z.B. zu beachten, ob dieser sich zusammen mit anderen des Angriffs zu erwehren hatte oder ob der Angriff beispielsweise an einem einsamen Ort zur Nachtzeit abgewehrt werden musste[414].

Die Notwehrhandlung war dann angemessen, wenn die eingesetzten Verteidigungsmittel oder Methoden zur Abwehr des konkreten beziehungsweise konkret zu erwartenden Angriffs in Anbetracht seiner o.g. Gefährlichkeit erforderlich waren. Auch hier bemerkte der DDR-Kommentar, dass vom Abwehrenden grundsätzlich nicht verlangt werden könne, dass er sich dem Angriff durch Flucht entziehe, da er die Möglichkeit haben müsse, seine Interessen und die der „sozialistischen Staats- und Gesellschaftsordnung" gegen rechtswidrige Handlungen zu verteidigen[415], also gegen die Angriffe, zu denen der Angreifer aus sozialistischer Sicht nicht berechtigt war. Eine Einschränkung hinsichtlich der vergleichbar im bundesdeutschen Recht unter dem Aspekt der sozialethischen Einschränkungen definierten Fallgruppen wurde in besonderen Fällen statuiert. So konnte zum Beispiel in besonderen Fällen ein Ausweichen geboten sein. Ähnlich der sozialethischen Einschränkungen wurde hierzu ausgeführt, dass es den sozialistischen Moralanschauungen entspreche, wenn man Angriffen von Kindern oder Geisteskranken ausweiche[416].

Es kann also festgestellt werden, dass die durch die konkrete Verteidigungshandlung verursachten Folgen in angemessenem Verhältnis zur Gefährlichkeit des Angriffs stehen mussten. Dabei durfte auch der durch die Notwehrhandlung entstandene Schaden größer sein, als der durch den Angriff drohende Schaden. Auch die Mittel des Angriffs und der Verteidigung mussten nicht gleichrangig sein. In der einschlägigen Literatur findet sich jedoch ein interessanter Hinweis zur Auslegung, nämlich „dass der Grundsatz gelte, dass die Tötung oder die schwere Verletzung des Angreifers nur unter ganz bestimmten Ausnahmeumständen zulässig sei, insbesondere dann, wenn unter anderem schwere

413 Leschkas/Renneberg, S. 402 f.
414 Duft/Heilborn, § 17, Anm. 6.
415 Leschkas/Renneberg, S. 403 f.
416 Duft/Heilborn, § 17, Anm. 7.

Verbrechen gegen die Sicherheit des sozialistischen Staates verübt würden"[417].

Im westdeutschen Recht hingegen fand eine Abwägung der widerstreitenden Güter und Interessen grundsätzlich nicht statt. Hier wurden, wie bereits angesprochen, die von der Erforderlichkeit nicht erfassten Fallgruppen im Rahmen der Gebotenheit behandelt. Schließlich ist auffällig, dass im DDR-Recht wie auch schon im Nationalsozialismus eine Korrektur über die vom Staat vorgegebenen Moralanschauungen stattfand.

ff) Zwischenergebnis

Im Rahmen der vorangegangenen Untersuchung der Entwicklung des Notwehrrechts im Sozialismus der DDR hat sich herauskristallisiert, dass die Norm auch hier zugunsten des Staates weiterentwickelt wurde um dessen Interessen zu wahren. Dies wird schon im Wortlaut deutlich, wo unmissverständlich das Rechtsgut der sozialistischen Staats- und Gesellschaftsordnung explizit als notwehrfähiges Rechtsgut genannt wurde. Indem die Notwehrhandlung als Voraussetzung vorsah, dass sie „im Interesse der sozialistischen Gesellschaft und ihrer Gesetzlichkeit" erfolgen musste, fand eine weitere Einschränkung der Notwehrbefugnisse des Einzelnen bei gleichzeitiger Zunahme der Rechte der Allgemeinheit statt. Zwar greift das sozialistische Notwehrrecht nicht die durch das Reichsgericht seinerzeit im Ansatz entwickelten und beispielsweise in der Bundesrepublik Deutschland fortgeführten Fallgruppen auf, doch auch im sozialistischen Notwehrrecht wurde eine Einschränkung dadurch deutlich, dass z.B. der Gefährlichkeit des Angriffs die Angemessenheit der Abwehrhandlung gegenübergestellt wurde. Damit wurde eine generelle Güterabwägung eingeführt. Weitergehende Befugnisse in Form eines vermeintlich großzügigeren Zugestehens eines Notwehrrechts wurden dem Einzelnen schließlich dort eingeräumt, wo die Verteidigung sozialistischer Werte tangiert war, wie zum Beispiel oben im Rahmen der Untersuchung zur Gegenwärtigkeit des Angriffs festgestellt werden konnte. Durch die Forderung, dass die Ausübung der Notwehr keinen unverhältnismäßig großen Schaden verursachen dürfe entstand auch keine Lücke hinsichtlich der Verteidigung der sozialistischen Staats- und Gesellschaftsordnung, da Angriffe auf diese als erhebliche Gefahren gewertet wurden. Dies wird schon alleine aus dem Strafrahmen der betreffenden Delikte deutlich, die darüber hinaus oftmals auch noch als Unternehmensdelikte ausgestaltet waren. Diese Vorgehensweise wird auch verständlich wenn man sich vor Augen führt, dass zwar insgesamt eine Einschränkung des Notwehrrechts proklamiert wurde, jedoch

[417] Leschkas/Renneberg, S. 403 f.

eine deutliche Ausweitung der Rechte des Einzelnen aber dann vorgenommen wurde, wenn staatliche Interessen betroffen waren, da der Schutz dieser Interessen logischerweise weitergehende Eingriffsbefugnisse erforderte. Insgesamt ist hier bereits festzustellen, dass das Notwehrrecht im Vergleich zur westdeutschen Entwicklung mitunter erhebliche Einschränkungen erfuhr.

b) Anwendung der Notwehr durch die Rechtsprechung

Zu prüfen ist im Folgenden, ob auch im System der DDR die Richterschaft, wie auch so schon für den Nationalsozialismus festgestellt, die Anwendung des Notwehrrechts entsprechend der politischen Vorgaben umgesetzt hat. Daher ist zunächst, wie auch schon bei der Behandlung des Notwehrrechts im Nationalsozialismus, das Bild der Richterschaft näher zu beleuchten um den gesellschaftlichen Kontext besser zu erfassen, bevor dann ein Augenmerk auf einzelne ausgesuchte Urteile mit Bezug zum Notwehrrecht geworfen werden kann.

aa) Das Bild des Strafrichters im Sozialismus

Das Gerichtsverfassungsgesetz der DDR vom 02. Oktober 1952 formulierte in § 2 unter der Überschrift Aufgaben der Rechtsprechung, dass „die Rechtsprechung der Gerichte der Deutschen Demokratischen Republik dem Aufbau des Sozialismus, der Einheit Deutschlands und dem Frieden diene“. Ähnlich äußerte sich die ehemalige Präsidentin des Bundesverfassungsgerichts, Jutta Limbach anlässlich eines Vortrages auf der Tagung des Juristinnenbundes in Lübeck am 25.09.1991 als sie verkündete, „dass auch Richter, Richterinnen und Staatsanwälte sich vorrangig an der oben genannten sozialistischen Gesetzlichkeit zu orientieren hatten, was jedoch in besonderem Maße für die Strafrechtspflege galt“[418]. Es werden durch diese Aussage Parallelen zum Richterbild im System des Nationalsozialismus deutlich. Dies gibt Anlass zunächst im Rahmen der Untersuchung die richterliche Unabhängigkeit genauer unter die Lupe zu nehmen.

Die Rechtsprechung war Teil einer als Einheit begriffenen Staatsgewalt und hatte die Aufgabe mit den anderen Staatsorganen zusammenzuarbeiten und mit diesen zusammen den letztlich von der „Einheitspartei“ vorformulierten Volkswillen aktiv durchzusetzen. Ausdruck dieser Rolle war die Gerichtskritik, die die Gerichte verpflichtete, den Boden der Neutralität zu verlassen und aktiv an der Gestaltung der gesellschaftlichen Verhältnisse mitzuwirken. Dem entsprach auch die Rolle des

[418] Limbach in ZRP 1992, Heft 5 S. 170.

einzelnen Richters. Er war schon von Verfassungswegen nicht persönlich, sondern nur sachlich unabhängig.[419]
Die verfassungsrechtlich gewährleistete Unabhängigkeit der DDR-Richter war Artikel 96 Abs. 1 der DDR-Verfassung zu entnehmen. Hierin hieß es:

> *„Die Richter, Schöffen und Mitglieder der gesellschaftlichen Gerichte sind in ihrer Rechtsprechung unabhängig. Sie sind nur an die Verfassung, die Gesetze und andere Rechtsvorschriften der Deutschen Demokratischen Republik gebunden"*[420].

Auf den ersten Blick schien hiernach die richterliche Unabhängigkeit tatsächlich gewahrt zu sein, doch auch hier wird, wie schon im nationalsozialistischen System, bei näherer Betrachtung deutlich, dass Artikel 96 Abs. 1 der DDR-Verfassung reine Makulatur war, da auch hier eine direkte Einflussnahme des SED-Systems auf die Richterschaft erfolgte[421]. Diese Einflussnahme erfolgte unter Berufung auf § 3 GVG-DDR, wonach die Justiz zur Lösung der Aufgaben der sozialistischen Staatsmacht bei der Gestaltung der entwickelten sozialistischen Gesellschaft beizutragen hatte. Somit musste sie sich auch an den sozialistischen Grundsätzen orientieren. Diese Orientierung erfolgte unter anderem am sog. Grundsatz des demokratischen Zentralismus. Hierunter war das Organisations- und Führungsprinzip zu verstehen, welches einstmals von Lenin für die kommunistische Partei entwickelt wurde und hierdurch zum festen Bestandteil aller sozialistischen Systeme wurde. Aber auch eine direkte Kontrolle durch das Justizministerium in Form von Anleitungen an die Kreis- und Bezirksgerichte gemäß § 21 Abs. 1 GVG-DDR wurde ausgeübt. Ebenso sollten Schreiben und Anweisungen der übergeordneten Gerichte und Einflussnahme des Ministeriums eine systemtreue Rechtsprechung garantieren[422].

Darüber hinaus waren die Richter im sozialistischen System verpflichtet, regelmäßig Bericht über die Erfüllung ihrer Pflichten zur Wahrung und Durchsetzung der sozialistischen Gesetzlichkeit zu erstatten[423]. Eine Parallele zur Beeinflussung der Richterschaft im National-

---

419 Schmidt-Ränsch, DtZ 2/1991, 33, 64.

420 Verfassung der Deutschen Demokratischen Republik vom 6. April 1968 (in der Fassung vom 7. Oktober 1974), http://www.documentarchiv.de/ddr/verfddr.html.

421 So auch in: Wittreck, S. 82.

422 Marxen/Werle, S. 24 f.

423 Marxen/Werle, S. 81.

sozialismus, wie oben bereits ausgearbeitet, wird auch hier deutlich sichtbar.

bb) Staatsanwaltschaften

Auch in der DDR wurden die Staatsanwaltschaften vom System kontrolliert und geleitet, um eine systemkonforme Umsetzung des Rechts zu erreichen. So hatte die Staatsanwaltschaft unter anderem die Aufgabe die Einhaltung der Gesetze zu überwachen. Diese Aufgabe wurde teilweise sogar als wichtige politische Funktion angesehen, denn hierdurch wirkte nach Ansicht der Vertreter des Systems die Staatsanwaltschaft bei der Erziehung der Bürger zum demokratischen Rechtsbewusstsein und zur Staats- und Arbeitsdisziplin mit[424]. Deutlich definiert wurde die Aufgabe der Staatsanwaltschaften im Gesetz über die Staatsanwaltschaft der DDR vom 7. April 1977 aus welchem unmissverständlich hervorgeht, dass sich die staatsanwaltschaftliche Tätigkeit an den Beschlüssen der SED zu orientieren hatte[425]. In § 1 StAG war die Aufgabe der Staatsanwaltschaft im weiteren Sinne legaldefiniert, denn dort hieß es, dass „die Staatsanwaltschaft in Verwirklichung der Beschlüsse der Partei der Arbeiterklasse auf der Grundlage der Verfassung, der Gesetze und anderen Rechtsvorschriften der Deutschen Demokratischen Republik über die strikte Einhaltung der sozialistischen Gesetzlichkeit wache“[426].

cc) Einzelne ausgesuchte Urteile zum Notwehrrecht

Deutlich wird die Anpassung der Notwehr an die Richtlinien des Systems jedoch hauptsächlich durch ihre konkrete Umsetzung, nämlich im Urteil selbst. Das oben gefundene Ergebnis soll, wie bereits angemerkt, im Folgenden anhand einzelner ausgesuchter Urteile untersucht und bestätigt werden. Hierfür wurden vereinzelt Urteile des Obersten Gerichts der DDR[427] daraufhin analysiert, ob sich zu den einzelnen Merkmalen der Notwehr Besonderheiten finden lassen, die auf eine Veränderung aufgrund von gesellschaftlichen und politischen Vorgaben hinweisen. Diese sind im Folgenden, soweit vorhanden, dargestellt.

---

424 Schultz, NJ 1953, S. 673.

425 GBl. DDR 1, S. 93.

426 Vgl. auch Marxen/Werle, S. 595.

427 Das Oberste Gericht der DDR war zuständig für Strafverfahren, die der oberste Staatsanwalt der DDR wegen ihrer besonderen Bedeutung dort anklagte, aber auch für Strafurteile, gegen die Rechtsmittel eingelegt wurden.

(1) Gegenwärtiger Angriff

Bezüglich des Merkmals des gegenwärtigen Angriffs hat das Oberste Gericht der DDR beispielsweise in einer Entscheidung aus dem Jahr 1968 unter anderem ausgeführt, dass ein Angriff dann gegenwärtig und somit auch eine Notwehrlage gegeben sei, wenn ein Verletzter von denjenigen Personen, die ihn kurz vorher grundlos und brutal angegriffen hatten, entdeckt wird, als er sie verfolgt, um ihre Wohnung zu erkunden, und diese Personen sich dann in drohender Haltung nähren, so dass er mit weiteren körperlichen Misshandlungen rechnen muss. Ein erneuter Angriff stünde dann nämlich unmittelbar bevor. Einem Notwehrrecht stünde auch nicht die Tatsache entgegen, dass sich der Handelnde in diesem Fall selbst in diese Lage gebracht hat[428].

Urteile mit weitergehenden Ausführungen, insbesondere zum dem Versuchsbeginn vorgelagerten Stadium sind nicht ersichtlich. Zurückzuführen scheint dies für diesen Fall auf die meist geheim durchgeführten[429] Verhandlungen, bei denen in der Regel zur Fahnenflucht auch der Vorwurf der Spionage erhoben wurde[430], sowie auf die große Zahl der unter Verschluss gehaltenen Urteile[431].

(2) Fälle mit Bezug zur sozialistischen Staats- und Gesellschaftsordnung

Fälle mit ausdrücklichem Bezug zur sozialistischen Staats-und Gesellschaftsordnung sind der Rechtsprechung so gut wie nicht zu entnehmen. Soweit ersichtlich ist ein Fall (wenn auch nur aus der Rechtsprechung der Zivilgerichte) bekannt, in dem es um die Verteidigung der sozialistischen Staats- und Gesellschaftsordnung ging. Dem Fall lag zugrunde, dass der Notwehrübende einen fremden Radioapparat zerstörte, um das Hören von „Hetzprogrammen“ zu verhindern. Obwohl dies sich angeboten hätte, setzte sich das Gericht mit dem Vorliegen von Notwehr nicht auseinander. Das Gericht sah jedoch eine zivilrechtliche Rechtfertigung als gegeben an[432]. Vereinzelt wurde, nach oben z.B. zur Fahnenflucht Gesagtem, auch versucht, die Schüsse an der Mauer auf

---

428 OGNJ 1968/21, S. 665.

429 So z.B. der Fall Baumann, der im Juli 1980 unter Ausschluss der Öffentlichkeit vom Obersten Gericht zum Tode verurteilt wurde.

430 So z.B. im Fall des ehemaligen Hauptmannes Teske, der vom Obersten Gericht ebenfalls unter Ausschluss der Öffentlichkeit im Juni 1981 zum Tode verurteilt wurde (Vgl.: Fricke, Karl Wilhelm, die gnadenlose Verfolgung abtrünniger MfS-Mitarbeiter in: Deutschland Archiv 27, S. 264.).

431 So auch: Renzikowski, ZStW 106, 93, 139.

432 Vgl. Kreisgericht Potsdam-Stadt NJ 1959, 219; siehe auch: Renzikowski, ZStW 106, 93, 139.

Flüchtige als Verteidigung der sozialistischen Staats- und Gesellschaftsordnung zu erklären.

(3) Abwehr in einer der Gefährlichkeit des Angriffs angemessenen Weise

In einer weiteren Entscheidung aus dem Jahre 1969[433] hatte das Oberste Gericht über einen Fall zu entscheiden, in dem der Notwehrübende mit seinem Bierglas auf den Angreifer eingeschlagen und diesen am Kopf getroffen hatte, nachdem dieser sich ihm in drohender Haltung näherte. Hierbei waren dem Angegriffenen die Judokenntnisse des Angreifers bekannt. Das Gericht sah in der Abwehrhandlung jedoch kein angemessenes Mittel mehr und begründete dies damit, dass ein Schlag mit einem solchen Gegenstand auf den Kopf des Angreifers nur dann eine angemessene Verteidigung sein könne, wenn dem Abwehrenden aufgrund der Gefährlichkeit des Angriffs nichts weiter übrig bliebe, um eventuell eigenen schweren Verletzungen zu entgehen.

Diese Auffassung bestätigte das Gericht in einer Entscheidung aus dem Jahre 1971 und führte umgekehrt aus, dass einem Bürger, der von mehreren ihm als Schläger bekannten Personen angegriffen wird und dem mit der Zufügung lebensgefährlicher Verletzungen oder dem Tod gedroht wird, das gezielte Einstechen auf Körperpartien eines der Angreifer als angemessene Verteidigung erlaubt sei[434].

In einer weiteren Entscheidung aus dem Jahre 1973 führte das Gericht aus, dass eine angemessene Verteidigung unter Umständen auch dann angenommen werden könne, wenn das eingesetzte Mittel geeignet sei lebensgefährliche Verletzungen beim Angreifer herbeizuführen[435]. Hierdurch kann oben gefundenes Ergebnis als bestätigt bezeichnet werden, wonach auch die Rechtsprechung den Vorgaben des Systems gefolgt ist. Darüber hinausgehende Feststellungen können nicht getroffen werden.

(4) Zwischenergebnis

Weitestgehend kann festgestellt werden, dass sich in der Rechtsprechung des Obersten Gerichtes eine enge Bindung an die Vorgaben, die durch den Wortlaut gemacht wurden, widerspiegelt, so dass keine über die bereits festgestellten hinausgehenden Besonderheiten auffallen. Urteile in denen entsprechend entschieden oder gar weitergehende Ausführungen

---

433 OGNJ 1969/3, S. 88.

434 OGNJ 1971/16, S. 491.

435 OGNJ 1973/19, S. 579.

gemacht wurden sind offensichtlich nicht vorhanden oder nicht bekannt. Anhand der gefundenen Urteile lässt sich somit das Ergebnis nicht eindeutig bestätigen. Es fällt insgesamt auf, dass nicht nur mäßig Literatur, sondern auch kaum Rechtsprechung vorhanden ist, was insgesamt die Untersuchungen erschwert. Eine der Hauptursachen mag sicher darin zu sehen sein, dass sowohl der wissenschaftliche Meinungsaustausch, als auch die Weiterentwicklung des Strafrechts weitestgehend im Geheimen stattfanden[436].

4. Ergebnis zur Notwehr im Sozialismus der DDR

Im Ergebnis hat sich durch den vorstehenden Untersuchungsabschnitt bestätigt, dass Gesellschaft und Politik maßgeblich Einfluss auf das Notwehrrecht genommen haben. Dies wird zunächst schon sehr deutlich im Wortlaut, der vergleichbar mit dem System des Nationalsozialismus die Einfügung des Terminus der sog. „sozialistischen Staats- und Gesellschaftsordnung“ erfuhr, was dazu führte, dass das Individuum, sofern es zugunsten des Staates handelte größeren Handlungsspielraum zugestanden bekam. Bei der Betrachtung der vergleichsweise herangezogenen Entwicklung in Westdeutschland hingegen ist zu beobachten, dass die Verteidigung von sog. Allgemeininteressen, z.B. an der Aufrechterhaltung der öffentlichen Ordnung, dort ausschließlich den staatlichen Organen anvertraut war und in Ausnahmefällen nur dann ein Notwehrrecht des Einzelnen auslösen konnte, wenn auch dessen Individualrechtsgüter bedroht waren. Diese letztendlich völlig verschiedene Entwicklung erstaunt, wenn man sich bewusst macht, dass der bis dahin auf einem mühevollen Weg entwickelte Ansatzpunkt für beide Länder der Gleiche war.

Ebenfalls auffällig sind im sozialistischen System Begrifflichkeiten, wie zum Beispiel die „Grenzen der sittlichen und moralischen Anschauungen des Volkes“, die zur Abgrenzung herangezogen wurden und die auch schon bei der Prüfung des sog. „gesunden Volksempfindens“ im Nationalsozialismus aufgrund eines hierdurch entstehenden großen Auslegungsspielraums zu einer nahezu uferlosen Ausweitung der Bedingungen bei deren Vorliegen ein Notwehrrecht angenommen werden kann geführt haben.

Somit kann als Zwischenergebnis festgehalten werden, dass die Notwehr in der DDR schrittweise den Anforderungen des Systems

436 Dies stellte bereits Renzikowski schon so fest, wenn er von Mangel an wissenschaftlicher Literatur und spärlichem Nachweis von Rechtsprechung des Obersten Gerichts sprach, der u.a. auf ein bewusstes Zurückhalten zurückzuführen ist - vgl. Renzikowski, ZStW 106, 93, 139.

angepasst wurde, so dass eine Trennung zwischen dem politischen und dem Rechtssystem faktisch nicht vorhanden war. Dies führte letztendlich so weit, dass die Norm hinter jedem entsprechenden politischen Beschluss zurückzutreten hatte.

5. Gesamtergebnis zum Notwehrrecht in totalitären und autoritären Systemen

Es konnte durch die vorgenommene Untersuchung zunächst festgestellt werden, dass die Einflussfaktoren, die bei den einzelnen Merkmalen der Notwehr in den jeweiligen Systemen zu Tage getreten sind, nicht durchweg eindeutig vorhanden waren. Durch die Untersuchung hat sich jedoch im Ergebnis bestätigt, dass sich das Notwehrrecht in totalitären und autoritären Systemen (mit zumindest totalitären Zügen) dahingehend verändert hat, dass der Einzelne sich unter das System und somit unter die Gesamtheit des Systems unterzuordnen hatte. Für das Notwehrrecht bedeutete dies, dass eine Einschränkung zulasten des Einzelnen vorgenommen wurde und eine Auslegung im Sinne des Ganzen erfolgte; genauer gesagt eine Ausweitung der Befugnisse der Allgemeinheit, und damit einhergehend des Staates, bei gleichzeitiger Einschränkung der Befugnisse des Individuums.

Im Vergleich zur Entwicklung in den Phasen, die denen der autoritären und totalitären Systeme vorausging, hat sich in autoritären und totalitären Systemen nicht nur die Berücksichtigung der Interessen des Angegriffenen, sondern vermehrt auch die Berücksichtigung der Interessen des Angreifers durchsetzen können. Die Interessen des Systems an seiner Stärkung und Sicherung waren hiervon nicht völlig losgelöst, sondern zielten in der Regel auf eine Stärkung der Interessen des Angreifers ab, indem sie die des Angegriffenen teilweise erheblich einschränkten. Meist deckten sich diese Interessen auch mit denen der Gesellschaft.

Für autoritäre Systeme kann dies nicht mit Sicherheit bestätigt werden, wie vorstehende Untersuchung zumindest bezüglich des deutschen Kaiserreiches zeigt. Möglicherweise sind jedoch die nicht eindeutigen Faktoren auch der einmaligen Ausgestaltung dieses Staatssystems geschuldet, welches trotz seiner autoritären Ausgestaltung immerhin sehr wirtschaftlich und modern geprägt war. Aber auch die Untersuchungen der Veränderungen im sozialistischen System der DDR lassen keinen anderen Schluss zu. Es kann lediglich eine Veränderung im Sinne des Systems ausgemacht werden. Wie eingangs bei der Untersuchung und Abgrenzung der jeweiligen Staatsformen hervorgehoben, kann bei den Anfängen des neu entstandenen DDR-Staates noch von einer totalitären Staatsform gesprochen werden, die mit den Jahren zunehmend autoritärere Züge annahm. Dies spiegelt sich auch in vorliegendem Untersuchungsergebnis wieder, wonach gravierende Veränderungen zugunsten des Systems sich hauptsächlich in den totalitär geprägten Jahren feststellen lassen, wohingegen eine eindeutige Beeinflussung mit Zunahme autoritärer Züge abnimmt.

E. Die Gegenprobe – die Tendenzen in der Entwicklung des Notwehrrechts nach 1945 bis heute in der Bundesrepublik Deutschland

Bei der bisherigen Untersuchung hat sich herausgestellt, dass sich das Notwehrrecht in den untersuchten Systemen in der beschriebenen Weise durch den Einfluss des jeweiligen Systems verändert hat und dass auch umgekehrt durch diese Veränderungen wiederum das jeweilige System beeinflusst wurde. Hiermit ist jedoch nicht gesagt, dass damit diese Entwicklung samt den daraus gewonnenen Erkenntnissen abschließend als bestätigt gilt. Das zuvor gefundene Ergebnis kann nur absolut zweifelsfrei bestätigt werden, wenn die hier vorzunehmende Gegenprobe eine diametrale Entwicklung aufzeigt.

Gegenstand der folgenden Untersuchung ist deshalb die Frage, ob sich im demokratischen Staat im Gegensatz zu den bereits behandelten autoritären und totalitären Systemen das Notwehrrecht erneut dahingehend verändert hat, dass der einzelne Bürger, der im demokratischen Staat wieder im Mittelpunkt der gesellschaftlichen Anschauung steht, als Individuum wahrgenommen und diesem ein eher uneingeschränktes Notwehrrecht zugestanden wird, oder ob dieses womöglich noch weiter eingeschränkt wird. Stellvertretend hierfür soll eine Untersuchung des Notwehrrechts und seiner Entwicklung nach 1945 in der Bundesrepublik Deutschland erfolgen. Da aus Gründen der Übersichtlichkeit und des besseren Verständnisses ein direkter Vergleich der Entwicklung in der DDR mit der parallelen Entwicklung in der Bundesrepublik im Rahmen der Untersuchung Entwicklung in der DDR bereits stattgefunden hat, soll an dieser Stelle hauptsächlich ein direkter Vergleich der Entwicklung in der Bundesrepublik nach 1945 mit dem vorangegangenen System des Nationalsozialismus erfolgen.

Ausgehend vom Wortlaut ist zunächst zu fragen welche Merkmale der Notwehr konkret von Veränderungen betroffen sind und wie diese sich tatsächlich ausgewirkt haben. Da sich der Wortlaut der Norm jedoch nicht wesentlich verändert hat, sollen entsprechende Veränderungen, wie schon in den vorangegangenen Untersuchungen, anhand der Rechtsprechung und Literatur bei den einzelnen Elementen der Notwehr festgestellt und gegebenenfalls analysiert werden. Vorab soll jedoch ein Blick auf die gesellschaftlichen und politischen Veränderungen nach 1945 geworfen werden um die Interdependenzen zu den sozialen und politischen Aspekten jener Zeit sichtbar zu machen.

I. Gesellschaftliche und politische Veränderungen und deren Einfluss auf das Notwehrrecht

Trotz dass sich der Wortlaut der Norm nicht wesentlich geändert hat, (es bestand ja wie aufgezeigt ein fast unveränderter Übergang von § 41 des Preußischen Strafgesetzbuches in § 53 des Reichsstrafgesetzbuches, der sich wiederum im heutigen § 32 StGB widerspiegelt) kann z.B. bei einem Vergleich der Rechtsprechung des Reichsgerichts mit der des BGH ein wesentlicher Unterschied festgestellt werden. Dies ist selbstverständlich maßgeblich darauf zurückzuführen, dass ein gesellschaftlicher und politischer Wandel in der Gesellschaft vollzogen wurde, der sich natürlich auch im seinerzeit geltenden Recht widergespiegelt hat. Nicht nur politisch gesehen wurde der Übergang von einer Diktatur in eine Demokratie vollzogen, sondern mit dieser Reform wurde gleichzeitig auch die Zurückdrängung des Gedankens vorangetrieben, dass das Individuum sich der Allgemeinheit unterzuordnen habe, mit der Folge, dass das Individuum wieder im Fokus der Betrachtung stand. Am deutlichsten wird dieser Wandel zum Beispiel in der Schaffung des Grundgesetzes im Jahre 1949 und der Europäischen Menschenrechtskonvention im Jahre 1953 durch die sich die Stellung des Individuums im Gesamtbild der Allgemeinheit abermals grundlegend veränderte. Zurückzuführen ist dieser Wandel wiederum nach einhelliger Ansicht hauptsächlich auf das Vordringen des Verhältnismäßigkeitsgedankens, der wie oben ja bereits aufgezeigt, auch schon vom Reichsgericht erkannt und zumindest ansatzweise thematisiert wurde.

Am deutlichsten manifestiert sich diese Entwicklung im Notwehrrecht durch die Schaffung der sozialethischen Einschränkungen. Dass auch in einer Demokratie nicht schrankenlos Notwehr geübt werden kann, versteht sich von selbst. Auch der Gesetzgeber verkannte deshalb seinerzeit die Bedeutung der sozialethischen Einschränkungen nicht, als er im Rahmen der Strafrechtsreform von 1975 das Merkmal der Gebotenheit wieder einführte und dies folgendermaßen begründete[437]:

> *„Nach der Ansicht des Ausschusses bedarf das Notwehrrecht aus sozialethischen Gründen einer Begrenzung, durch die Fälle ausgeschlossen werden, die keine Rechtfertigung verdienen. Das gilt etwa bei einer Verteidigung gegenüber Angriffen von Kindern und Geisteskranken, wo man nach allgemeinen Wertvorstellungen dem Angriff durch*

---

[437] BT-Drucks. V/4095, 14, dagegen noch: E 1962, 156 f., (BT-Drucks. IV/650, 156 f.) wo noch der Gebotenheitsbegriff „durch Notwehr geboten" gestrichen und durch die Formulierung „in Notwehr" ersetzt wurde; vgl. auch Scherenberg, S.75.

Flucht ausweichen kann, ohne sich in seiner Ehre etwas zu vergeben. Ferner ist an Angriffe zu denken, die so geringfügig sind, dass deren Hinnahme zugemutet werden kann. Hinzu kommen die Fälle, in denen der Verteidiger den Angriff selbst provoziert hatte. Durch die Wiedereinführung des Erfordernisses des Gebotenseins soll die Möglichkeit eröffnet werden, in derartigen Fällen die Rechtfertigung zu verneinen".

Wenn man den Wortlaut dieser Begründung betrachtet, wird deutlich, dass hier der Gesetzgeber wohl teilweise auf die von der Strafrechtskommission im Dritten Reich vorgenommene Begründung zurückgegriffen hat. Auf den ersten Blick scheint sich somit die Annahme einer diametralen Entwicklung nicht zu bestätigen, was eine genauere Untersuchung erforderlich macht.

1. Die Entwicklung der Notwehr in der Rechtsprechung

Meist wurden, wie bereits oben erwähnt, die heute unter dem Merkmal der Gebotenheit anerkannten Fallgruppen noch bis nach 1945 im Rahmen der Erforderlichkeit der Verteidigung behandelt[438], weshalb im Rahmen des vorzunehmenden Vergleichs zu differenzieren ist und im Folgenden zunächst die Entwicklung der Erforderlichkeit, sodann die Entstehung der unter dem heutigen Merkmal der Gebotenheit verorteten jeweiligen Fallgruppen näher untersucht werden soll.

a) Erforderlichkeit

Nach heutigem Verständnis muss jede Notwehrhandlung zur Abwehr des Angriffs erforderlich sein. Durch diese Voraussetzung werden zum einen der Angriff und zum anderen die jeweilige Abwehr zueinander ins Verhältnis gesetzt. Durch diese Beziehung wird der für sich genommen gehaltlose Begriff der Erforderlichkeit erst mit Leben gefüllt. Die Erforderlichkeit der Notwehrhandlung liegt nach heutiger allgemeiner Ansicht dann vor, wenn die Verteidigung geeignet und notwendig ist. Erforderlich ist demnach jede Verteidigungshandlung, die zu einer effektiven Verteidigung beiträgt, außerdem eine möglichst sofortige, risikolose Beendigung des Angriffs erwarten lässt und die die endgültige Beseitigung der Gefahr am besten gewährleistet[439].

Verglichen mit der Reichsgerichtsrechtsprechung sollen an dieser Stelle einige exemplarisch ausgewählte Urteile des BGH zur Erforderlichkeit einer Notwehrhandlung behandelt werden um die gegenläufige Entwicklung herauszuarbeiten.

---

438 so u.a. auch: Hinüber, v./Tegtmeyer, S. 50.

439 Leipold/Tsambikakis/Zöller, § 32, Rnrn. 6 ff.

Tendenzen dieser Entwicklung werden zum Beispiel in einem Urteil aus dem Jahre 1965[440] ersichtlich. Hier führte der BGH zur Erforderlichkeit tödlicher Messerstiche auf den Hals des Angreifers aus, dass der Notwehrübende in diesem Fall den Angriff auch in der Weise hätte abwehren können, dass er sich los reißt und seinem Kontrahenten mit dem Messer droht, bzw. ihm allerhöchstens einen leichten Stich versetzen hätte können, da der Angegriffene generell unter mehreren möglichen Arten der Abwehr diejenige wählen muss, die dem Angreifer den geringsten Schaden zufügt. Der Angreifer hatte den später Notwehrübenden an den Armen gepackt, dabei Todesdrohungen ausgesprochen und ihn an den Abhang in Richtung Bahngleise gedrängt, so dass dieser dachte er würde hinunter gestoßen worauf der Notwehrübende schnell mehrere Stiche mit seinem Messer in Richtung des Halses seines Kontrahenten ausführte[441].

Verglichen mit der bereits untersuchten Rechtsprechung des Reichsgerichts in derartigen Fällen ist erkennbar, dass der BGH mittlerweile, zumal sich hier die Parteien angesichts der vorangegangenen Streitigkeiten erneut auf eine Konfrontation einließen, keine generelle Ausweichpflicht mehr verlangte, sondern vielmehr über leichte Abwehrhandlungen nachdachte. Eine tendenzielle Abkehr von der einstmals restriktiven Beurteilung einer Notwehrsituation ist hier also auszumachen.

Deutlich wird diese Entwicklung auch in einem Urteil aus dem Jahr 1970[442] in dem der BGH darüber zu befinden hatte, ob ein alkoholisierter Fahrer ohne Fahrerlaubnis, der von Dritten zum Anhalten dadurch bewegt werden sollte, dass diese sich ihm in den Weg gestellt hatten, zur Notwehr derart berechtigt sei, dass er auf diese zufahren könne, so dass diese auf die Seite gehen müssen.

Der BGH tendierte zwar letztendlich zu einer Versagung des Notwehrrechts, doch stellte er immerhin dem Landgericht anheim, zu prüfen, ob eine Verletzung der Angreifer, die der BGH im Übrigen nicht als gerechtfertigt ansah, erforderlich war, oder ob der Notwehrübende durch seine Handlungen die Grenzen seiner Verteidigung überschritten habe. Auch die weitere Begründung weist noch starke Ähnlichkeiten mit der Reichsgerichtsrechtsprechung auf, auf die sogar noch Bezug genommen wurde. So heißt es dort zum Beispiel:

> *„Es liegt nahe, dass ihm ein Ausweichen vor dem Angriff zuzumuten war, ohne dass er seiner Ehre etwas vergab oder sonst in seinen Belangen verletzt wurde (vgl. BGHSt 5, 245, 248), zumal da er ohne Fahrerlaubnis fuhr, seinen Wagen also überhaupt nicht benutzen durfte. Im Übrigen hätte er auch durch ganz vorsichtiges, eine Körperverlet-*

---

440 BGH, Urteil v. 26.01.1965 – BGH 1 StR 548/64, BeckRS 1965, 00131.

441 BGH, Urteil v. 26.01.1965 – BGH 1 StR 548/64, BeckRS 1965, 00131.

442 BGH VRS 40, 104, 105.

zung und Gefährdung der Zeugen ausschließendes Fahren sein Ziel erreichen und die Fahrt fortsetzen können."[443]

Wenn auch die Begründung vom Wortlaut her noch starke Tendenzen zu den vormals vom Reichsgericht verwendeten Floskeln aufweist, ist hier schon eine Entwicklung hin zu weniger restriktiveren Ansichten ersichtlich. Während noch in den vorstehend untersuchten Urteilen des Reichsgerichts bisweilen sogar eine generelle Ausweichpflicht gefordert wurde[444], wurde hier ein Zufahren auf die „Angreifer" nicht generell verneint.

Einer weiteren Entscheidung aus dem Jahre 1980[445] ist zu entnehmen, dass der BGH, wo er noch vormals eine zeitliche Zäsur gar nicht vorgenommen hatte, nunmehr eine schuldhafte Herbeiführung der Notwehrlage aufgrund der großen Zeitspanne verneinte. Darüber hinaus führte der BGH dazu aus, „dass der Rahmen der erforderlichen Verteidigung durch die gesamten Umstände bestimmt wird, unter welchen Angriff und Abwehr sich abspielen, insbesondere durch Stärke und Gefährlichkeit des Angreifers und durch die Verteidigungsmöglichkeiten des Angegriffenen"[446]. Ein weiterer fundamentaler Unterschied zu den vormals ergangenen Entscheidungen des Reichsgerichts liegt darin, dass die konkrete Kampfeslage nunmehr nicht nur einseitig, meist unter Berücksichtigung der Belange und Interessen des Angreifers gesehen wurde, sondern dass die gesamten Umstände dieser Situation stärker in den Fokus der Betrachtung rückten.

Diese Rechtsprechung wurde konsequent in den Folgejahren fortgeführt. Einer Entscheidung aus dem Jahre 1986[447] ist zu entnehmen, dass die Vorinstanz ein Notwehrrecht mangels Erforderlichkeit verneinte[448], der BGH hingegen sah den tödlichen Schusswaffeneinsatz als erforderlich an. Zur Begründung führte er u.a. aus, dass die erforderliche Verteidigung insbesondere durch Stärke und Gefährlichkeit des Angreifers und durch die Verteidigungsmöglichkeiten des Angegriffenen bestimmt werden, wobei der Angegriffene grundsätzlich das Abwehrmittel wählen dürfe, welches für ihn erreichbar sei und welches eine sofortige und endgültige Beseitigung der Gefahr erwarten ließe. Bei einem lebensgefährlichen Einsatz der Waffe sei die Grenze da gesetzt, wo noch andere Mittel möglich sind, da deren Einsatz nur das letzte Mittel der Verteidigung sein könne. Ein grundsätzliches Verbot eines solchen Waffeneinsatzes sei jedoch nicht von vornherein gegeben. Vorrangig seien, soweit möglich, die Androhung des Schusswaffeneinsatzes, sowie die Abgabe von entsprechenden Warnschüs-

443 BGH, VRS 40, 104 (105).
444 Vgl. u.a. RGSt 71, 133 (135).
445 BGH NStZ 1981, 138.
446 BGH NStZ 1981, 138.
447 BGH NStZ 1987, 172.
448 BGH NStZ 1987, 172.

sen, dann erst Schüsse in Arme und Beine um den Angreifer kampfunfähig zu machen[449].

Verglichen mit der zuvor untersuchten Rechtsprechung des Reichsgerichts, die in solchen Fällen eine generelle Ausweichpflicht proklamierte, wenn diese möglich wäre, „ohne sich etwas zu vergeben, besonders dann, wenn sie nur so möglich sei, dass dadurch ein Mensch getötet wird, zumal es zwischen schimpflicher Flucht und gewaltsame Abwehr auch noch andere Wege gebe, um dem Angriff zu entgehen“,[450] ist hier eine deutliche Spezifizierung der Handlungsweisen, verbunden mit einer daraus resultierenden Ausweitung der Befugnisse des Notwehrübenden erkennbar.

In einer Entscheidung aus dem Jahre 1990[451], in der unter anderem auch die Erforderlichkeit der Verteidigung zu beurteilen war bezog sich der BGH erneut auf den von ihm entwickelten Grundsatz, „dass sich die Notwendigkeit einer bestimmten Art der Verteidigung nach der jeweiligen “Kampfeslage” und den Verteidigungsmöglichkeiten des Angegriffenen richten muss“. Im konkreten Fall in dem einer der Beteiligten an einer wechselseitigen Schlägerei plötzlich sein Messer gezogen und auf seinen Gegner eingestochen hatte, entschied der BGH, „dass gegen einen mit Fäusten kämpfenden Gegner der Einsatz eines lebensgefährlichen Werkzeugs, wie im konkreten Fall das Messer, nur in Ausnahmefällen in Betracht kommen kann[452]. In einem solchen Fall, so der BGH, könne der Einsatz eines Messers nur das letzte Mittel zur Verteidigung sein.

Während noch im oben behandelten Fall aus dem Jahre 1965, in dem ebenfalls eine solche Rangelei zu beurteilen war, allerhöchstens ein leichter Stich als gerechtfertigt angesehen wurde, schließt der BGH nunmehr den tödlichen Einsatz eines Messers nicht mehr gänzlich aus.

Diese Rechtsprechung wurde in den Folgejahren fortgeführt, so dass sich auch in neueren Entscheidungen die Annahme dieser Tendenz widerspiegelt und bestätigt. Einer weiteren Entscheidung aus dem Jahre 1995[453] ist zu entnehmen, dass die Streitparteien jedenfalls zunächst ohne den Einsatz irgendwelcher Waffen miteinander gerauft hatten, wobei der spätere Angeklagte im Verlauf der Auseinandersetzung an den Haaren gezogen und dabei mit Tritten und Stößen gegen den Körper versehen wurde, so dass dieser sein mitgeführtes Springmesser zog und zunächst seinem Gegner drohte, als dieser jedoch nicht von ihm abließ mehrfach auf diesen einstach und diesen dabei schwer verletzte. Während das Landgericht noch eine Rechtfertigung durch Notwehr ablehnte, da seiner Ansicht nach der Angeklagte „im Rahmen der Abwehr über die erforderlichen, der Kampflage entsprechenden angemessenen Mittel hinausgegangen sei“, kam

---

449 BGH NStZ 1987, 172

450 Vgl. u.a. RGSt 71, 133 (135).

451 BGH NStZ 1990, 435.

452 BGH NStZ 1990, 435.

453 BGH NStZ 1996, 29, 30.

der BGH, wenn er auch keine abschließende Entscheidung treffen konnte zu dem Ergebnis, dass die Entscheidung des Landgerichts rechtlichen Bedenken begegne, da die Erforderlichkeit der Verteidigungshandlung im Wesentlichen von der Art und dem Maß des Angriffs abhänge, wobei sich nach gefestigter Rechtsprechung der Angegriffene grundsätzlich auch lebensgefährlicher Abwehrmittel bedienen dürfe. Zwar könne dies nur in Ausnahmefällen in Betracht kommen, doch sei der Angegriffene keinesfalls darauf angewiesen, weniger gefährliche Verteidigungsmittel zu wählen, wenn deren Wirkung für die Abwehr fraglich ist. Auf einen Kampf mit ungewissem Ausgang brauche er sich jedenfalls nicht einzulassen. Interessant ist jedoch in diesem Zusammenhang, dass der BGH in den Urteilsgründen ausführte, dass entgegen der Ausführungen des Landgerichts, die Rechtfertigung durch Notwehr nicht davon abhängen könne, ob es sich um einen Kampf auf Leben und Tod gehandelt habe, denn das Notwehrrecht setze ein angemessenes Verhältnis zwischen angegriffenem und durch die Verteidigung bedrohtem Rechtsgut gerade nicht voraus. Im konkreten Fall sah der BGH erstaunlicherweise kein milderes Mittel als den vom Angeklagten gewählten Messereinsatz für erforderlich an. Die Überlegung des Landgerichts dahingehend, dass der Angeklagte sich „mit einfacher körperlicher Kraft aus den Händen des Zeugen befreien hätte können" verneinte der BGH mit dem Argument, dass die erforderliche Abwehr „für den Angeklagten am ehesten durch den Einsatz seines Messers zu erreichen war". Auch die vorherige Androhung der Waffe war gegeben[454].

Es wird deutlich sichtbar, dass zwischenzeitlich die vorstehend erörterte Entwicklung dahin geführt hat, das mittlerweile in der gleichen Kampfessituation wie noch zuvor ein Umbruch in der Bewertung der Handlungsweisen vorgenommen wurde, so dass dem Notwehrübenden wieder ein schärferes Notwehrrecht zugestanden wurde. Im Vergleich zu den zuvor erörternden Entscheidungen, in denen ebenfalls zwei Kontrahenten zunächst ohne Waffen miteinander in Streit geraten waren und einer von ihnen dann im Verlauf der Auseinandersetzung eine tödliche Waffe eingesetzt hat, wurde zwischenzeitlich die noch zuvor geforderte Möglichkeit der Verletzung von Armen und Beinen nun mit dem Argument, dass die nicht gezielten Stiche des Angeklagten von diesem für erforderlich gehalten wurden nicht mehr als ausreichende Abwehr im Sinne der Erforderlichkeit angesehen. Es liegt also auf der Hand, dass, wo noch zuvor in der gleichen Situation zunächst ausschließlich Stiche oder Schüsse in Arme und Beine um den Angreifer zu verletzen und kampfunfähig zu machen gefordert, dann erst vereinzelt tödliche Abwehrmittel als zulässig angesehen wurden, nunmehr auch tödliche Verletzungen (der Angeklagte führte immerhin auch einen Stich in den Brustkorb seines Gegners) unmittelbar nach deren Ankündigung in der jeweils konkreten Kampfsituation als noch erforderlich und somit gerechtfertigt angesehen wurden.

---

454 BGH NStZ 1996, 29, 30.

Hinsichtlich der Entwicklung der Erforderlichkeit ist auch eine Entscheidung des BGH[455] neueren Datums auffällig, die hier nicht unerwähnt bleiben soll. Dem Urteil ist zu entnehmen, dass der Angeklagte letztlich vom BGH wegen des Vorliegens eines Erlaubnistatbestandsirrtums (sog. Putativnotwehr) freigesprochen wurde. Der Angeklagte war führendes Mitglied der „Hells Angels“ und hatte kurze Zeit vor der späteren Tat erfahren, dass von einem verfeindeten Rocker-Club ein tödlicher Anschlag auf sein Leben geplant war. Zum Tatzeitpunkt versuchten sich Polizeibeamte im Rahmen einer vom zuständigen Amtsgericht angeordneten Durchsuchung Zutritt zu seinem Haus zu verschaffen. Der Angeklagte vermutete, dass es sich hierbei um den geplanten Anschlag auf sein Leben handele und schoss, da sich die Polizeibeamten nicht zu erkennen gaben, durch die Türe, so dass einer der Beamten tödlich verletzt wurde.

Das Landgericht Koblenz hatte zunächst den Angeklagten wegen Totschlags zu einer Freiheitsstrafe von acht Jahren und sechs Monaten verurteilt. Das Gericht sah es als erwiesen an, dass eine irrtümliche Annahme einer Notwehrlage nicht gegeben war und der Angeklagte vor dem Einsatz einer tödlichen Schusswaffe zunächst einen Warnschuss hätte abgeben müssen[456].

Der BGH hingegen bejahte erstaunlicherweise schließlich das Vorliegen eines Irrtums über die tatsächlichen Voraussetzungen eines Rechtfertigungsgrundes und stellte fest, dass die vom Angeklagten vermuteten Umstände im Falle ihres tatsächlichen Vorliegens die Erforderlichkeit der Verteidigungshandlung begründet hätten. Den Urteilsgründen ist zu entnehmen, dass der BGH verschiedene Möglichkeiten im Rahmen der Erforderlichkeit in Betracht gezogen, diese aber letztendlich als ungeeignet eingestuft hat. So wurden unter anderem die Möglichkeiten des Herbeiholens staatlicher Hilfe aber auch die Abgabe eines Warnschusses als zwar weniger einschneidend aber unsicheres Abwehrmittel gesehen, auf welches sich der Angegriffene deshalb nicht verweisen lassen müsse.

Im Ergebnis ist deshalb auch in dieser Entscheidung (wenn man einen Vergleich zur Argumentation in vorangegangenen Entscheidungen anstellt) eine erneute Ausweitung der Rechte des Notwehrübenden zu sehen, da dieser zunächst andere, nämlich mildere aber genauso wirksame Maßnahmen hätte ergreifen können. Es wäre hier nämlich durchaus zu berücksichtigen gewesen, dass dem Notwehrübenden, der mit einem solchen Angriff gerechnet hatte, im Vorfeld andere Mittel zur Verfügung gestanden hätten, wie zum Beispiel das Beantragen von Personenschutz oder im konkreten Moment das sich vorher Versichern, ob es sich wirklich um den erwarteten Angreifer handle. Zumindest wären diese und weitere Aspekte im Rahmen der Erforderlichkeit erörterungswürdig gewesen. In diesem Zusammenhang wäre es gerade bei einer solch unklaren Situation

455 BGH NStZ 2012, 272, 276.

456 LG Koblenz – Urteil vom 28. Feb. 2011, zit. in: BGH NStZ 2012, 272, 276.

auch gut vertretbar gewesen, dass der Notwehrübende den Waffeneinsatz vorher ankündigt, da der scheinbare Angreifer sich ja gerade den Überraschungseffekt zu eigenen machen möchte, der dann nicht mehr vorhanden gewesen wäre. Ein gezielter Schuss aus einer sicheren Deckung heraus wäre dann noch immer möglich gewesen, ohne dass die Abwehr dadurch beeinträchtigt gewesen wäre. Auch das Herbeirufen staatlicher Hilfe wäre hier ohne weiteres möglich und zumutbar gewesen (ein gezielter Schuss wäre als letztes Mittel auch dann noch möglich gewesen, wenn staatliche Hilfe tatsächlich nicht rechtzeitig eingetroffen wäre), so dass die Schüsse in diesem Fall mit gutem Grund ebenso auch nicht unbedingt als verhältnismäßig hätten gewertet werden können. Schließlich vertrat der BGH auch in bisherigen Fällen die Ansicht, dass eine tödliche Abwehr „als letztes Mittel" zur Abwehr grundsätzlich zulässig sei, dass aber eine abgestufte Verteidigung unbedingt einzuhalten sei[457].

In einem weiteren Urteil aus dem Jahre 2012 hatte der BGH abermals über die Erforderlichkeit des Einsatzes tödlicher Verteidigungsmittel zu befinden. Zuletzt soll an dieser Stelle deshalb noch ein Urteil[458] Erwähnung finden, in dem nochmals eine Festigung dieser Tendenz gesehen werden kann. Diesem Fall lag zugrunde, dass die späteren Kontrahenten sich zunächst verbal, dann körperlich attackierten. Im Verlauf der Auseinandersetzung zog der später Angeklagte ein Klappmesser und stach auf den Kontrahenten, der zum Angriff übergehen wollte und zum Schlag ausholte, ein, so dass dieser noch einen weiteren Schlag ausführte, kurz danach zusammenbrach und verstarb.

Das Landgericht war der Ansicht, dass ein Recht zur Notwehr nicht gegeben war, weil in der konkreten Verteidigungssituation andere Verteidigungsmöglichkeiten zur Verfügung gestanden hätten, so dass der tödliche Messerstich nicht erforderlich gewesen sei. Insbesondere habe hier der notwehrübende Angeklagte „während des Wortwechsels und der Verlagerung des Geschehens bis zum Tatort genügend Zeit gehabt, um den Einsatz des mitgeführten Messers anzudrohen. In der konkreten Verteidigungssituation wäre es ihm möglich gewesen das Messer als Schlagwerkzeug zu benutzen oder sogar seine Hände einzusetzen. Dabei hätte er nach Ansicht des Gerichts auch aufgrund seiner Körpergröße im Vergleich zu der seines Kontrahenten gute Erfolgsaussichten gehabt. Weiter stellte das Gericht die Überlegung an, dass er nicht mit einer derartigen Wucht auf eine so sensible Körperregion einstechen hätte dürfen"[459].

Hier wird deutlich, dass das Landgericht die vom BGH entwickelten Grundsätze, insbesondere zum Einsatz tödlicher Verteidigungsmittel zugrunde gelegt hat. Erstaunlicherweise griff der BGH genau diesen Punkt

457 Z.B. BGHSt 5, 245 (248 f.), in der Argumentation noch angelehnt an RGSt 71, 133; BGH NStZ 2001, 530.

458 BGH NStZ-RR 2013, 139, 141.

459 BGH NStZ-RR 2013, 139 (140).

auf und sah trotzdem und entgegen der Ansicht des Landgerichts ein Notwehrrecht gegeben. Zur Begründung hieß es, dass im Zeitpunkt der Ausübung der Notwehr für eine Ankündigung des Messereinsatzes keine Zeit mehr gewesen sei; für die Möglichkeit, die Schläge des Angreifers mit bloßen Fäusten abzuwehren, ohne dabei ein unvertretbar hohes Fehlschlagsrisiko oder eine Eigengefährdung in Kauf nehmen zu müssen, fehlte es hingegen nach Auffassung des BGH an einer tragfähigen Grundlage. Auch zu den Ausführungen des Landgerichts hinsichtlich der Körpergröße und des Einsatzes des Messers als Schlagwerkzeug stellte der BGH Überlegungen an, sah jedoch im Unterschied zum Landgericht weder eine Verteidigung mit bloßen Fäusten, noch den Einsatz des Messers als Schlagwerkzeug als erfolgversprechend an[460].

Im Vergleich zur vorstehend erörterten Rechtsprechung des BGH in vergleichbaren Fällen, wie zum Beispiel die zuvor analysierten Entscheidungen aus dem Jahre 1965 und 1990, wird die Entwicklung abermals deutlich. Bei Bewertung der jeweils vergleichbaren Situationen wurde nunmehr, wo noch zuvor ein tödlicher Waffeneinsatz äußerst restriktiv bewertet wurde, unter Abwägung aller Umstände des Einzelfalls eine Ausweitung der Notwehrbefugnisse vorgenommen. Wo noch zuvor ein Messereinsatz nur dann als gerechtfertigt angesehen wurde wenn der Angreifer durch Stiche in Beine und weniger wichtige Körperteile abgewehrt wurde wurden nunmehr aufwändige Überlegungen angestellt, die einen sofortigen tödlichen Stich - wenn auch als Ausnahmefall - rechtfertigen.

b) Zusammenfassung und Ergebnis der Untersuchung der Erforderlichkeit

Gerade wenn man diese Entscheidungen des BGH mit den vom Reichsgericht während der Zeit des Nationalsozialismus entwickelten Grundsätzen zum Einsatz tödlicher Verteidigungsmittel vergleicht - wo noch durchgängig gefordert wurde, „dass in den Fällen, in denen der Angegriffene dem Angriff auf andere Art und Weise als durch gewaltsame Abwehr entgehen kann, ohne sich etwas zu vergeben, gerade die tödliche Abwehr nicht geübt werden könne, und somit dem Angriff ausgewichen werden müsse, da ansonsten die Grenzen des zur Verteidigung Erforderlichen überschritten seien“ - kann nach den vorstehend erörterten und vom BGH im Rahmen der Erforderlichkeit diskutierten Abwehrmöglichkeiten von Tendenzen einer gegenläufigen Entwicklung gesprochen werden. Es wird auch hier deutlich, dass hinsichtlich der Anforderungen an die Erforderlichkeit der Notwehr schrittweise wieder weniger restriktive Maßstäbe angelegt wurden. Auch hier ist eine schrittweise Entwicklung zu verzeichnen, die wieder tendenziell in Richtung Ausweitung der Notwehrbefugnisse des Einzelnen geht und gleichzeitig die Interessen des Angreifers zurückstellt.

460 BGH NStZ-RR 2013, 139 (140).

c) Sozialethische Einschränkungen

aa) Die dogmatische Herleitung der sozialethischen Einschränkungen

Vorab ist zu untersuchen was unter dem Begriff der Sozialethik genau zu verstehen ist. Einigkeit besteht dahingehend, dass durch diese Einschränkungen das an sich schneidige Notwehrrecht sozialverträglich gemacht werden soll, das heißt sozialethisch sind solche Einschränkungen, die vom Notwehrübenden in bestimmten Situationen eine soziale Rücksichtnahme bzw. Mindestsolidarität mit dem Angreifer verlangen[461]. Unter sozialethisch kann man demnach alle Grundgebote der elementaren Sittlichkeit zusammenfassen, die auf das Gemeinwohl abzielen und jedem Mitglied dieser Gemeinschaft verbindlich im Hinblick auf seine Mitmenschen auferlegt sind. Es ist aus diesem Grund stets der Fall von der Warte her zu betrachten, ob und inwieweit die konkrete Notwehrhandlung eine im Interesse eben dieser Gemeinschaft liegende Handlung darstellt[462].

Durch die Koppelung an die soziale Entwicklung durch die Definition sozialverträglich wird schon hier deutlich, dass ein autarkes bzw. von der jeweiligen sozialen Entwicklungskomponente losgelöstes Notwehrrecht nicht existiert. Solche Forderungen nach Mindestsolidarität sind dem Gesetzgeber aber auch an anderen Stellen nicht unbekannt, wenn man nur einmal an die Normierung zur unterlassenen Hilfeleistung etc. denkt.

bb) Die Entwicklung der einzelnen Fallgruppen

Der Weg hin zu den sozialethisch begründeten Einschränkungen war, wie bereits bei den Ausführungen hinsichtlich der „sozialethischen Einschränkungen" im Nationalsozialismus deutlich wird, geprägt von verschiedenen Entwicklungsphasen. Einhergehend mit der gesellschaftspolitischen Entwicklung wurde auch in der Rechtsprechung - wie schon dargestellt - stets versucht, das Notwehrrecht dieser immer neuen Entwicklung anzupassen. Bereits das Reichsgericht bemühte sich darum entsprechende Einschränkungen im Notwehrrecht vorzunehmen, indem es dessen Anwendung immer wieder von neuem den jeweils vorherrschenden, seinerzeit gegenwärtigen Wertvorstellungen und gesellschaftspolitischen Entwicklungen anpasste. Auch für die hierfür verwendeten Begrifflichkeiten gilt oben Gesagtes, nämlich dass diese nicht immer klar einzuordnen waren und erst recht nicht auf das Verständnis von sozialethischen Einschränkungen der heutigen Zeit übertragbar sind.

Es haben sich heute weitgehend folgende Fallgruppen herausgebildet, die teilweise kontrovers diskutiert wurden:

---

461 Kratzsch, JuS 1975, 440.

462 So auch: Scherenberg v., S. 49 f.

1. Notwehr bei krassem Missverhältnis bzw. unerheblichem Angriff

2. Notwehr bei schuldunfähigen, irrendem oder vermindert schuldfähigem Angreifer

3. Notwehr im Rahmen von engen persönlichen Beziehungen

4. Notwehr bei Angriffsprovokation

(1) Notwehr bei krassem Missverhältnis zwischen angegriffenem und verteidigtem Rechtsgut

Wie bereits angesprochen, muss grundsätzlich das Recht dem Unrecht nicht weichen, so dass zwischen dem angegriffenen und dem durch die Verteidigung betroffenen Rechtsgut (auch dem Wortlaut nach) eine Güterproportionalität nur insoweit stattfindet, als dass die Abwehr zur Verteidigung erforderlich sein muss. Wie dargestellt, vertrat das Reichsgericht noch die Auffassung, dass eine Abwehr dann nicht zulässig sei, wenn in ihr ein grobes Missverhältnis zwischen angegriffenem und verletztem Rechtsgut gesehen werden kann.

Nach dem Zweiten Weltkrieg knüpfte zunächst die obergerichtliche Rechtsprechung an die Judikatur des Reichsgerichts an, indem das „gesunde Volksempfinden" durch das „gesunde Rechtsgefühl" ersetzt wurde. Auch wurde der Gedanke des Rechtsmissbrauchs übernommen und fortgeführt. Ebenso wurde vereinzelt von den Oberlandesgerichten zunächst die seinerzeit vom Reichsgericht entwickelte Ansicht weiter vertreten, dass eine generelle Pflicht zum Ausweichen bestünde, auch wenn der Angriff rechtswidrig erfolge, solange man dabei seiner Ehre nichts vergebe[463].

Als eines der ersten Gerichte hatte das OLG Braunschweig 1947 entschieden, dass es dem gesunden Rechtsgefühl widerspräche, wenn ein Menschenleben zum Erhalt von Sachgütern vernichtet werde[464]. In diesem Fall hatte der seinerzeit Angeklagte, festgestellt, dass sich wiederholt zu nächtlicher Zeit Diebstähle in seinem Garten ereigneten, und installierte zum Schutz eines am Zaun stehenden Pfirsichbaumes einen tödlich wirkenden Elektrodraht. Ein junges Mädchen, welches vermutlich einige der Pfirsiche entwenden wollte, berührte die Drähte und erhielt einen tödlichen Stromschlag[465].

Auch das OLG Stuttgart hatte in einer Entscheidung aus dem Jahre 1949 (sog. Girup-Fall) über das Vorhandensein von Notwehr bei Vorliegen eines krassen Missverhältnisses zwischen Angriff und dessen Abwehr

[463] So u.a. OLG Celle, Urteil vom 04.12.1946, S. 55, wo in den Gründen auf die Entscheidung RG 71, 134 verwiesen wurde, in Auszügen abgedruckt in: Schmidt, Eberhard, Leitsätze zum Thema Notwehr.

[464] OLG Braunschweig MDR 1947, 205.

[465] OLG Braunschweig MDR 1947, 205.

zu entscheiden und sah es als anerkannt an, dass die Vernichtung eines Menschenlebens zur Rückerlangung einer geringwertigen Sache bei verständiger Auslegung keine durch Notwehr gebotene Handlung darstellen könne[466]. Das Gericht begründete seine Ansicht damit, dass eine gebotene Handlung schon deswegen ausscheiden müsse, weil der Schuss durch den Angeklagten auf einen mit einer Sirupflasche für zehn Reichspfennig fliehenden Dieb dem „gesunden Rechtsgefühl" schon deshalb widerspreche, weil bei Bejahung der Notwehr in einem solchen Fall die Tötung eines Hundes, der mit einem wertlosen Stück Fleisch davonlaufe, verboten, hingegen aber die eines Menschen, der eine wertlose Sache wegnehme und nicht anders abgewendet werden könne erlaubt sei.

Bestätigt wurde diese Ansicht durch einen weiteren Fall aus dem Jahre 1954. Hier befand das Bayerische Oberste Landesgericht in einem Fall in dem die Angeklagte das Pfandrecht an einem in ihren Garten eingedrungenen Huhn erworben hatte und, da dessen unrechtmäßige Wegnahme durch die Polizei drohte, dem betreffenden Polizisten mit der stumpfen Seite ihrer Axt auf den Hinterkopf schlug, dass sich die Erforderlichkeit zwar allein nach der Hartnäckigkeit und Stärke des Angriffs und nicht nach der Verhältnismäßigkeit der betroffenen Güter richte, jedoch auch der das Notwehrrecht beherrschende Grundsatz, dass das Recht dem Unrecht nicht zu weichen brauche, seine Grenze im allgemein gültigen Gedanken des Rechtsmissbrauchs finde[467]. Im Wesentlichen hat das Gericht hier bei näherer Betrachtung anscheinend die Argumentation des OLG Stuttgart übernommen, indem es in den Gründen dazu ausführte, dass die Anwendbarkeit der Rechtsmissbrauchslehre, die dem Recht durch die Gebote von Treu und Glauben und der guten Sitten Schranken setze nicht nur im Zivilrecht gelte, sondern auch auf das Strafrecht anzuwenden sei. Deshalb sei auch die Abwehr eines gegenwärtigen rechtswidrigen Angriffs missbräuchlich, wenn sie „nach dem an den Geboten der guten Sitten und von Treu und Glauben auszurichtenden Rechtsempfinden ein unerträgliches Missverhältnis zwischen dem Wert und der Gefährdung des zu schützenden und dem Wert und der Schädigung des durch die Abwehr zu verletzenden Rechtsgutes bestehe"[468].

Der 1950 gegründete BGH übernahm in diversen Entscheidungen[469] ebenfalls die Terminologie des Rechtsgedankens, dass der der Missbrauch eines Rechts keinen Rechtsschutz beanspruche, so auch 1965, als er mit dem Gedanken des Rechtsmissbrauchs argumentierte[470]. Dem Fall lag zugrunde, dass nachdem einer der Streitparteien dem anderen während

---

466 OLG Stuttgart DRZ 1949, S. 42 und MDR 54, 564 f.

467 BayObLG, NJW 1954, S. 1377, (1378).

468 BayObLG, NJW 1954, S. 1377, (1378) mit Verweis auf OLG Stuttgart DRZ 1949, S. 42.

469 So z.B: BGHSt 3, 217, 218; BGHSt 24, 356; BGH NJW 1962, S. 308; BGH GA 1968, S. 183; BGH NJW 1983, S. 2267.

470 BGH MDR 1956, S. 372.

eines Wortwechsels ohne Angriffsabsicht die Hand auflegte, dieser ihm unvermittelt mit der Faust ins Gesicht schlug, so dass seine Brille zerbrach mit der Folge, dass ein Splitter in das Auge eindrang. Der BGH argumentierte, dass zwar im Rahmen der Ausübung der Notwehr die Güterproportionalität unbeachtlich sei, jedoch die Ausübung von Notwehr dort ihre Grenze finde, wo sie überzogen, maßlos und deshalb mit dem Rechtsempfinden nicht vereinbar sei. Der BGH argumentierte, dass zwar „die Rechtmäßigkeit der Notwehrhandlung nicht grundsätzlich davon abhängig sei, dass der Schaden, den der Täter anrichte, in einem angemessenen Verhältnis zu der ihm drohenden Gefahr stehe, eine Güterproportionalität also grundsätzlich nicht beachtet werden müsse, es gelte aber auch für § 53 StGB der allgemeine Rechtsgrundsatz, der jeden Missbrauch eines Rechtes untersagt. Der Täter könne sich deshalb dann nicht auf Notwehr berufen, wenn sein Verhalten völlig maßlos und deshalb mit dem Rechtsempfinden unvereinbar sei“[471].

Eine Abkehr von der Begründung vom Rechtsmissbrauch, stattdessen ein Abstellen auf die Gebotenheit, schien der BGH schließlich im Jahre 1974 vorzunehmen[472]. Dem Fall lag zugrunde, dass der Führer eines Kraftfahrzeugs den vermeintlichen Angreifer, der auf der Motorhaube lag und sich an den Scheibenwischern festhielt dadurch abschütteln wollte, dass er mit einer Geschwindigkeit von ca. 120-130 km/h fuhr. Der BGH argumentierte in diesem Fall, dass die vom betreffenden Fahrzeugführer ergriffene Maßnahme „außer Verhältnis zur abzuwehrenden Rechtsgutsbeeinträchtigung stehe und das Maß des durch Notwehr Gebotenen bei weitem überschreite“[473].

Eine klare Tendenz in die entgegengesetzte Richtung ist einem BGH-Urteil aus dem Jahre 2003 zu entnehmen[474]. Hier hat der später Getötete zunächst seinem Kontrahenten mit einer Anzeige bei der Polizei gedroht, weil dieser mit gebrannten CD`s gehandelt habe, wenn dieser ihm nicht das geforderte Schweigegeld in Höhe von 5.000 DM zahle. Daraufhin trat in einem unbeobachteten Moment der Erpresste hinterer das spätere Opfer und durchtrennte diesem mit einem gezielten Schnitt die Kehle, so dass dieses starb.

Das LG hatte zuvor das Vorliegen von Notwehr verneint, da die Tötung völlig unverhältnismäßig gewesen sei. Der BGH stimmte dem jedoch nicht zu und führte dazu aus, dass eine Abwägung der betroffenen Rechtsgüter bei der Notwehr grundsätzlich nicht stattfinde. Ein Fall des Missbrauchs des Notwehrrechts wegen des geringen Gewichts des angegriffenen Rechtsguts stand hier nicht in Rede. Bei der Erpressung von 5.000 DM bleibe es bei dem Grundsatz, dass das Recht dem Unrecht nicht zu

---

471 BGH NJW 1956, 920.

472 BGHSt 26, 51 (52).

473 BGHSt 26, 51 (52).

474 BGH NJW 2003, 1955, 1959; NStZ 2003, 425, 427.

weichen brauche. Der Gedanke, dass die Möglichkeit bestehe, dass im Ergebnis auch mildere, genauso Erfolg versprechende Mittel, wie zum Beispiel das Anrufen staatlicher Hilfe, anwendbar gewesen wären konnte sich nicht durchsetzen. Das Gericht bemerkte hierzu, dass es die Auffassung des Landgerichts, die Tötung des Angreifers sei „völlig unverhältnismäßig" gewesen, nicht zu teilen vermag, „da ein Fall des Missbrauchs des Notwehrrechts wegen des geringen Gewichts des angegriffenen Rechtsguts hier nicht in Rede gestanden habe, sondern die Erpressung eines Bargeldbetrages in Höhe von 5.000 DM".

Verglichen mit den vorangegangenen durch das Reichsgericht[475] entschiedenen und anfänglich vom BGH auch fortgesetzten Fällen und den jeweils dargelegten Begründungen dazu, ist hier eine zunehmende Ausweitung der Notwehrbefugnisse feststellbar, wenn man vergleichend betrachtet, dass hier ein Menschenleben im Verhältnis zu einer Erpressung stand, die möglicherweise sogar schon im Rahmen der Erforderlichkeit auf andere Art und Weise genauso Erfolg versprechend beseitigt hätte werden können.

(1.1) Zwischenergebnis

Während also das Reichsgericht seinerzeit noch ausführte, dass das Schwurgericht hätte prüfen müssen, ob der Angeklagte, der das Hausrecht verteidigen wollte, durch die Tötung „die Grenzen des zur Verteidigung Erforderlichen" überschritten habe (dies gelte besonders dann, wenn die Abwehr „ohne seiner Ehre etwas zu vergeben anders möglich sei und insbesondere dann, wenn diese mit der Vernichtung eines Menschenlebens verbunden ist") und auch noch kurz nach dem Zweiten Weltkrieg immerhin noch die Verteidigung von Sachwerten durch eine lebensbedrohliche Behandlung (Axthieb auf den Hinterkopf zur Verteidigung gegen eine unrechtmäßige Wegnahme) als rechtsmissbräuchlich angesehen wurde, ist hier nach anfänglich kaum wahrnehmbaren Veränderungen wieder eine – mit zunehmenden Zugeständnissen an den Freiraum des Individuums einhergehende - wenn auch nicht deutlich hervortretende, aber immerhin schrittweise sichtbare Tendenz in Richtung Ausweitung des Notwehrrechts erkennbar. Erstaunlich ist dabei, dass mit der gleichen Begründung, dass das Recht dem Unrecht nicht weichen müsse und dass eine Güterabwägung grundsätzlich nicht stattfinde, im Unterschied zu vorangegangenen Entscheidungen wieder größere Notwehrbefugnisse zugestanden wurden. Insbesondere ist wieder eine Tendenz dahingehend zu beobachten, dass bei im Verhältnis zu einem Menschenleben eher als gering einzuschätzenden Gütern die Tötung des Angreifers vermehrt als gerechtfertigt angesehen wurde. Letzt-

[475] Z.B. Die Entscheidung RGSt 72, 57 (59), in der es ebenfalls um die Verletzung des Hausrechts und eine Drohung ging und bei der im Unterschied zur vorliegenden Entscheidung die Tötung in Notwehr versagt wurde, da die Abwehr „ohne der Ehre etwas zu vergeben" anders möglich sei.

endlich haben sich aber bis heute in der Rechtsprechung keine greifbaren Anhaltspunkte herauskristallisiert, wann die Grenze zum Missverhältnis der Rechtsgüter erreicht ist, was in Fällen, die nahe an dieser Schwelle liegen, zu erheblichen Unsicherheiten führt. Auffällig wird durch die vorangegangene Untersuchung auch, dass mit der Zeit immer mehr eine Abkehr von der Begründung vom Rechtsmissbrauch stattgefunden und sich stattdessen ein Abstellen auf die Gebotenheit entwickelt hat.

(2) Notwehr bei schuldunfähigem, irrendem oder vermindert schuldfähigem Angreifer

Wie bereits untersucht, waren schon in früheren Entscheidungen Versuche untergenommen worden, das Verhalten von Geisteskranken, Kindern oder sonst schuldlos Handelnden bei der Betrachtung der Frage ob und inwieweit gegen diese Notwehr geübt werden kann besonders zu berücksichtigen; teilweise wurden sogar Versuche unternommen, diese Gruppen gänzlich aus dem Bereich des § 32 StGB herauszunehmen[476].

Erstmals hatte sich der BGH im Februar 1952 mit der Frage zu beschäftigen, wie sich verminderte Schuldfähigkeit aufgrund von Trunkenheit bei einem Angreifer auf das Notwehrrecht des Angegriffenen auswirkt[477]. Der BGH sprach sich dafür aus, dass im Rahmen der Erforderlichkeit beachtlich sei, dass der Adressat der Beleidigung erkennen müsse, dass der Beleidiger aufgrund seines durch Alkohol herbeigeführten Zustandes nicht mehr in der Lage sei, sein Handeln und dessen Folgen einzuschätzen und wenn dann, wie vorliegend auch noch mit der Beleidigung von einer Geringfügigkeit eines Angriffs auszugehen ist, sei statt einer körperlichen Abwehr eine solche mittels Worten ausreichend.

Bereits zwei Jahre danach, im Jahre 1954 hatte der BGH zu beurteilen, ob die Tatsache, dass der Angreifer ein Kind ist, die Ausübung des Notwehrrechts grundsätzlich ausschließe[478]. Das Gericht stellte fest, dass zwar letztendlich wegen des Alters des Kindes (dieses war zum Tatzeitpunkt erst neun Jahre alt) dem Notwehrübenden ein Notwehrrecht nicht zugestanden werden könne, da die erfolgte Abwehrmaßnahme selbst bei einem angenommenen Angriff (es war unklar in welcher Form sich das Kind gegen die Züchtigung seines Lehrers zur Wehr setzte) keine erforderliche Verteidigung sei, aber alleine die Tatsache, dass es sich bei dem Angreifer um ein Kind handele - so ist aus den Gründen ableitbar – die Versagung des Notwehrrechts nicht grundsätzlich ausschließe. Im Jahr 1955 lag dem BGH erneut ein Fall zur Entscheidung zu Notwehreinschränkungen gegen über schuldlos Handelnden vor, in dem es um einen betrunke-

[476] So z.B. Suppert, S. 321; aber auch 1930 schon Beling, dort S. 16.
[477] BGHSt 3, 217 (218).
[478] BGHSt 6, 263 (272).

nen Angreifer ging[479]. Das Schwurgericht hatte zuvor entschieden, dass ein Zurückweichen als milderes Mittel in Betracht käme, bevor eine tödliche Abwehr gewählt werde. Der BGH verdeutlichte in seiner Entscheidung, dass der rechtswidrig Angegriffene zur Wahl desjenigen Abwehrmittels berechtigt sei, das den Angriff tatsächlich sofort beendet und somit die Gewissheit einer tatsächlichen Abwehr der Gefahr gewährt.

Diese Tendenz setzte sich in der Folgezeit fort und führte dann im Jahre 1967 zu einer erneuten Entscheidung hinsichtlich der Frage inwieweit die Trunkenheit des Angreifers die Ausübung der Notwehr auf Seiten des Angegriffenen einschränke[480]. Der Notwehrübende hatte in diesem Fall mehrfach versucht dem Angreifer auszuweichen und darüber hinaus sogar einen Warnschuss abgegeben. Der BGH entschied, dass die Trunkenheit des Angreifers das Notwehrrecht nicht grundsätzlich einschränke. Er führte dazu aus, „dass eine Ausweichpflicht sich im konkreten Fall auch nicht daraus ergeben habe, dass der Angreifer unter Alkoholeinfluss stand, zumal der Notwehrübende zuvor mehrfach vergeblich versucht hatte den Angriffen auszuweichen". Gerade aus dieser Formulierung wird deutlich, dass das Gericht nunmehr keine grundsätzliche Einschränkung des Notwehrrechts bei Trunkenheit mehr forderte. Erwähnenswert ist an dieser Stelle auch eine Entscheidung des BGH[481] aus dem Jahre 2001, in der dieser zu entscheiden hatte, ob der - wenn auch durch Fahrlässigkeit - in Notwehr abgegebene tödliche Schuss auf einen Betrunkenen geboten war. Dem Fall lag zugrunde, dass der mit 2,2 Promille stark angetrunkene Schwiegersohn des später Notwehrübenden dessen Lebensgefährtin (nachdem er zu nächtlicher Zeit Sturm geklingelt hatte und sodann nach dem Öffnen der Tür in das Haus stürmte) schwer misshandelte. Nachdem der später Notwehrübende zunächst versuchte beruhigend auf den Angreifer einzuwirken, von diesem jedoch zu Boden gestoßen wurde, holte er aus dem Schlafzimmer einen Revolver, dessen Trommel wie er dachte leer sei, zog aus einer Entfernung von ca. 2 Metern, um den Angreifer zu erschrecken, mehrmals hintereinander den Abzug, wobei ein tödlicher Schuss abgegeben wurde. Der BGH sah den tödlichen Schuss als gerechtfertigt an und hob zunächst hervor, dass, der Abwehrende, wäre er bei der bewussten Abgabe eines gezielten Schuss auf den Angreifer durch Notwehr gerechtfertigt gewesen, erst Recht durch Notwehr gerechtfertigt wäre, wenn sich durch seine Fahrlässigkeit ein tödlicher Schuss gelöst habe. Entscheidend ist vorliegend also die hypothetische Betrachtung der Notwehrsituation.

Eine Rechtfertigung durch Notwehr, so das Gericht, sei hier demnach schon deshalb gegeben, weil die allgemein anzuwendende Regel gelte, dass der Verteidiger berechtigt ist, dasjenige Abwehrmittel zu wählen, das er zur Hand hat und das eine sofortige und endgültige Beseitigung der Ge-

---

479 BGH GA 1956, 49 (50).

480 BGH GA 1968, 182 (183).

481 BGH NStZ 2001, 591, 595.

fahr gewährleistet, wobei von mehreren zur Verfügung stehenden Abwehrmitteln dasjenige zu wählen ist, welches von mehreren das Mildeste zur Verfügung stehende ist und wenn damit der Angriff sofort und endgültig abgewehrt werden kann. Das Gericht führte in diesem Zusammenhang weiter aus, dass ein Schuss, beispielsweise in die Beine des Angreifers, ein zu hohes Risiko eines Fehlschlags bedeutet hätte. Man hätte hier jedoch auch schon ohne Weiteres bereits im Rahmen der Prüfung der Erforderlichkeit die vorherige Ankündigung des Waffeneinsatzes, was das Gericht immerhin diskutierte aber letztendlich verneinte, oder die Abgabe eines Warnschusses (wie z.B. vom Landgericht gefordert) als ausreichend ansehen können. Selbst wenn dies, was man angesichts der Intensität des Angriffs und der Tatsache, dass ja nur eine Patrone zur Verfügung stand, mit guten Gründen hätte verneinen können, nicht der Fall gewesen wäre, hätte ein gezielter Schuss aus der hier immerhin geringen Entfernung, um den Angreifer kampfunschädlich zu machen als ausreichend angesehen werden können. Aber auch ein Schlag mit einem schweren Gegenstand auf den Kopf, so dass der Angreifer bewusstlos wird, hätte diskutiert werden können. Vor allem ist aber die Tatsache, dass möglicherweise aufgrund der starken Alkoholisierung des Angreifers eine restriktivere Handhabung des Notwehrrechts geboten gewesen wäre nicht in gehöriger Weise erörtert worden. Das Gericht bemerkte hierzu lediglich, dass „sich etwas anderes auch nicht im Blick auf die Alkoholisierung des Angreifers ergebe, da dieser in einem solchen Zustand (nämlich betrunken und stark enthemmt) gerade zu Gewalttätigkeiten neige. Das könne unter den vorliegenden Umständen indessen nicht dazu führen, dass der Verteidigende ein hohes Maß an Leibes- und gar an Lebensgefahr ohne Aussicht auf erfolgversprechende Abwehr hinnehmen müsse“[482].

Sicher ist hier im Ergebnis zu differenzieren, dass vorliegend der Angreifer enthemmt war und von ihm eine weitaus größere Gefahr ausging, als von einem schwankenden Betrunkenen. Jedoch ist hier der Schutzzweck dieser Notwehreinschränkung nicht außer Acht zu lassen. Der Angreifer hatte nachgewiesenermaßen eine Blutalkoholkonzentration von 2,2 Promille und befand sich damit im Zustand verminderter Schuldfähigkeit. Die Ausübung von Notwehr kann aber auch gegenüber vermindert Schuldfähigen eingeschränkt sein. Das beruht im Wesentlichen auf der Erwägung, dass das Rechtsbewährungsprinzip hier zwar nicht völlig zurücktritt, (Notwehr verlangt nur einen rechtswidrigen aber keinen schuldhaften Angriff) jedoch in gewissem Umfang an Bedeutung verliert. Hieraus ist zu folgern, dass eine Verteidigung, welche die reine Schutzwehr übersteigt, unzulässig ist, wenn dem Angriff ohne nennenswerte Risiken mit anderen Mitteln begegnet werden kann, sodann ist unter Beachtung des Verhältnismäßigkeitsgrundsatzes eine aktive Gegenwehr erlaubt[483]. Eine solche abge-

---

[482] BGH NStZ 2001, 591 595.

[483] Lenckner/Perron in: Schönke/Schröder, § 32, Rn. 52.

stufte, risikolose Gegenwehr hätte nach oben Gesagtem in vorliegendem Fall durchaus angenommen werden können.

Bemerkenswert ist in diesem Zusammenhang jedoch, dass noch in vorangegangenen Entscheidungen vertreten wurde, dass dem „betrunkenen und deshalb stark enthemmten Angreifer", der sich auf den Notwehrübenden stürzte auszuweichen gewesen wäre[484]. Die Kontrahenten der späteren Auseinandersetzung bewohnten jeweils nebeneinander liegende Räumlichkeiten einer Wohnbaracke. Der später Angeklagte wurde schon im Vorfeld von seinem Kontrahenten attackiert, woraufhin er sich zunächst in seine Wohnung zurückzog. Sein Widersacher folgte ihm auch dorthin um den Streit fortzusetzen. Kurz darauf stieg der später Angeklagte aus dem Fenster seiner Wohnung aus, wobei er aus Angst vor einer erneuten Auseinandersetzung ein Messer mitnahm. Sein Kontrahent entdeckte diesen jedoch und stürzte sich sogleich auf ihn. Daraufhin zog der später Angeklagte das Messer und stach auf den Angreifer ein.

Dem BGH zufolge war die Form und Intensität der Notwehr unter anderem aufgrund der Trunkenheit des enthemmten Angreifers rechtsmissbräuchlich, da ein Ausweichen nicht als Feigheit ausgelegt werden könne. Insbesondere hätte der Angegriffene sich mit einer schonenderen Abwehr, wie zum Beispiel dem Beiseiteschieben des Angreifers begnügen müssen[485].

(2.1) Zwischenergebnis

Im Vergleich mit der vorstehend analysierten Rechtsprechung des Reichsgerichts in der NS-Zeit, wo ein generelles Ausweichen gefordert wurde, tritt hier wieder eine schrittweise weniger restriktive Entwicklung zutage. Auch hier ist eine schrittweise Entwicklung auszumachen und keine, wie man zunächst auch meinen könnte, abrupte Änderung durch die Änderung der jeweiligen Staatsform. Die Übergänge sind fließend. Während anfänglich noch auf eine größere Zurückhaltung bei der Ausübung der Notwehr gegen schuldlos Handelnde abgestellt wurde, wurden mit der Zeit dem Notwehrübenden wieder mehr Rechte eingeräumt. Festzustellen ist auch, dass während anfänglich die Rechte des Angreifers stärker hervorgehoben wurden (das Reichsgericht forderte ja wie festgestellt, eine generelle Ausweichpflicht), zunehmend auch wieder die Interessen des Angegriffenen gestärkt wurden (es wurde, wie festgestellt, keine grundsätzliche Einschränkung des Notwehrrechts bei Trunkenheit mehr gefordert). Während der BGH anfänglich noch an die Argumentation des Reichsgerichts anknüpfte und das Institut des Rechtsmissbrauchs hervorhob, wurde mit der Zeit vermehrt die Gebotenheit entwickelt und schließlich als Entscheidungsgrundlage herangezogen. Hierdurch konnte eine genauere Definition der Anforderungen der Verteidigung gegenüber schuldlos Handelnden erzielt werden.

---

[484] So u.a. BGH NJW 1962, 308, 309, im sog. „Barackenfall".

[485] BGH NJW 1962, 308, 309.

(3) Notwehr im Rahmen von engen persönlichen Beziehungen

Es leuchtet ein, dass nach heutigem Rechtsverständnis gegen einen Angreifer, den mit dem Angegriffenen ein sog. Persönliches Näheverhältnis verbindet, das unter Umständen sogar Garantenpflichten auslöst, nicht grenzenlos Notwehr geübt werden kann. Ausgehend von der aufgezeigten Entwicklung in totalitären Staaten muss nun auch diesbezüglich überprüft werden, ob sich auch hinsichtlich des Notwehrrechts in engen persönlichen Beziehungen eine entsprechende Entwicklung aufzeigen lässt. Möglicherweise kann auch in der obergerichtlichen Rechtsprechung nach 1945 eine Tendenz dahingehend festgestellt werden, dass das Notwehrrecht auch in solchen Konstellationen wieder vermehrt gewährt wurde. Auf den ersten Blick scheint zunächst die Rechtsprechung des Reichsgerichts durch die obergerichtliche Rechtsprechung der Nachkriegszeit übernommen worden zu sein. Beispielhaft ist hier der oben bereits erwähnte Fall, der vor dem OLG Celle[486] im Jahr 1947 entschieden wurde und in dem der Sohn seinen Vater mit einem Beil erschlagen hatte, nachdem dieser ihn angegriffen hatte. Das OLG verurteilte den Sohn mit der Begründung, dass ein Sohn stets eine Pflicht zum Ausweichen gegenüber seinem Vater habe[487].

Auffällig ist hier zunächst auch eine Entscheidung des OLG Stuttgart[488], welches 1949 den Kreis der persönlichen Näheverhältnisse auf Kollegen desselben Betriebes ausgedehnt hat. Dem Fall lag zugrunde, dass ein Streit unter Kollegen derart ausgeartet war, dass ein Kollege den anderen mit den Fäusten angegriffen hatte, worauf dieser sich mit dem Messer verteidigte und einen tödlichen Stich ausführte. Das OLG Stuttgart lehnte eine Rechtfertigung durch Notwehr ab, da seiner Ansicht nach zwischen Arbeitskollegen ein Näheverhältnis bestünde, da es sich nicht um Außenstehende, sondern um Angehörige des gleichen Betriebes handele und der Einzelne in einem solchen Konglomerat in Notfällen den Schutz dieser Gemeinschaft erwarten könne.

Verglichen mit den noch zuvor ergangenen Entscheidungen des Reichsgerichts, wonach Freundschaften und Bekanntschaften, sowie teilweise Kollegialitätsverhältnisse unter persönliche Näheverhältnisse subsumiert wurden, ist festzustellen, dass auch das OLG Stuttgart mit dieser Entscheidung an die bisherige Rechtsprechung anknüpfte. Auch die gewählte Terminologie klingt altbekannt, wenn man sich vergegenwärtigt, dass das OLG die Versagung der Notwehr damit begründete, dass aufgrund des Verhältnisses zwischen Angreifer und Angegriffenem mildere Mittel ausreichend gewesen wären und dem Angriff auszuweichen keine „unzumutbare schimpfliche Flucht“ gewesen wäre.

---

[486] OLG Celle, in: Hann.RPfl. 1947, S. 15.

[487] OLG Celle, in: Hann.RPfl. 1947, S. 15.

[488] OLG Stuttgart, NJW 1950, 119.

Hier reiht sich auch oben bereits genannte Entscheidung des BGH aus dem Jahr 1964[489] ein, in der dieser erstmals keine enge persönliche Beziehung des späteren Verteidigers zu einer bloßen Wirtshausbekanntschaft mehr sah, was wie festgestellt, zuvor noch ausreichte um ein Notwehrrecht einzuschränken und gestand dem Verteidiger, der zunächst einen Warnschuss, dann einen tödlichen Schuss auf den Angreifer abgab, ein Notwehrrecht zu.

Auch bezüglich der Notwehr unter Ehegatten griff der BGH anfänglich die bis dahin entwickelten restriktiven Ansichten auf und führte diese fort. Einer Entscheidung des BGH aus dem Jahre 1969[490] ist zu entnehmen, dass eine Frau ihrem Ehemann um weitere Körperverletzungen abzuwehren und um ihre Kinder zu schützen, nachdem sie erfolglos mit einem Regenschirm die Angriffe abgewehrt hatte, durch zustoßen mit der Spitze des Schirms eine tödliche Verletzung zufügte. Der BGH verneinte eine Rechtfertigung durch Notwehr mit dem Argument, dass an das Gebotensein der Abwehr dann erhöhte Anforderungen zu stellen seien, wenn der Konflikt zwischen zwei Parteien bestehe, bei denen es sich „um nicht feindlich gesinnte desselben Lebenskreises" handele und die Verteidigung zur Tötung des Angreifers führen könne. Dies müsse demzufolge erst Recht unter Ehegatten gelten. Hieraus sei, so der BGH zu folgern, „dass sich der angegriffene Ehegatte, falls der andere ihn nicht mit dem Tod bedrohe, unter Umständen mit einer milderen Art der Abwehr begnügen müsse, auch wenn diese bei der Verteidigung nicht das sicherste Mittel zur Beendigung des Angriffs sei"[491].

Diese Rechtsprechung wurde in der Folgezeit durch ein weiteres Urteil bestätigt[492]. Hier wurde die vorangegangene Entscheidung nicht nur bestätigt, sondern auch noch dahingehend modifiziert, dass der jeweils Angegriffene aufgrund der Eigenschaft des angreifenden Ehepartners als naher Verwandter zur schonenden Notwehrausübung verpflichtet sei. Hierbei konkretisierte der BGH auch was er unter schonend verstand, nämlich die mildere Abwehr, die geeignet ist, den Angriff nicht „mit Sicherheit", sondern nur mit „starker Wahrscheinlichkeit" zu beenden. Eine solche Abwehr trage zwar ein gewisses Risiko in sich, dennoch sei auf die für den Angreifer lebensgefährliche Abwehr auch dann zu verzichten, (auch wenn diese die sicherere Art der Verteidigung sei) wenn eine weniger gefährliche Abwehr auch nur eine „starke Wahrscheinlichkeit der Beendigung des Angriffs" zur Folge habe[493]. Festzustellen ist, dass zu dieser Zeit hauptsächlich mit der Bedeutung der Ehe argumentiert wurde, aus der sich „die

---

489 BGH GA 1965, 147.
490 BGH NJW 1969, 802.
491 BGH NJW 1969, 802.
492 Z.B. BGH NJW 1975, 62, 63.
493 BGH NJW 1975, 62, 63.

Pflicht zum verständnisvollen Eingehen, sowie zur Rücksichtnahme auf den jeweils anderen" ableite[494].

Eine Tendenz in Richtung Abkehr von einer restriktiven, engen Auslegung der persönlichen Näheverhältnisse zeichnete sich erst in den späten Siebzigerjahren ab. Parallel hierzu kann auf gesellschaftlicher Ebene z.B. die seit Mitte der Siebzigerjahre im Vordringen befindliche Emanzipationsbewegung der Frauen ausgemacht werden[495]. In dieser Zeit sind zahlreiche Entscheidungen auszumachen, die auf eine Trendwende zunächst in der Art hindeuten, dass diese enge Auslegung der Näheverhältnisse, wie sie noch zuvor bei Streitigkeiten unter Kollegen stattfand, nunmehr keine Anwendung mehr finden sollte. Bezeichnend ist eine Entscheidung des BGH aus dem Jahre 1979, in der das Gericht eine tätliche Auseinandersetzung zwischen achtzehnjährigen Schülern während einer Unterrichtspause zu beurteilen hatte[496]. Dem Fall lag zugrunde, dass ein Schüler (der später Angeklagte), sich über einen längeren Zeitraum hinweg Provokationen und auch Tätlichkeiten seiner Mitschüler ausgesetzt sah. Während einer neuerlichen Attacke versetzte er seinem Angreifer mit einem Dolch, den er bei sich führte, einen tödlichen Hieb. Die Vorinstanz (Jugendkammer) sprach ihn wegen fahrlässiger Tötung schuldig, der BGH sprach ihn aufgrund der eingelegten Revision frei. In den Gründen dazu hieß es u.a., dass sich der Angegriffene in einer Notwehrlage befunden habe. Eine Einschränkung des Notwehrrechts sei indessen nicht gegeben, da dem Angegriffenen eine schimpfliche Flucht nicht zumutbar gewesen sei und insbesondere Umstände, die das Notwehrrecht einschränkten, namentlich persönliche Näheverhältnisse hier nicht ersichtlich seien. Solche seien auch nicht in der „schulinternen Situation" zu sehen, da diese zwischen den Konfliktparteien keinen Lebenskreis mit engen persönlichen Beziehungen begründet oder fortbestehen lassen hat. Damit machte das Gericht deutlich, dass im Unterschied zur noch vorangegangenen Entscheidung, in der es um Kollegialitätsverhältnisse ging, solche künftig nunmehr aus dem Anwendungsbereich der persönlichen Näheverhältnisse herauszunehmen sind.

Bestätigt wird diese tendenziell gegenläufige Entwicklung durch eine weitere Entscheidung aus dem Jahre 1984, der erneut die Beurteilung der Notwehr unter Eheleuten zugrunde lag[497]. Dem Fall ist zu entnehmen, dass eine schwangere Frau nach wechselseitigen tätlichen Auseinandersetzungen in der Vergangenheit auch in diesem Fall von ihrem Ehemann wiederholt angegriffen und dabei geschlagen wurde. Als dieser erneut – diesmal gezielt gegen den Kopf der Frau – zuschlagen wollte, drohte ihm diese zunächst mit einem Küchenmesser, das auf der Spüle lag und stach schließlich in dessen Brust, so dass sie ihn im Bereich des Herzens tödlich traf.

494 BGH NJW 1969, 802; BGH GA 1969, S. 117 ff.; BGH NJW 1975, 62, 63.
495 So z.B. auch angesprochen bei Voß, S. 18.
496 BGH NJW 1980, 2263.
497 BGH NJW 1984, 986 f.

Jegliche Abwehr, beispielsweise durch treten und schließlich auch die Drohung mit dem Küchenmesser waren zuvor erfolglos geblieben[498].

Das Landgericht Wiesbaden war ursprünglich von einer Überschreitung der Notwehr ausgegangen, da es die Abwehr des Angriffs durch den Einsatz milderer Mittel, wie zum Beispiel das Herbeiholen des gemeinsamen Freundes, der im Wohnzimmer vor dem Fernseher saß, für möglich gehalten hatte[499].

Der BGH bejahte das Vorliegen von Notwehr unter anderem mit der Begründung, dass in diesem Fall keine Einschränkungen aus sozialethischen Gründen, insbesondere nicht aufgrund enger persönlicher Beziehungen, ersichtlich seien. In dieser Situation, so das Gericht, könne von der schwangeren Frau „kein verständnisvolles Eingehen und Rücksicht nehmen" verlangt werden. Das Urteil ließ eine ausführliche Auseinandersetzung mit möglicherweise milderen Abwehrmaßnahmen erkennen, die jedoch allesamt wieder als ungeeignet verworfen wurden.

Einer vom Sachverhalt her ähnlichen Entscheidung aus dem Jahre 1994 ist zu entnehmen, dass sich die angeklagte Ehefrau den Angriffen ihres Ehemanns dadurch erwehrte, dass sie diesem einen tödlichen Stich mit dem Messer beibrachte[500].

Erstaunlicherweise griff der BGH die noch zuvor in seiner o.g. Entscheidung aus dem Jahr 1969, in der die Ehefrau ihren Ehemann mit dem Schirm tötete, hervorgehobenen Argumente nicht auf, sondern hob hier lediglich hervor, dass die Tötung des Ehemanns die einzige Möglichkeit der im Rahmen der erforderlichen Verteidigung gewesen sei, zumal von der Frau nicht gefordert hätte werden können, dass sie zur Nachtzeit Hilfe herbeihole. Auf die noch zuvor entwickelten Grundsätze wie zum Beispiel die Prüfung ob es sich um Personen „desselben Lebenskreises" handelt, oder ob eine „enge persönliche Beziehung" ersichtlich ist, wurde erst gar nicht zurückgegriffen.

Nach den zuvor erörterten Entscheidungen könnte man annehmen, dass hier eine stufenweise erfolgte Trendwende dahingehend eingeläutet wurde, dass es zukünftig auf die bereits entwickelten Kriterien nicht mehr ankommen sollte. Dies hat sich jedoch in den Folgejahren nicht bestätigt, wie beispielsweise eine Entscheidung des BGH aus dem Jahre 2001 belegt, in der erneut auf die persönlichen Näheverhältnisse abgestellt wurde, auch wenn deren Vorliegen im Ergebnis abgelehnt wurde[501]. Der BGH führte zu den persönlichen Verhältnissen, die er letztendlich ablehnte, aus, dass die Bezeichnung „innerfamiliäre Streitigkeit" durch das Landgericht rechtlichen Bedenken begegne, da die Verwendung einer solchen Formulierung darauf hindeuten könne, dass das Gericht von einer Einschränkung des Notwehr-

498 BGH NJW 1984, 986 f.
499 Spendel, S. 507.
500 BGH NStZ 1994, 581.
501 BGH NStZ 2001, 591, 595.

rechts ausgehe. Eine solche Sichtweise sei, so die Ansicht des BGH, abzulehnen, da zum einen den Feststellungen zu entnehmen ist, dass dem Angriff des Getöteten gerade kein Streit vorausgegangen sei, an dem die Geschädigte oder der Angeklagte beteiligt waren, vielmehr erfolgte der Angriff unvermittelt und ohne erkennbaren äußeren Grund. Zum anderen sei das Notwehrrecht nicht schon deshalb eingeschränkt gewesen, „weil der Angreifer mit der Tochter der Geschädigten verheiratet war. Dies gehe allein auf die Entschließung der Tochter zurück die mit dem Angreifer in einer anderen Wohnung lebte. Ein irgendwie geartetes sonstiges, zu erhöhter Rücksichtnahme in der gegebenen Lage verpflichtendes persönliches Näheverhältnis zwischen dem Angreifer und der Geschädigten oder dem Angeklagten sei nicht ersichtlich".

Auch in einer weiteren Entscheidung aus dem Jahre 2002 ging der BGH nicht näher auf die Frage ein, ob nunmehr die von ihm seinerzeit entwickelte ältere Rechtsprechung zur sog. Ehegattennotwehr noch Gültigkeit haben soll[502]. Dem Fall ist zu entnehmen, dass ein Mann seine Ehefrau immer wieder gepeinigt hatte, weshalb diese sich letztlich entschied, diesen zu verlassen und sich eine eigene Wohnung nahm. Als ihr Ehemann sie drängte zurückzukommen, traf sie sich aus Mitleid wieder mit diesem. Mit der Zeit wurde der Ehemann wieder aggressiv, schlug und misshandelte letztendlich sogar die gemeinsame Tochter. Als es wieder einmal so weit war, dass dieser die gemeinsame Tochter angriff, erstach die Frau diesen mit einem Messer.

Es scheint bei näherer Betrachtung der Urteilsgründe, als hätte der BGH bewusst vermieden genauer auf die von ihm aufgestellten Grundsätze der Ehegattennotwehr näher einzugehen, vielmehr stellte dieser plötzlich auf eine Ausweichpflicht des Verteidigers im Rahmen der Notwehrprovokation bzw. eine sonst vorwerfbare Herbeiführung der Notwehrsituation ab. Im Ergebnis wird durch eine solche Herleitung, ohne die persönlichen Näheverhältnisse anzusprechen, was der BGH auch bewusst ausklammerte, stattdessen auf eine völlig andere Fallgruppe zugegriffen, der faktisch aber in Rede stehende Gedanke der gegenseitigen Fürsorge- und Schutzpflichten konsequent ausgeklammert. Dies verwundert umso mehr, da der BGH, wie er selbst im Urteil anführte, in früheren Entscheidungen[503] explizit auf das besondere Näheverhältnis zwischen Eheleuten Bezug genommen hatte und seinerzeit zum Beispiel betonte, „dass das Notwehrrecht dann einzuschränken sei, wenn die Eheleute sich nicht feindlich gesinnt sind"[504]. Diese Tendenz scheint sich in den in der Folgezeit behandelten sogenannten Haustyrannen-Fällen fortzusetzen, wo der BGH die o.g. Fürsorge- und Schutzpflichten so gut wie nicht mehr angesprochen hatte, sondern vielmehr im Rahmen der Lösung über den entschuldigen Notstand Überlegun-

502 BGH NStZ-RR 2002, 203, 205.
503 So z.B. die bereits o.g. Entscheidung NJW 1969, 802.
504 NJW 1969, 802.

gen anstellte, welche milderen Mittel, anstatt der letztendlich begangenen Tötung, die Ehefrau hätte wählen müssen. Insgesamt fällt auf, dass vermehrt mildere Möglichkeiten, wie zum Beispiel das Verlassen des Partners o.ä., anstatt die Beachtung irgendwelcher Fürsorge- und Schutzpflichten in den Vordergrund gerückt wurden. Ebenso ist auffällig, bzw. all diesen Fällen gemeinsam, dass nunmehr versucht wurde, diese Fälle entsprechend von den gewöhnlichen Mordfällen abzugrenzen, was sich unter anderem auch in den strafmildernden Umständen niedergeschlagen hat[505].

Auch in einer jüngeren Entscheidung aus dem Jahre 2007, die hier noch abschließend genannt werden soll, ging der BGH nicht mehr auf die von ihm einstmals aufgestellten Grundsätze der Ehegattennotwehr ein[506]. Auch hier hatte eine Ehefrau den Angriff ihres Mannes mit tödlichen Messerstichen abgewehrt. Der BGH führte zur erstinstanzlichen Entscheidung des Landgerichts Essen aus, „es sei nicht nachvollziehbar, weshalb die Kammer angesichts der Feststellung, dass der Griff des Ehemannes am Hals seiner Frau dieser teilweise die Luft nahm, argumentiert habe, die Angeklagte habe zunächst den Einsatz des Messers ankündigen müssen, schließlich habe sich die Frau aufgrund der körperlichen Überlegenheit ihres Mannes auf einen Kampf mit ungewissem Ausgang nicht einlassen müssen“[507]. Dabei verwies der BGH auf frühere Entscheidungen[508], in denen es jedoch um Streitigkeiten zwischen Personen ging, die sich nicht näher verbunden waren[509]. Auf eine Einschränkung wegen eines persönlichen Näheverhältnisses ging der BGH jedoch erst gar nicht ein, obwohl dies hier offensichtlich nahe gelegen hätte.

(3.1) Zwischenergebnis

Durch die Analyse vorstehender Entscheidungen hat sich gezeigt, dass anfänglich, einhergehend mit der gesellschaftlichen und politischen Entwicklung, von nun an von sozialen Nähebeziehungen nicht mehr wie noch zuvor z.B. etwa eine Schwangerschaft, Freundschaften und Bekanntschaften, ja teilweise sogar noch Kollegialitätsverhältnisse umfasst sein sollten, sondern vielmehr ausschließlich solche Verbindungen, die unter einen „Lebenskreis mit engen persönlichen Beziehungen“ bzw. unter „nicht feindlich Gesinnte des selben Lebenskreises“ subsumierbar sind, wobei eine Klarstellung, wo genau die Grenze zu ziehen ist, von der Rechtsprechung, soweit ersichtlich, nicht eindeutig gegeben wurde; vielmehr ist aus den einzelnen hierzu ergangenen Urteilen lediglich ableitbar, dass zukünftig nur noch enge familiäre Bindungen hiervon umfasst sein sollen.

---

505 Z.B. BGH NJW 2003, 2464, 2468; BGH NStZ 2003, 482.
506 BGH NStZ-RR 2007, 199, 200.
507 BGH NStZ-RR 2007, 199, 200.
508 Z.B. BGH NStZ 2002, 140, 141.
509 BGH NStZ-RR 2007, 199, 200.

Darüber hinaus konnte festgestellt werden, dass der BGH, während er bezüglich der Ehegattennotwehr noch anfänglich darauf abstellte, dass es hinsichtlich deren Umfang und Intensität auf die Art des besonderen Näheverhältnisses ankommen solle, in späteren Entscheidungen gerade diese Kriterien nicht mehr herangezogen und nur noch selten auf frühere Entscheidungen verwiesen hat. Hieraus ist zwar nicht unbedingt zwingend der eindeutige Schluss zu ziehen, dass die vormals entwickelten Kriterien nunmehr nicht mehr zur Anwendung kommen sollten, dennoch lässt sich durch diese Entwicklung eine Tendenz dahingehend feststellen, dass diese Kriterien nicht mehr uneingeschränkt gelten sollen, sondern dass vielmehr neue Herleitungen durchaus diskutabel sind. Während in der Übergangszeit von der Diktatur in die demokratische Phase noch ein fließender Übergang festgestellt werden kann, finden mit zunehmender Festigung demokratischer Strukturen auch die einstmals vertretenen Ansichten keine Berücksichtigung mehr.

Konkret feststellbar war, dass sich, wo zuvor noch der Einsatz tödlicher Verteidigungsmittel im Rahmen der Bewertung der Notwehr in innerfamiliären Gemeinschaftsverhältnissen für unzulässig erklärt wurde, zunehmend Begründungsmuster entwickelt wurden, die nunmehr auf die sich verändernde soziale Entwicklung Rücksicht nahmen, so dass eine tödliche Abwehr unter Ehepartnern nicht mehr per se verneint wurde.

Eine Tendenz weg von den einstmals entwickelten starken Notwehrrestriktionen innerhalb persönlicher Näheverhältnisse ist insgesamt, trotz kleinerer Ausreißer im Gesamtbild, augenscheinlich erkennbar.

Insgesamt kann in demokratischen Strukturen in der Rechtsprechung wieder eine stetige Ausweitung der Notwehrbefugnisse innerhalb sozialer Näheverhältnis (solche wurden ja zunehmend fast nur noch in ehelichen Beziehungen gesehen) festgestellt werden. Diese Entwicklung trägt sicher auch dem Umstand Rechnung, dass sich in der gesellschaftlichen und politischen Diskussion das Wesen der Ehe bzw. das der sozialen Näheverhältnisse verändert hat.

(4) Notwehr bei Angriffsprovokation bzw. auf andere Weise verschuldetem Angriff

Wie bereits oben festgestellt, versagte das Reichsgericht das Notwehrrecht im Falle eines vorwerfbaren Vorverhaltens und forderte zunehmend eine Ausweichpflicht.

Beachtlich ist in diesem Zusammenhang zum Beispiel eine der ersten Entscheidungen der Nachkriegszeit, nämlich die des OLG Kiel[510] aus dem Jahr 1947, wonach eine Einschränkung des Notwehrrechts aus dem Wesen der Notwehr selbst zu entwickeln sei. Der legitime Verteidiger der Rechtsordnung dürfe die Rechtsgüter des Angreifers verletzen, soweit dies zur wirksamen Abwehr erforderlich sei. Insbesondere sei das Notwehrrecht dann nicht eingeschränkt, wenn derjenige, der schuldhaft die spätere Notwehrlage verursache, von seiner Möglichkeit zur Flucht keinen Gebrauch mache, denn er missbrauche das Notwehrrecht nicht. „Wer jedoch zuerst aus dem Rechtsfrieden getreten sei, habe auszuweichen und wenn dies nicht möglich sei, unter äußerster Schonung der Güter des Kontrahenten Abwehr zu üben"[511]. Die Übernahme des Gedankens des Rechtsmissbrauchs lehnte das Gericht damit ab. Auch war nicht mehr die Rede von einer generellen Ausweichpflicht.

Das Besondere an dieser Entscheidung ist, dass im Unterschied zu den oben bereits behandelten Fallgruppen hier bereits im Jahre 1947 eine von der bisherigen Praxis, insbesondere der des Reichsgerichts, abweichende Begründung erging. Inhaltlich mag diese Herleitung zwar nicht identisch mit der des Reichsgerichts sein, jedoch kann letztendlich, wenn auch mit einer anderen Begründung, eine Einschränkung des Notwehrrechts ausgemacht werden.

Überwiegend wird jedoch auch die bei den anderen Fallgruppen festgestellte Entwicklung deutlich, wonach die obergerichtliche Rechtsprechung zunächst an die Rechtsprechung des Reichsgerichts anknüpfte und demjenigen, der den Angriff herbeigeführt hatte das Notwehrrecht mit der Begründung des Rechtsmissbrauchs versagte[512].

Der BGH schloss sich zunächst der Rechtsprechung des Reichsgerichts in den Fällen der Angriffsprovokation bzw. des schuldhaften Vorverhaltens an, indem er hauptsächlich dem vermeintlich Notwehrübenden in den Fällen den Verteidigungswillen absprach, in denen dieser durch sein Vorverhalten den späteren Angriff bewusst und gewollt hervorgerufen hat[513]. Eine Abstufung nahm der BGH jedoch für die Fälle vor, in denen der später Notwehrübende den Angriff zwar durch sein vorangegangenes schuldhaftes Verhalten herbeigeführt hat, aber nicht den Angriff mit seinem Verhalten beabsichtigen wollte. Bereits das Reichsgericht hatte, wie oben festgestellt

---

510 OLG Kiel, HESt 2, 206 ff.

511 OLG Kiel, HESt 2, 206 ff.

512 So z.B.: OLG Celle HannRpfl 1947, 15; OLG Braunschweig NdsRpfl 1953, 166.

513 BGH bei Dallinger, MDR 1954, S. 335 und BGH bei Dallinger, MDR 1958, S. 12 f.

eine generelle Ausweichpflicht postuliert, wenn die Gefährdung eigener oder fremder Interessen nicht zu erwarten war[514]. Nach Ansicht des BGH sollte in einem solchen Fall, falls möglich, ein sog. gefahrloser Rückzug vorrangig sein, bevor, wenn ein solcher nicht möglich sein sollte, weniger starke Maßnahmen zur Abwehr ergriffen werden. Diese Einschränkungen fanden ihren vorläufigen Höhepunkt in der bereits o.g. Entscheidung des BGH aus dem Jahre 1961[515]. Der BGH verneinte in diesem Fall das Vorliegen von Notwehr wegen fahrlässiger Herbeiführung einer Notwehrlage, und führte dazu aus, dass die Ausübung des Notwehrrechts dort seine Grenzen finde, wo sie zum Rechtsmissbrauch führe. Begründet hat der BGH dies offensichtlich damit, dass der Angegriffene zumindest fahrlässig die spätere Notwehrlage dadurch herbeigeführt hatte, dass er den Angriff hätte voraussehen können aber sich dennoch erneut in Richtung des Angreifers begeben und diesen durch Bemerkungen zum Angriff verleitet hat, wobei er darauf vertraute, dass er von seinem Kontrahenten nicht erneut angegriffen werde. Dem Angriff selbst hätte der Angegriffene in solch einem Fall, so das Gericht, zunächst ausweichen und falls dies nicht Erfolg versprechend gewesen wäre, eine nicht missbräuchliche Abwehr üben müssen. Auch zur Alkoholisierung des Angreifers hat das Gericht Stellung genommen und diesbezüglich betont, dass in einem solchen Fall auch „ein Ausweichen, ohne dass dies als Feigheit ausgelegt werden könne“ zumutbar gewesen wäre[516].

Aus dieser Begründung wird deutlich, dass der BGH hier zunächst die Rechtsprechung des Reichsgerichts fortführte. Die zuvor in Ansätzen vorgenommene Diskussion, inwieweit die Unvorhersehbarkeit der Entwicklung einer Streitigkeit bezüglich der Frage der Notwehrrestriktionen Bedeutung erlangt, schien damit vorerst geklärt.

Diese Entscheidung stieß jedoch - nach heutigem Notwehrverständnis zu Recht - auf vehemente Kritik. So wurde unter anderem angeführt, dass es zu weitführend und unerträglich wäre, dem später Notwehrübenden nur aufgrund eines zwar objektiv vorhersehbaren, aber dennoch, oder gerade deswegen leichtsinnigen und unüberlegten Vorverhaltens, durch welches er sich auch noch in Leibes- und Lebensgefahr gebracht hat, das Notwehrrecht abzusprechen. Von einer, wie im Urteil bemerkt, „rechtsmissbräuchlichen Ausübung des Notwehrrechts“ könne auch nur dann die Rede sein, wenn dem Täter tatsächlich der Vorwurf rechtsmissbräuchlichen Verhaltens gemacht werden könne, aber nicht schon dann, wenn an sich rechtlich nicht zu beanstandendes Verhalten einen Angriff auslöse[517]. In dieser Argumen-

---

514 Vgl. die Argumentation bei RGSt 71, 133 (135).

515 BGH NJW 1962, 308 (309) - (sog. Barackenfall).

516 BGH NJW 1962, 308 (309).

517 So z.B. Gutmann NJW 1962, 286, 686 ff; Schröder JR 1962, 187, 189, der dazu sogar ausführt, dass „durch eine solche Entscheidung das Recht des Angegriffenen zur Selbstverteidigung verneint würde und solche Entscheidungen auf die Zumutung hinausliefen,

tation deutet sich, wie später noch zu zeigen sein wird, schon eine erste Tendenz zur Unterscheidung bewusst provokativem von unbewusstem Vorverhalten an, die wieder zu einer Stärkung des Notwehrrechts des Einzelnen führen sollte und eine Abkehr von der bisher übernommenen Reichsgerichtsrechtsprechung einläutete. Auch die ansatzweise vorgenommene abgestufte Verteidigung berücksichtigte nunmehr die Interessen sowohl des Angegriffenen als auch des Angreifers, auch wenn sie sich noch auf nicht bewusst provokatives Vorverhalten bezog.

Konsequent fortgeführt und auch konkretisiert wurde diese Entscheidung mit einer Entscheidung aus dem Jahre 1972[518]. Hier finden sich erstmalig genauere Anhaltspunkte, inwieweit das Vorverhalten des Notwehrübenden nach Ansicht des BGH die spätere Abwehr einschränken sollte. Dem Fall lag zugrunde, dass der später Angeklagte mit einem zuvor von ihm gestohlenen Pkw von einem Parkplatz fahren wollte und dabei einen neben dem gestohlenen Fahrzeug stehenden Pkw streifte, sodann einen vorbeifahrenden weiteren Wagen rammte. Um sich dann den erforderlichen Feststellungen zu entziehen flüchtete er. Dabei wurde er von dem Fahrer des zweiten von ihm gerammten Pkw verfolgt. Dieser verfolgte den später Angeklagten sogar noch als dieser hinter einem anderen Pkw an einer Lichtzeichenanlage anhalten musste und zu Fuß weiter flüchtete, bis er ihn schließlich stellen konnte. Im Verlauf der folgenden Auseinandersetzung stach der später angeklagte Fahrerflüchtige mit einem sog. Finnendolch auf seinen Verfolger ein und verletzte diesen tödlich[519].

Der BGH führte hierzu aus, „dass das Landgericht zwar zutreffend davon ausgegangen sei, dass der Fahrer des gerammten Pkw als Geschädigter nur befugt war, den Angeklagten zu stellen und festzunehmen und diese Befugnisse überschritten hat, als er auf den Angeklagten einschlug. Der Angeklagte befand sich gegenüber diesem rechtswidrigen Angriff in einer Notwehrlage." Der BGH teilte jedoch nicht die Argumentation der Vorinstanz, die noch entschieden hatte, dass sich der Angeklagte nicht mit dem Dolch hätte verteidigen dürfen, sondern hob hervor, dass auch die Tatsache, dass der Angeklagte durch sein rechtswidriges Vorverhalten seinen Kontrahenten zwar gereizt „und damit, wenn auch nicht in Erwartung solcher Folgen, dessen Angriff provoziert habe" nicht zur Versagung der Abwehr mittels Dolch führe. Nach Ansicht des BGH stehe dem Angegriffenen in solchen Fällen jedoch nicht das volle Notwehrrecht zu, sondern er sei aufgrund seines Vorverhaltens verpflichtet, jede erdenkliche Möglichkeit einer weniger gefährlichen Abwehr zu nutzen, insbesondere sei er verpflichtet, dem Angriff seines Kontrahenten, wenn auch nur vorübergehend, auszuweichen. Lediglich wenn eine solche Ausweichmöglichkeit

dass man dem Terror auszuweichen habe, wenn er nur mit drastischen Mitteln gebrochen werden könne."

518 BGHSt 24, 356 ff. - (sog. Finnendolchfall).

519 BGH NJW 1972, 1821, 1823.

nicht mehr möglich sei und eine Beeinträchtigung seiner körperlichen Unversehrtheit unmittelbar bevor stünde, die nur durch eine sofortige Abwehr des Angriffs verhindert werden könne, dürfe der Verteidiger sich auch des Dolchs bedienen, auch wenn er den Angriff durch sein rechtswidriges Vorverhalten mitverschuldet habe. Darüber hinaus zog der BGH, soweit ersichtlich erstmalig, für solche Fälle das dualistische Notwehrprinzip heran, indem er klarstellte, dass in Fällen von vorwerfbarem Vorverhalten nicht nur das Interesse des Individuums, sondern auch das Allgemeininteresse an der Abwehr des Angriffs tangiert sei, welches aber in einem solchen Fall zurücktrete.[520]

Die gefundene Entscheidung erscheint zwar etwas holprig, zumal zu Recht bezweifelt werden darf, ob ein Täter, der gerade ein Fahrzeug gestohlen und sich nachdem er ein weiteres Fahrzeug gerammt hat auf der Flucht befindet überhaupt irgend eine Art von Provokation (einer körperlichen Auseinandersetzung) hervorrufen konnte oder wollte, sie zeigt aber, dass der BGH seinerzeit bemüht war, die noch zuvor vom Reichsgericht entwickelte Rechtsprechung, wonach das Notwehrrecht generell bei entsprechenden Vorverhalten eingeschränkt war, nunmehr zu modifizieren.

Zunächst schien es so, als wäre mit vorstehend erörtertem Richtungswechsel eine Änderung in der bisherigen BGH Rechtsprechung eingeläutet worden. In einer der darauf folgenden Entscheidungen aus dem Jahre 1975[521] schien sich diese Ansicht wieder etwas zu relativieren. Dem BGH lag ein Fall zur Entscheidung vor in dem der Angeklagte zunächst in einer Wirtschaft mit seinem Kontrahenten in Streit geraten war sich jedoch dann in seine Wohnung zurückzog. Dort wurde er wenig später vom Gastwirt aufgesucht, der zum Zeitpunkt des Streits jedoch nicht anwesend war. Nach einer längeren Diskussion forderte der Angeklagte den Gastwirt auf ihm in die Wirtschaft zu folgen, um die Angelegenheit zu klären. Hierauf wollte dieser sich jedoch nicht einlassen und verließ die Wohnung des Angeklagten. Der Angeklagte eilte diesem daraufhin zur Wirtschaft nach, konnte durch den Gastwirt jedoch durch abschließen der Tür von innen am eintreten gehindert werden. Sein Kontrahent aus der vorangegangenen Streitigkeit, der sich in stark alkoholisiertem Zustand noch im Innenraum der Wirtschaft befand, kletterte daraufhin aus einem Fenster und ging erneut auf den Angeklagten los, worauf dieser ein Messer, welches er noch kurz zuvor eingesteckt hatte und nunmehr bei sich führte, zog und auf seinen Angreifer einstach, so dass dieser erhebliche Verletzungen davontrug[522].

Der BGH sah hier nur ein begrenztes Notwehrrecht des Angeklagten für gegeben, da dieser den Angriff durch sein Verhalten provoziert hätte. Hiernach war der Stich mit dem Messer nicht gerechtfertigt, so die Ansicht des Gerichts, da dieser den Angriff mit seinem Verhalten, nämlich offen-

---

520 BGH NJW 1972, 1821, 1823.

521 BGHSt 26, 143 ff.

522 BGHSt 26, 143 ff.

sichtlich dem Versuch die Angelegenheit zu klären und dem erneuten Aufsuchen der Wirtschaft, in der sich der Konkurrent aus der ersten Auseinandersetzung noch befand „leichtfertig provoziert" habe. In solch einem Fall hätte er eine weniger gefährliche als die von ihm gewählte lebensgefährliche Abwehr wählen müssen[523].

Es fällt bei Betrachtung dieser Begründung auf, dass das Gericht von einer „leichtfertigen Provokation" und schon deswegen von einer Einschränkung des Notwehrrechts ausgegangen ist. Fraglich ist, ob dem Angeklagten, der sich immerhin noch vor der Tür befand und die Angelegenheit lediglich im Beisein des Gastwirts klären wollte, überhaupt ein vorwerfbares Verhalten vorgehalten werden kann oder ob ihm in einem solchen Fall ein uneingeschränktes Notwehrrecht zugebilligt werden muss. Angesichts der in der vorangegangenen Entscheidung vorgenommenen Differenzierung scheint hier wieder eine Verallgemeinerung vorgenommen worden zu sein, welche die in der vorangegangenen Entscheidung gewonnenen Konturen wieder verwischt.

Verglichen jedenfalls mit den oben genannten Entscheidungen des Reichsgerichts[524], kann jedoch zumindest eine Änderung in der Rechtsprechung dahingehend festgestellt werden, dass nunmehr ein abgestuftes Notwehrrecht, angepasst an die Intensität des Verursacherbeitrags des Angegriffenen, zugestanden wurde, wohingegen das Reichsgericht seinerzeit darauf abstellte, dass generell eine in sonstiger Weise hervorgerufene Notwehrlage zur Versagung des Notwehrrechts führen solle.

Diese Entwicklung setzte sich fort und fand Bestätigung in weiteren Entscheidungen, wie zum Beispiel einer Entscheidung des 4. Strafsenates aus dem Jahr 1978[525], welcher eine grundlegende Trendwende des BGH zu entnehmen ist. In dieser Entscheidung korrigierte er seine bisherige Rechtsprechung indem er feststellte, „dass ein sozialethisch zu missbilligendes Vorverhalten des Angegriffenen nicht zu einer Einschränkung des Notwehrrechts führen könne"[526]. Dem dieser Entscheidung zugrunde liegenden Sachverhalt ist zu entnehmen, dass der Gläubiger von seinem Schuldner ein Darlehen nicht rechtzeitig zurück bezahlt bekommen hatte. Der hierauf entbrannte Streit zwischen den Parteien eskalierte derart, dass es zu einem heftigen Kampf kam, in dessen Folge der Gläubiger den Schuldner mehrmals mit dem Kopf derart gegen das Dach eines abgestellten Fahrzeugs schlug, so dass dieser nur noch mit einem Messer, welches er während des Kampfes am Körper des Gegners zufällig entdeckte, auf diesen einstechen konnte. Hierdurch wurde der Gläubiger tödlich verletzt.

In der ersten Instanz wurde der Angeklagte freigesprochen. Das hiergegen von der Staatsanwaltschaft mit der Begründung, „dass den Angeklagten

---

523 BGHSt 26, 143 (145).

524 Vgl. z.B. RGSt 71, 133 (135).

525 BGHSt 27, 336, 339.

526 BGH NJW 898 (899).

ein Mitverschulden treffe und dieser deshalb nur zu einer eingeschränkten Notwehr berechtigt gewesen sei", eingelegte Rechtsmittel blieb jedoch ohne Erfolg. Der BGH sah es entgegen der Ansicht der Staatsanwaltschaft als erwiesen an, dass alleine die nicht fristgemäße Rückzahlung des Darlehens kein vorwerfbares Vorverhalten darstelle. Als Vorverhalten, so das Gericht, sei nur ein solches relevant und als schuldhafte Provokation vorwerfbar, das „bei vernünftiger Würdigung der Gesamtumstände des Einzelfalls den darauf folgenden Angriff als eine adäquate und voraussehbare Folge der Pflichtverletzung des Angegriffenen erscheinen lässt"[527]. Es fällt bei dieser Entscheidung auf, dass der BGH die Unsicherheiten, die teilweise durch die vergangenen Entscheidungen hervorgerufen wurden, nunmehr ausgeräumt hat. Mit dieser Entscheidung wurde nunmehr klarer definiert, wann ein Vorverhalten zu einer Einschränkung führen soll. Die erwünschte Klarheit trat jedoch nicht ein, da auch diese Entscheidung nicht eindeutig herausstellte, ob lediglich sozialethisch zu missbilligendes Vorverhalten zu einer Einschränkung der Notwehr führen soll; insbesondere war noch immer unklar, ob das Vorverhalten außerdem rechtswidrig sein muss, um zu Notwehreinschränkungen zu führen. Insgesamt spiegelt sich jedoch deutlich der eingeschlagene Entwicklungsprozess wieder. Auch diese Entscheidung zeigt eine Entwicklung auf, die dem konkreten Kampfesgeschehen Rechnung trägt, indem sie die Handlungen beider Parteien betrachtet und hierdurch die bis dahin starken Einschränkungsgrenzen durchbricht, so dass letztendlich die bisher festgestellte Tendenz in Richtung Aufhebung der bisher restriktiven Handhabung in derartigen Fällen gestärkt wird.

Diese vermutete Entwicklung kann auch durch weitere Urteile belegt werden die in der Folgezeit ergingen. Hier kann auch nochmals oben unter dem Punkt "Notwehr innerhalb persönlicher Näheverhältnisse" analysiertes Urteil[528] herangezogen werden, da sich hier der BGH darüber hinaus auch zu der Frage des Vorverhaltens des Schülers äußerte, da dieser angesichts der vorausgegangenen Auseinandersetzungen vorbeugend ein Messer zur Abwehr mit sich führte, welches er ja dann schließlich auch einsetzte. Der BGH betonte, dass dem notwehrübenden Schüler „alleine aufgrund des Mitführens des Messers", wie es jedoch das erstinstanzliche Landgericht sah, „noch kein Vorwurf gemacht werden könne", weshalb ihm ein uneingeschränktes Notwehrrecht zuzugestehen sei[529]. Da dem Angegriffenen das Risiko des rechtswidrigen Angriffs nicht aufgebürdet werden dürfe und dieser dasjenige Mittel wählen könne, welches den Angriff sofort und endgültig beende, dürfe er sich auch desjenigen Abwehrmittels bedienen, dass er gerade zur Hand hat[530].

527 BGHSt 27, 336 (338).
528 BGH NJW 1980, 2263ff.
529 BGH NJW 1980, 2263 (2264).
530 BGH JR 1980, 210.

Diese Tendenz ist auch in weiteren Urteilen feststellbar. Hinsichtlich der Frage der Absichtsprovokation blieb der BGH jedoch konsequenterweise auf der Linie der bisherigen Rechtsprechung, die ja wie bereits festgestellt, an die des Reichsgerichts anschloss, auch wenn er im Endeffekt in diesem Fall eine Absichtsprovokation verneinte. In dem zugrunde liegende Fall aus dem Jahre 1983[531] hatte der BGH abermals die Frage zu entscheiden, ob im Mitführen einer Waffe eine Vorbereitung auf die spätere Auseinandersetzung gesehen werden kann, woraus hier letztendlich eine Absichtsprovokation abgeleitet werden könnte. Auch hier hatte der später Angeklagte eine Auseinandersetzung in einer Gaststätte mit zwei anderen Gästen, bei der er von diesen niedergeschlagen wurde als er dem später Mitangeklagten zu Hilfe eilen wollte. Daraufhin beschlossen beide an ihren Kontrahenten Rache zu nehmen. Hierzu suchten sie diese auf, wobei der Angeklagte eine geladene Pistole mitnahm. Schließlich konnten sie ihre Kontrahenten vor einem weiteren Lokal stellen, worauf es wieder zum Streit, zunächst in Form einer verbalen Auseinandersetzung kam, in dessen Folge der später Angeklagte abermals angegriffen wurde und zu Boden ging, wo er von seinen Angreifern weiter attackiert wurde. Als dieser keinen Ausweg mehr sah zog er seine Pistole und gab einige gezielte und tödliche Schüsse auf seine Angreifer ab.

Während die Vorinstanz nicht unbegründet noch eine Absichtsprovokation annahm, die zur Verneinung der Notwehr führte, sah der BGH indessen keinen Anhaltspunkt für eine Absichtsprovokation, insbesondere nicht durch das Mitführen der Waffe, denn es sei hier nicht ersichtlich, „dass sich der Angeklagte absichtlich oder nur bedingt vorsätzlich in eine Verteidigungssituation hineinbegeben wollte, um mit der Waffe angreifen zu können“[532]. Insbesondere, so das Gericht, sei durch das Ausweichen des Angeklagten ohne zunächst die Waffe zum Einsatz zu bringen ein Aufgeben des Rachevorhabens zu erkennen; der Angeklagte habe sich lediglich in einer lebensbedrohlichen Situation mit der Waffe verteidigt. Dass die Kontrahenten jedoch aufgesucht wurden um mindestens zu provozieren fand im Urteil keine Erwähnung.

Auch in der Folgezeit begründete der BGH wiederholt die Bejahung eines Notwehrrechts trotz schuldhafter Herbeiführung einer Notwehrlage damit, dass eine rechtsmissbräuchliche Abwehr des Angriffs dann nicht vorliege, wenn der Verteidiger sich in einer lebensbedrohlichen Situation nicht mehr anders verteidigen könne[533].

Es wird ersichtlich, dass der BGH nach anfänglicher Übernahme der restriktiven Ansichten des Reichsgerichts diese schrittweise aufgab und dem Notwehrübenden wieder mehr Rechte einräumte, auch wenn dieser

---

531 BGH NJW NStZ 1981, 138; BGH NJW 1983, 2267; BGH NStZ 1983, 452.

532 BGH NJW 1983, 2267.

533 So z.B. BGH NStZ 1988, 450; BGH NStZ 1989, 113 (114).

durch sein Verhalten zum späteren Ausgang der Auseinandersetzung beigetragen hatte.

Konkreter wurde der BGH dann im Jahre 1993[534], als er bezüglich des Verhältnisses zwischen Vorverhalten und späterer Abwehr feststellte, dass die Schwere der Provokation dazu führe, dass das Notwehrrecht dahingehend eingeschränkt sei, dass der Notwehrübende, bevor er zu tödlichen Abwehrmitteln greife, zunächst den Versuch unternehmen müsse, im Rahmen der gegebenen Möglichkeiten die Situation zu entschärfen[535]. Das Gericht stellte nochmals ausdrücklich heraus, dass „die rechtswidrige und schuldhafte Provokation einer Notwehrlage dem später Notwehrübenden das Notwehrrecht nicht gänzlich nehme, aber an den Täter, der behauptet sich in einer Notwehrlage befunden zu haben, um so höhere Anforderungen in Bezug auf die Vermeidung gefährlicher Konstellationen gestellt würden, je schwerer die rechtswidrige und vorwerfbare Provokation der Notwehrlage wiege. Wer unter erschwerenden Umständen die Notwehrlage provoziert hat, müsse, so das Gericht, unter Umständen auf eine sichere erfolgversprechende Verteidigung verzichten und das Risiko hinnehmen, dass ein minder gefährliches Abwehrmittel keine gleichwertigen Erfolgschancen habe“[536].

Auch hieraus kann abgeleitet werden, dass in Fällen des schuldhaften Vorverhaltens das Notwehrrecht nicht gänzlich eingeschränkt sein sollte, wenn auch der BGH noch immer keine klare Trennlinie dahingehend zog, inwieweit welches Vorverhalten in welchem Maße zur Einschränkung des Notwehrrechts führen sollte. Immerhin ist eine Abgrenzung dahingehend zu erkennen, dass das Gericht in dem vorliegenden Fall feststellte, dass die hier angenommene „Vorsatzprovokation“ an eine „Absichtsprovokation“ grenze und „das Vorverhalten des Angeklagten nach dem Grad des Unrechts und der Gefährlichkeit schwerer wiege als das Vorverhalten, das dem BGH bislang Anlass zu Einschränkungen der Notwehrbefugnisse gegeben hat“[537] und dadurch festlegte, in welchem Umfang das Vorverhalten hier noch von einem Notwehrrecht gedeckt ist. Insgesamt kann durch die Entscheidung jedoch eine weitere Konkretisierung des Verhältnisses zwischen vorwerfbarem Vorverhalten und dem hieran gebundenen Maß der Abwehr festgestellt werden.

Dieses Ergebnis wird durch weitere Urteile in der Folgezeit[538] bestätigt, in denen ebenfalls entschieden wurde, dass ein Beitrag zurspäteren Notwehrsituation durch entsprechendes Vorverhalten nicht grundsätzlich zur Einschränkung des Notwehrrechts führt, auch wenn der Täter wusste oder wissen musste, dass der andere durch dieses Verhalten zu einem rechtswidrigen Angriff veranlasst werden könnte. So wurde z.B. das Öffnen der

---

[534] BGHSt 39, 374 ff; BGH NJW 1994, 871 ff. (sog. „Kugelfangfall“).
[535] BGH NJW 1994, 871 (872).
[536] BGH NJW 1994, 871 (872).
[537] BGH NJW 1994, 871 (872).
[538] So z.B. BGH NStZ 1993, 332, 333; BGH NStZ-RR 1996, 130, 131.

Wohnungstüre gegenüber einem unbekannten Bewaffneten mit dem Wissen, dass hierdurch der Kontrahent zum Angriff verleitet werden könnte unter neuerlicher Bezugnahme auf das Rechtsbewährungsinteresse nicht als provokatives Vorverhalten gesehen, da es in einem solchen Fall in entscheidendem Maße darauf ankomme, ob der Angreifer sich durch das vorwerfbare Verhalten des später Notwehrübenden provoziert fühlen musste, denn eine nur fahrlässige oder gar leichtfertige Herbeiführung der Notwehrlage führe noch nicht zu einer Einschränkung des Maßes der gebotenen Verteidigung[539].

Auch durch eine Entscheidung aus dem Jahre 1996[540] wird die vermutete Tendenz bestätigt. Dieser Entscheidung ist eine weitere Differenzierung und damit Konkretisierung dahingehend zu entnehmen, dass der BGH beurteilte, ob sozialethisch zu missbilligendes Vorverhalten bereits zu einer Einschränkung des Notwehrrechts führt. Im vorliegenden Fall, der später Angeklagte hatte mehrfach das Fenster eines Zugabteils geöffnet um seinem Kontrahenten zu provozieren, woraufhin dieser ihn angriff und im Rahmen der körperlichen Auseinandersetzung vom später Angeklagten mit mehreren Messerstichen tödlich verletzt wurde, sah der BGH in dieser Handlung (dem Öffnen des Fensters) „eine Missachtung des Kontrahenten, die ihrem Gewicht nach einer schweren Beleidigung gleichkommt"[541]. Das Vorverhalten des Angeklagten sei deshalb sozialethisch zu missbilligen. Das Gericht führte weiter aus, dass es von den Umständen des Einzelfalles abhänge, wie stark der Angegriffene dann in seiner Abwehrhandlung eingeschränkt sei, wobei die Einschränkungen der Ausübung des Notwehrrechts umso geringer seien, je schwerer die Auswirkungen des Angriffs wiegen. Beim Einsatz lebensgefährlicher Verteidigungsmittel sei jedoch im Einzelfall äußerste Zurückhaltung zu üben, wenn der Auseinandersetzung eine Provokation vorausgegangen sei. In einem solchen Fall sei dem Angegriffenen ein Ausweichen zuzumuten.

Danach ist also im Falle eines rechtswidrigen Vorverhaltens das Maß der Abwehr nach der vom BGH entwickelten Drei-Stufen-Theorie eingeschränkt, ein Notwehrrecht jedoch nicht ausgeschlossen, auch wenn im vorliegenden Fall die tödliche Abwehr als nicht mehr von der Gebotenheit umfasst angesehen wurde. Darüber hinaus ist feststellbar, dass mit den Ausführungen noch immer keine wirkliche Klarheit geschaffen wurde, wie das Vorverhalten konkret ausgeprägt sein muss, damit es nicht mehr als sozialethisch zu missbilligen gewertet wird. Insgesamt fällt jedoch auf, dass der BGH inzwischen immerhin etwas konkreter wurde und nunmehr auch ein solches Verhalten, welches zwar an sich nicht rechtswidrig, jedoch sozialethisch zu missbilligen ist, genügen ließ um eine Notwehreinschränkung zu fordern.

---

[539] BGH NStZ 1993, 332, 333.

[540] BGHSt 42, 97, 101 (sog. Abteilfenster-Fall).

[541] BGHSt 42 (101).

Natürlich sind, wie schon festgestellt, vereinzelt Abweichungen von diesen Tendenzen nicht auszuschließen, die an dieser Stelle nicht vorenthalten werden sollen. Angesprochen ist hiermit die oben unter dem Punkt „persönliche Näheverhältnisse“ bereits erwähnte Entscheidung aus dem Jahre 2002[542], in der es darum ging, dass die Angeklagte in der Vergangenheit von ihrem Mann, mit dem sie in zweiter Ehe verheiratet war, wiederholt stark misshandelt wurde und dennoch zu ihm zurückkehrte, worauf es abermals zu einer Auseinandersetzung kam, in deren Folge die Angeklagte ihren Mann mit einem Messer erstach. Die Entscheidung ist auch deshalb erwähnenswert, weil der BGH hier nicht etwa nur Ausführungen zu persönlichen Näheverhältnissen gemacht hat, sondern auch zum Vorverhalten der Frau im Hinblick auf die spätere Notwehrsituation. Das Gericht führte hierzu nämlich aus, dass sie sich „sehenden Auges in eine Situation begeben habe, welche die Gefahr einer Eskalation in sich barg. Es war ihr deshalb wenigstens zuzumuten, bei den ersten Anzeichen eines möglicherweise eskalierenden Streites die Wohnung des Mannes zu verlassen“. Der BGH führte dazu auch aus, dass die erst zwei Tage vor der Tat erstattete Anzeige bei der Polizei nicht dazu geführt habe, dass sich die Angeklagte wenigstens für eine Weile vor ihrem Mann sicher fühlen konnte, deshalb habe sie mit einer weiteren Auseinandersetzung rechnen müssen - mehr noch, habe sie eine solche, wenn sie diese auch nicht provoziert hat, jedoch möglicherweise als willkommene Gelegenheit genutzt diesen endgültig zu beseitigen[543].

Soweit der BGH hier bereits auf die Rückkehr in die Wohnung trotz der Möglichkeit einer erneuten Eskalation abgestellt und hieraus den Schluss gezogen hat, dass deshalb ein die Notwehr einschränkendes oder gar ausschließendes Vorverhalten vorliege, überzeugt diese Argumentation indes nicht, da bereits in den vorgenannten Entscheidungen seit dem o.g. Barackenfall, mit dem dieser Fall durchaus Ähnlichkeiten aufweist, ein derartiges Verhalten, welches zwar leichtsinnig ist, aber kein sozialethisch zu missbilligendes oder sonst vorwerfbares Verhalten aufweist, konsequenterweise nicht als einschränkungsbegründend angesehen werden kann.

Auch der oben bereits angesprochene Fall[544], in dem es um Notwehr gegen Erpressung geht, reiht sich hier gut ein und kann deshalb an dieser Stelle nochmals kurz Erwähnung finden. Der BGH erkannte seinerzeit zwar in der Herstellung der kopierten CD`s ein vorwerfbares Vorverhalten, welches jedoch nicht das Stadium eines rechtsrelevanten Vorverhaltens, welches die Interessen des Angreifers tangiert, erreichte. Das Gericht führte hierzu aus, dass eine Einschränkung des Notwehrrechts des Angeklagten im Blick auf eine etwaige Provokation seines Kontrahenten durch vorwerfbares Vorverhalten voraussetzen würde, dass dieses Vorverhalten

542 BGH NStZ-RR 2002, 203, 205.

543 BGH NStZ-RR 2002, 203, 205.

544 BGH NJW 2003, 1955, 1959; NStZ 2003, 425, 427.

rechtswidrig oder wenigstens sozialethisch zu missbilligen wäre; zudem müsste zwischen ihm und dem rechtswidrigen Angriff seines Kontrahenten ein enger zeitlicher und räumlicher Zusammenhang bestehen[545]. In der weiteren Begründung hieß es unter Bezugnahme auf die bereits oben genannte Entscheidung (BGH NStZ 1993, 332, 333), „dass ein auch rechtlich erlaubtes Tun, wie etwa das Öffnen der Wohnungstür, gegenüber einem unbekannten Bewaffneten nicht ohne weiteres zur Einschränkung des Notwehrrechts führe, auch wenn der Täter wusste oder hätte wissen müssen, dass der andere durch dieses Verhalten zu einem rechtswidrigen Angriff veranlasst werden könnte. Entscheidend sei nicht, ob der später Angegriffene die Entwicklung vorhersehen konnte, sondern - mit Blick auf das Rechtsbewährungsinteresse - ob der Angreifer sich durch das vorwerfbare Verhalten des von ihm Angegriffenen provoziert fühlen konnte. Die bloße fahrlässige oder gar leichtfertige Herbeiführung einer Notwehrlage führe jedoch nicht zu einer Einschränkung des Maßes der gebotenen Verteidigung“[546].

Verglichen noch mit der Reichsgerichtsrechtsprechung im Nationalsozialismus aber auch mit der Übergangszeit in die Demokratie, wo noch im sog. Barackenfall dem Angegriffenen vorgehalten wurde, dass dieser „zumindest fahrlässig die spätere Notwehrlage dadurch herbeigeführt hätte, dass er den Angriff hätte voraussehen können“, ist angesichts dieser Begründung, wonach nunmehr nicht mehr „die Vorhersehbarkeit der Entwicklung der Auseinandersetzung“ maßgebend sein sollte, sondern „ob der Angreifer sich durch das vorwerfbare Verhalten des von ihm Angegriffenen provoziert fühlen konnte“, eine deutliche Tendenz in der Entwicklung des Notwehrrechts ersichtlich. Es kann also gerade in diesem Punkt wieder eine weniger restriktive Handhabung der Verteidigungsbefugnisse des Angegriffenen ausgemacht werden. Auch einem Fall aus dem Jahre 2005, also gerade mal zwei Jahre später, wurde die oben dargestellte Ansicht in einem weiteren Urteil nochmals bestätigt[547]. Der BGH bestätigte nochmals, dass auch ein der unmittelbaren Tatsituation vorausgehendes Verhalten des Angegriffenen, soweit es mit ihr in engem zeitlichen und räumlichen Zusammenhang steht, zumindest als sozialethisch verwerflich anzusehen und nach Kenntnis des Täters geeignet ist, einen dann gegebenenfalls mittels Notwehr abzuwehrenden Angriff zu provozieren in die Beurteilung der Tat einzubeziehen ist. Jedenfalls könne eine Einschränkung des Notwehrrechts „wegen bloßer Kenntnis oder der billigenden Annahme“ ein bestimmtes eigenes Verhalten könne einen anderen zu einem rechtswidrigen Angriff provozieren nicht angenommen werden. Weiter wurde in den Urteilsgründen festgestellt, dass das Maß der Einschränkung von den Umständen

[545] BGH NJW 2003, 1955 (1958).
[546] BGH NJW 2003, 1955 (1959).
[547] BGH NStZ 2006, 332, 334.

des Einzelfalls abhänge, insbesondere vom Gewicht der schuldhaften Verursachung, sowie vom Gewicht der drohenden Rechtsgutsverletzung“[548].

Diese Rechtsprechung wurde auch in der Folgezeit beibehalten, wie weiteren zahlreichen Urteilen aus neuerer Zeit zu entnehmen ist[549]. Insbesondere führte der BGH immer wieder unter Bezugnahme auf die oben erörterten Urteile aus, dass zwar eine Einschränkung der Notwehr im Sinne der Drei-Stufen-Theorie zu fordern sei, „wenn der Verteidiger gegenüber dem Angreifer ein pflichtwidriges Vorverhalten an den Tag gelegt habe, das bei vernünftiger Würdigung aller Umstände des Einzelfalles den folgenden Angriff als eine adäquate und voraussehbare Folge der Pflichtverletzung des Angegriffenen erscheinen lässt“, jedoch ein rechtlich gebotenes oder erlaubtes Tun nicht allein deshalb zur Einschränkung des Notwehrrechts führen könne, wenn der Täter wusste oder hätte wissen können, dass ein anderer durch dieses Verhalten zu einem rechtswidrigen Angriff veranlasst werden könnte. Auch die Vorbereitung auf einen Angriff durch das Mitführen einer Waffe wie im vorliegenden Fall führe noch nicht zu einer Einschränkung des Notwehrrechts, „da es einen Widerspruch darstellen würde, wenn die Rechtsordnung zum einen die Befugnis erteilte, ein Notwehrrecht auszuüben, zum anderen aber gerade für diesen Fall die Bestrafung aufgrund eines Delikts androhte, dessen tatbestandliche Voraussetzungen mit der Ausübung dieser Befugnis erfüllt werden“[550]. Diese Argumentation findet sich in oben genanntem und unter dem Punkt der persönlichen Näheverhältnisse behandelten Urteil zum Schülerstreit-Fall aus dem Jahre 1980[551] noch nicht, obwohl sich diese angeboten hätte, auch wenn seinerzeit schon Tendenzen dahingehend ersichtlich waren.

Bei Betrachtung der Entwicklung ist zunehmend erkennbar, dass vermehrt auf eine Differenzierung des Vorverhaltens geachtet wird. Wo anfänglich schon jegliches Vorverhalten eine Notwehreinschränkung begründen sollte, wird nunmehr differenziert, ob es sich um ein pflichtwidriges und somit zu Einschränkungen führendes Vorverhalten oder lediglich ein nur sozialethisch nicht zu billigendes Vorverhalten handelt, welches noch keine Pflicht zur Zurückhaltung bei Ausübung der Notwehrbefugnis begründet[552]. Der BGH führte in seiner Entscheidung hierzu aus, dass „allein der Umstand, dass der Angeklagte mit den drei Zeugen eine verbale Auseinandersetzung mit wechselseitigen Beleidigungen geführt und sich auf einen Zweikampf mit einem der Zeugen eingelassen habe, keine vorwerfbare Provokation des nachfolgenden Angriffs gegen ihn zu begründen vermag“[553].

---

548 BGH NStZ 2006, 332 (333).

549 So u.a. BGH NStZ 2011, 82, 83; BGH NStZ-RR 2011, 74, 75; BGH NStZ-RR 2011, 305, 306.

550 BGH NStZ 2011, 82 (83).

551 Vgl. BGH NJW 1980, 2263, 2264.

552 BGH NStZ-RR 2011, 74, 75; BGH NStZ-RR 2011, 305, 306.

553 BGH NStZ-RR 2011, 74 (75).

Diese Tendenz wird insgesamt in der Rechtsprechung des BGH der jüngeren Zeit fortgeführt, bzw. durch diese offensichtlich bestätigt. So kann diesbezüglich auch oben bereits behandelte Entscheidung aus dem Jahre 2012[554] hier nochmals kurz angeführt werden, denn hier hatte sich der BGH nicht nur mit der Erforderlichkeit auseinandergesetzt, sondern vielmehr auch das Vorverhalten des später Notwehrübenden angesprochen. Der BGH bestätigte dort, dass der Verteidiger regelmäßig erst dann zur Trutzwehr mit einer lebensgefährlichen Waffe übergehen könne, wenn alle Möglichkeiten zur Ausübung von Schutzwehr ausgeschöpft seien. Erst wenn der Notwehrübende dem von ihm im konkreten Fall leichtfertig provozierten Angriff nicht mehr ausweichen könne und keine milderen Abwehrmittel mehr zur Verfügung stünden, sei der Einsatz lebensgefährlicher Verteidigungsmittel gerechtfertigt. Neben der Bestätigung der bisherigen Rechtsprechung findet sich hier auch ein Hinweis, dass das Notwehrrecht auch bei leichtfertig provozierten Angriffen eingeschränkt sein kann, auch wenn das Gericht letztendlich keine Feststellungen dazu getroffen hat, welcher Art die Einschränkungen sein müssen. Die Entscheidung in wieweit im konkreten Fall (der später Notwehrübende hatte auf die Beleidigungen seines Kontrahenten mit den Worten „na dann kommt doch her" erwidert) das Notwehrrecht eingeschränkt sein soll überlies der BGH dem neuen Tatrichter[555].

(4.1) Zwischenergebnis

Schon alleine an der Fülle der ergangenen Urteile zur Absichtsprovokation und zum auf sonstige Weise verschuldeten Angriff wird der enorme Entwicklungsprozess in der Rechtsprechung zu dieser Thematik ersichtlich.

Verglichen mit der Rechtsprechung des Reichsgerichts im Dritten Reich, wo anfänglich schon jegliches Vorverhalten eine Notwehreinschränkung zur Folge haben sollte, was faktisch einer völligen Beschneidung des Notwehrrechts gleichkam, indem grundsätzlich auch rechtlich erlaubtes Tun einschränkend gesehen wurde, wird die diametrale Entwicklung in mehrere Richtungen deutlich. Zum einen wurde nach anfänglicher Anlehnung des BGH an die Rechtsprechung des Reichsgerichts (z.B. im sog. Barackenfall, wo schon die Rückkehr in die Baracke als notwehreinschränkend gesehen wurde) zunehmend eine Konkretisierung bzw. Differenzierung nach der Art des Vorverhaltens deutlich, zum anderen wurde ersichtlich, dass nicht zuletzt durch diese Veränderung eine schrittweise Ausweitung der Notwehrbefugnisse entwickelt wurde. Zur Komponente der Differenzierungen nach der Art des Vorverhaltens kam schließlich auch die des zeitlichen Zusammenhangs zwischen angriffsauslösendem Verhalten und späterer Notwehrsituation um eine noch schärfere Konturierung der Notwehrbefugnisse zu erreichen. Sehr deutlich wird diese Entwicklung wenn man sich

554 BGH NStZ-RR 2013, 139, 141.
555 BGH NStZ-RR 2013, 139 (141).

zunächst die oben behandelte Reichsgerichtsentscheidung aus dem Jahre 1926 nochmals vor Augen führt, wo entschieden wurde, dass das bloße Aufsuchen eines Gasthauses mit Streitgefahr für sich genommen noch nicht zu Einschränkungen führen solle. Mit dieser Entscheidung grenzte das Gericht erstmals diejenigen Fälle, in denen absichtlich eine Notwehrlage provoziert wurde, von denen ab, die sich darin erschöpfen, dass der später Notwehrübende schuldhaft, aber nicht absichtlich durch sein Verhalten eine Notwehrsituation heraufbeschworen hat. Bei Vorliegen einer lediglich schuldhaften, aber nicht gezielten Herbeiführung sollte nach Ansicht des Gerichts das Notwehrrecht nicht ausgeschlossen sein. Eine deutliche Veränderung in Richtung restriktiverer Auslegung der Notwehrbefugnisse vollzog das Reichsgericht in der Zeit des Dritten Reiches. Dort wurden die Einschränkungen auf nahezu jegliche Art von Vorverhalten ausgeweitet. Noch bis in die Siebzigerjahre wurden die Notwehrbefugnisse stark eingeschränkt, wenn ein an sich leichtsinniges, aber erlaubtes Verhalten, wie zum Beispiel das Zurückkehren an den Ort der Konfrontation zur späteren Notwehrsituation beigetragen hat. Wie aufgezeigt wurden anfänglich auch noch oft Begrifflichkeiten verwendet, die das Reichsgericht in der NS-Zeit hervorbrachte. Erst mit der Zeit vollzog sich auch diesbezüglich eine Abkehr von den seinerzeit entwickelten Grundsätzen und Begrifflichkeiten. Nunmehr war Raum geschaffen für neue Herleitungen und Diskussionen. Mit dem o.g. sog. Finnendolchfall schien erstmals die Art des notwehreinschränkenden Vorverhaltens näher definiert und mit der Drei-Stufen-Theorie eine entsprechende abgestufte Verteidigung entwickelt worden zu sein. Den oben analysierten Entscheidungen der jüngsten Zeit ist zu entnehmen, dass sich diese Entwicklung fortsetzte. Zunehmend wurde vom Erfordernis der Vorhersehbarkeit der Entwicklung der jeweiligen Auseinandersetzung abgewichen und im Sinne einer dualistischen Auslegung auch das Rechtsbewährungsinteresse mit einbezogen und darauf abgestellt, ob sich der Angegriffene durch das Vorverhalten provoziert fühlen durfte. Es wurde also weg von einer subjektiven Beurteilung und hin zu einer objektiven Beurteilung tendiert, was einer weniger restriktiven Handhabung durch die Herausnahme dieses Erfordernisses aus dem Verantwortungsbereich des Notwehrübendenden gleichkommt.

Es kann also insgesamt eine Änderung in der Rechtsprechung dahingehend festgestellt werden, dass nunmehr ein abgestuftes Notwehrrecht, angepasst an die Intensität des Verursacherbeitrags des Angegriffenen, zugestanden wurde, wohingegen das Reichsgericht seinerzeit darauf abstellte, dass generell eine in sonstiger Weise hervorgerufene Notwehrlage zur Versagung des Notwehrrechts führen solle.

Hiermit bestätigt sich tendenziell die Annahme, dass sich also wieder eine Entwicklung, wie sie sich bereits vor der Zeit des Dritten Reiches ansatzweise entwickelt hat, vollzieht[556], bei der differenziert wurde, ob die später

[556] Vgl. RG JW 1926, 1172.

entstandene Notwehrsituation in sonstiger Weise oder absichtlich hervorgerufen wurde. Somit ist im Entwicklungsprozess der Notwehr bei entsprechendem Vorverhalten des Notwehrübenden wieder eine Tendenz dahingehend ersichtlich, zumindest bei nicht absichtlichem Vorverhalten ein abgestuftes Notwehrrecht und somit wieder ein „Mehr“ an Notwehr zuzugestehen.

d) Gesamtergebnis Rechtsprechung

Im Ergebnis konnte durch die Untersuchung der Rechtsprechung in der Gegenprobe, wenn auch mit unterschiedlicher Intensität, bestätigt werden, dass auch die Rechtsprechung sich an die gesellschaftlichen und politischen Veränderungen angepasst hat. Nach 1945 kann beobachtet werden, dass fallgruppenübergreifend insgesamt wieder eine, wenn auch schleichende, gegenläufige Entwicklung stattfand, die sich noch aktuell fortsetzt. Während die Rechtsprechung noch vor dem Beginn des Nationalsozialismus begonnen hatte erste Differenzierungen bezüglich des jeweiligen Verursacherbeitrags vorzunehmen, wurde zu Beginn des Nationalsozialismus das Augenmerk in stärkerem Maße auf die Beteiligten im Lichte der Gesellschaft gelegt. Ausdruck fand dies in der Rechtsprechung hauptsächlich in Aussagen wie der, dass zum Beispiel „durch den Angriff eines Geisteskranken die Mannesehre erst gar nicht verletzt sei. Ein anderes Handeln fände bei einem Mann aus dem Volke gar kein Verständnis“[557].

Die Gegenprobe hat hinsichtlich der Rechtsprechung gezeigt, dass wenn auch anfänglich eine Anlehnung der Nachkriegs-Rechtsprechung an die Reichsgerichtsrechtsprechung aus der Zeit des Nationalsozialismus auszumachen war, insgesamt jedoch wieder eine deutliche gegenläufige Entwicklung festgestellt werden kann.

Darüber hinaus hat sich bestätigt, dass die Rechtsprechung dazu tendierte mit der schwindenden Fokussierung staatlicher Interessen in Gesellschaft und Politik wieder eine weniger restriktivere Auslegung des Notwehrrechts vorzunehmen. Auf die Akteure einer Notwehrsituation bezogen hat sich auch für die Rechtsprechung bestätigt, dass im Gegensatz zu totalitären und autoritären Staaten wieder die Notwehrbefugnisse des Individuums in den Vordergrund gestellt wurden. Mit Einführung der Sozialethik und der Betrachtung der jeweiligen Notwehrsituation unter Berücksichtigung der Belange des Angreifers und des Angegriffenen wurden in stärkerem Maße wieder gesellschaftliche Wertmaßstäbe für das Notwehrrecht bedeutend.

Die jüngere Rechtsprechung tendiert weiterhin zu einem weniger zurückhaltenden Umgang mit den Notwehreinschränkungen, die dem Angegriffenen auferlegt werden, ohne jedoch die Belange des Angreifers aus den Augen zu verlieren.

---

[557] Z.B. Klee s. 58 ff.

2. Die Entwicklung der Notwehr in der Literatur

a) Erforderlichkeit

Nach 1945 wurden in Ermangelung der heute bekannten und unter dem Prüfungspunkt „Sozialethische Einschränkungen" verorteten Fallgruppen Notwehreinschränkungen auch in der Literatur zunächst im Rahmen der Erforderlichkeit geprüft. Auch hier findet sich anfänglich noch vereinzelt und ansatzweise die Terminologie der noch zuvor ergangenen Reichsgerichtsrechtsprechung, wonach eine Verteidigungshandlung dann erforderlich sein sollte, „wenn bei objektiver Betrachtung der Stärke des Angriffs und nach den Mitteln, die dem Angegriffenen zur Verfügung stehen der Angriff nicht mehr anders abwendbar ist und die gewählte Abwehr das leichteste Mittel darstellt, auch wenn dieses tödlich ist, wenn der Angriff nicht anders abzuwehren war". „Hierbei, müsse das Recht dem Unrecht grundsätzlich nicht weichen, jedoch habe das Notwehrrecht dort seine Grenzen, wo die Schwere der Verletzung im Verhältnis zur (Un-)Erheblichkeit des Angriffs sozial untragbar wäre. Flucht sei dem Angegriffenen jedoch nicht zuzumuten, wohl aber, wenn er seiner Ehre nichts vergebe, ein Ausweichen vor dem Angriff (besonders gegenüber Schuldlosen) oder die Annahme fremder Hilfe"[558]. Begriffe wie das gesunde Volksempfinden hingegen sind in der Nachkriegsliteratur weitestgehend verschwunden, bzw. nur noch ganz vereinzelt auszumachen[559]. Fraglich ist, ob sich auch in der Untersuchung der nachfolgenden Fallgruppen die in der Literatur diskutiert wurden eine entsprechend entgegengesetzte Entwicklung bestätigt.

b) Die Entwicklung der einzelnen Fallgruppen

Besonderes Augenmerk soll im Folgenden auf die Fallgruppen gelegt werden. Es ist zu untersuchen, ob sich oben gefundene Ergebnisse auch in den Ansichten der Literatur widerspiegeln bzw. welche Streitstände hier geführt wurden.

(1) Notwehr bei krassem Missverhältnis zwischen angegriffenem und verteidigtem Rechtsgut

In der Literatur der Nachkriegszeit ist, wie oben kurz angesprochen, zunächst eine Abkehr von der bisher verwendeten Terminologie des „gesunden Volksempfindens" feststellbar. Zu finden sind nunmehr Begrifflichkeiten wie „die guten Sitten" und „das Verbot des Rechtsmissbrauchs" um eine Notwehrrestriktion zu begründen[560]. Die nach wie vor unter dem Prüfungs-

---

558 Welzel, S. 64.

559 Vereinzelt wurde wohl noch der alte Begriff der „Volksmoral" verwendet, so z.B. LK - Nagler/Jagusch § 53 III d), was wohl noch auf die von Nagler 1940 vertretene Meinung zurückzuführen ist, vgl.: Nagler GS 114, 1940, S. 140.

560 Welzel, S. 87; Roxin, AT, § 15, Rn. 56.

punkt der Erforderlichkeit vorgenommene Einschränkung betrachtete seinerzeit ausschließlich den Wert der von Angriff und Verteidigung jeweils betroffenen Güter um die jeweilige Abwehrhandlung entsprechend zu begrenzen[561]. Diese Herangehensweise konnte sich jedoch anscheinend letztendlich nicht durchsetzen, da präferiert wurde, dass sich die erforderliche Verteidigung einzig und alleine, sowohl am Ausmaß des Angriffs, als auch an dessen Stärke auszurichten hatte und nicht etwa an der Abwägung des Wertes des Angriffsobjekts im Verhältnis zu Intensität des Angriffs selbst, da sich das Maß der Verteidigung, so Vertreter dieser Ansicht, nur daran zu orientieren habe, ob im Rahmen der Abwehr weniger einschneidende Mittel in Betracht zu ziehen sind[562]. Vertreter dieser Ansicht begründen ihre Ablehnung u.a. damit, dass bei Abwägung des Wertes der jeweils betroffenen Güter die Trennlinie in bestimmten Fällen, wie z.B. bei der Verteidigung von Nahrungsmitteln in Kriegszeiten nicht mehr klar zu ziehen sei, weshalb diese Auffassung überholt sei[563]. Hier wird wieder einmal mehr deutlich, wie sehr gesellschaftliche und politische Aspekte in das Notwehrrecht hineingewirkt haben.

Mit der Einführung des Merkmals der Gebotenheit wurde dann zunächst versucht, diese Fallkonstellation aus dem Prüfungspunkt der Erforderlichkeit herauszunehmen, um eine klarere Prüfung zu erreichen[564]. Dies stieß jedoch in der Folgezeit ebenfalls auf die gleiche Kritik wie die zuvor unternommen Versuche, so dass letztendlich auch dem Merkmal der Gebotenheit Konturlosigkeit bescheinigt wurde[565]. Dies führte wiederum dazu, dass in der Folgezeit verschiedentlich Versuche vorgenommen wurden, die für sich genommen lediglich als Worthülse gesehene Gebotenheit auszufüllen[566].

Dementsprechend wurde auch die Herangehensweise Begrifflichkeiten wie „die guten Sitten“ und „das Verbot des Rechtsmissbrauchs“ heranzuziehen immer öfter hinterfragt. Kritikpunkt war hauptsächlich, dass diese Begriffe zu unscharf seien und zu viel Spielraum ließen, zudem sei in der Heranziehung solcher Begriffe ein Verstoß gegen das Bestimmtheitsgebot zu sehen, da nicht hinreichend konkretisiert sei, wann genau Rechtsmissbräuchlichkeit vorliege. Auch der oft verwendete Begriff der sog. „Ange-

561 So z.B. Petters, § 53, Rn. 3; Schönke-Schröder, 7. Aufl., § 53, Rn. 2.

562 Schaffstein MDR 1952, S. 132 (134); Krey, JZ 1979, S. 710 ff.

563 Schaffstein MDR 1952, S. 132 (134).

564 Kohlrausch-Lange, 41. Aufl., § 53 II.

565 So z.B. Otto in: Festschrift für Thomas Würtenberger, S. 129 (136), der im Merkmal der Gebotenheit „nicht einmal weitere, konkretisierungsfähige Anhaltspunkte sehen will, die eine vom Gesetz her begründete Argumentation ermöglichen“.

566 Kohlrausch-Lange, 41. Aufl., § 53 II; Marxen, Grenzen, S. 63, der betont, dass die sozialethischen Notwehrschranken bestimmten formellen und materiellen Legitimationsanforderungen genügen müssen. Formell bedürfen diese nämlich einer Legitimation durch ein Gesetz und im materieller Hinsicht muss die Begrenzung der Rechte des Angegriffenen einem schutzwürdigen Zweck dienen und sich als geeignetes und notwendiges Mittel zur Erreichung des Zweckes erweisen; ebenso Krey, JZ 1979, S. 702 (714).

messenheit"[567] wurde aus denselben Gründen letztendlich nicht als zielführend angesehen, weshalb letztendlich auch ihm Konturlosigkeit attestiert wurde[568].

Wie oben schon angesprochen fand in der Nachkriegszeit dann auch in der Literatur der Begriff der sog. Sozialethik Einzug um das Merkmal der Gebotenheit auszufüllen. Tragender Gedanke hierbei war u.a. entweder die sich aus dem Grundgesetz oder aus Art. 2 II EMRK, der aber das Notwehrrecht zwischen Bürgern nicht betrifft, ergebende Stellung des Individuums[569].

Auch ist eine kontroverse Diskussion der bisherigen Auffassungen feststellbar. Im Mittelpunkt der Diskussion stand hauptsächlich die Frage ob und wann genau im Rahmen der Sozialethik ein krasses Missverhältnis zwischen angegriffenem verteidigtem Rechtsgut vorliegen solle. Während sich auf der einen Seite eine Ansicht entwickelte, die zukünftig auf jegliche Güterabwägung verzichten wollte[570], forderte die Gegenansicht, dass zumindest in Fällen absoluter Ungleichheit zwischen angegriffenem und verteidigtem Rechtsgut Notwehreinschränkungen geboten sein sollen, da der durch den Angriff zu erwartende Schaden nicht mehr außer Relation zum durch die Verteidigungshandlung zu erwartenden Schaden stehen dürfe. Überwiegend wurde jedoch auch in der Literatur vertreten, dass das Prinzip der Notwehr, dass es grundsätzlich keiner Verhältnismäßigkeitserwägungen zwischen bedrohtem und verteidigtem Rechtsgut bedürfe, da jedes Rechtsgut wertvoll genug sei, um bis zur letzten Konsequenz verteidigt zu werden, ausnahmsweise dann nicht mehr gelte, wenn hierdurch ein nicht mehr im Verhältnis stehendes und schwerwiegendes Missverhältnis hervorgerufen würde, z.B. wenn einem bloß geringfügigen Angriff allein durch die Tötung des Angreifers oder dessen schwere Verletzung entgegnet werden könne[571]. Diese Auffassung ist sogar bis in die Siebzigerjahre feststellbar. Anfang der Siebzigerjahre lebte die Diskussion über Ausweitungen und Einschränkungen der Befugnisse des Angegriffenen in derartigen Fällen wieder auf; teilweise wurde sogar vertreten diese Fallgruppen mangels Berechtigungsgrundlage aus der Gebotenheit herauszunehmen. Wie oben bereits angerissen lebte erneut die Diskussion auf, ob die Tötung des

567 Kohlrausch-Lange, 41. Aufl., § 53 II; Felber S. 186.

568 Otto in: Würtenberger-FS, S. 129 (134); Krey, JZ 1979, S. 702 (714); Bitzilekis, S. 93 u. 129.

569 Frister, GA 1988, S. 291 (314); Fischer, 56. Aufl. § 32, Rn. 40; Marxen, Grenzen, S. 61.

570 Merkel, JZ 2007, 377, der in der Verletzung des Angreifers durch den Angegriffenen eine Selbstschädigung des Angegriffenen in mittelbarer Täterschaft sieht, weshalb der Angegriffene die Verteidigungshandlung zu seinem Erfolg mache, und weshalb wiede rum der Verhältnismäßigkeitsgrundsatz keine Anwendung finden könne, da dieser die Eingriffe in fremde Rechte regle und hier solch ein Eingriff in fremde Rechte überhaupt nicht vorliege.

571 So z.B. Kohlrausch-Lange, 41. Aufl., § 53 II; Schönke-Schröder, 7. Aufl., § 53, Rn. 21; Kratzsch, Grenzen, S. 5 ff; Lenckner GA 1968, S. 1 (4).

Angreifers zum Schutze von Sachwerten überhaupt zulässig sein soll, da es unverhältnismäßig erschiene, die Verteidigung von Sachgütern durch tödliche Abwehr zu rechtfertigen. Diese Diskussion wird bis heute geführt. Vertreter dieser Ansicht wollen tödliche Abwehrmaßnahmen nur dann durch Notwehr gerechtfertigt sehen, wenn die Folgen des Angriffs selbst lebensbedrohlich seien[572]. Es liegt auf der Hand, dem hohen Schutzgut des Lebens soll ein erheblich höherer Stellenwert als dem Sachgüterschutz zukommen, doch es ist auch nicht von der Hand zu weisen, dass oftmals, wie zum Beispiel in einer Einbruchssituation nicht eindeutig ersichtlich ist, ob nur Sachwerte betroffen sind.

Die Gegenposition hingegen sieht in einer solchen Ausweitung eine unzulässige Einschränkung der Notwehrbefugnisse, für die sich auch im Gesetz keine Grundlage fände[573].

Der überwiegende Teil der Literatur stellt jedoch das hohe Gut eines Menschenlebens in den Vordergrund und vertritt die Auffassung, dass wenn ein geringer Sachwert betroffen sei Notwehr dann nicht geübt werden dürfe, wenn die Folgen der Abwehr das hohe Schutzgut des Lebens beträfen[574]. Hierbei werden die jeweils betroffenen Rechtsgüter einander gegenübergestellt um die Wertigkeit der jeweils betroffenen Rechtsgüter und das Ausmaß der durch die mögliche Verteidigung hervorrufen Verletzung abzuwägen um so dann ein entsprechendes Missverhältnis zwischen den jeweils durch den Angriff und dessen Abwehr beeinträchtigten Rechtsgüter herauszustellen[575].

Die Begründungen hierzu fallen jeweils verschieden aus, je nachdem welchem Notwehrverständnis gefolgt wird. Vertreter der dualistischen Ansicht stellen (meist unter Bezugnahme auf den Obstdiebfall des RG) drauf ab, dass in solchen Fällen die Tötung des Angreifers zur Verteidigung von hierzu absolut nicht im Verhältnis stehenden Gütern nicht mehr der Bewährung der Rechtsordnung diene, da auch die Rechtsordnung nicht um jeden Preis verteidigt werden dürfe[576]. Dies ergebe sich vor allem aus dem Gesetz selbst, welches auch an anderer Stelle zahlreiche Differenzierungen hinsichtlich des Maßes der Schuld und Einschränkungen hinsichtlich der Strafverfolgung vornehme und somit klar darlege, dass in geringwertigen Fällen der Schutz der Rechtsordnung weniger stark betroffen sei[577]. Ebenso

---

572 Marxen, Grenzen, S. 60 f.; SK-Günther, § 32, Rnrn. 113 ff.; Frister, GA 1988, S. 291 (313).

573 Krey, JZ 1979, S. 702 (712); Kratzsch, Grenzen, S. 52 f.

574 Otto in: Würtenberger-FS, S. 129 (146); Jescheck/Weigend, AT, § 32 Rn. 384; Rosenau in: Satzger/Schmitt/Widmaier, § 32, Rn. 34 m.w.N.

575 Otto in: Würtenberger-FS, S. 129 (146); Jescheck/Weigend, AT, § 32 Rn. 384; Frister, GA 1988, S. 291 (313).

576 Lenckner GA 1968, S. 1 (4); Geilen Jura 1981, 370 (374); Kindhäuser, § 32, Rnrn 47 ff.

577 Z.B. die Möglichkeiten des Verweisens auf den Privatklageweg, einer Einstellung bei hypothetisch geringer Schuld im Rahmen der §§ 153 ff , 376, 383 Abs. 2 StPO oder z.B. die Regelungen zur Verfolgung bei Diebstahl und Unterschlagung geringwertiger Sa-

sei auch das Individualinteresse weniger stark durch einen solchen geringwertigen Angriff betroffen[578].

Unter den Anhängern der monistisch-individuellen Notwehransicht hat sich weitestgehend allgemein durchgesetzt, dass die Stellung des Individuums ausnahmsweise in Fällen eines unerträglichen Missverhältnisses der betroffenen Rechtsgüter zurücktreten müsse[579].

Sogar nach einer monistisch-überindividualistischen Ansicht ist hier Raum für eine einschränkende Begründung. Ähnlich der dualistischen Begründung wird hier in der Geringwertigkeit des Angriffs eine ebenso geringe Tangierung der Rechtsordnung gesehen, dies mit der Folge, dass auch nur entsprechend geringe Abwehr erfolgen dürfe. Schließlich dürfe eine Abwehrhandlung nicht so weit gehen, dass aus ihr selbst neues Unrecht entstehe, welches wiederum die Rechtsordnung aufhebe oder destabilisiere[580].

Darüber hinaus wurden zahlreiche weitere Begründungen der Verteidigungsbefugnis diskutiert, die hier jedoch nicht allesamt Erwähnung finden können[581].

(1.1) Zwischenergebnis

Während noch vor 1945 die Notwehreinschränkungen am Erfordernis des „gesunden Volksempfindens“ ausgerichtet waren, wurde in der Nachkriegszeit sehr schnell versucht eine andere Terminologie zu finden. Anfänglich wurden Floskeln wie „das Verbot des Rechtsmissbrauchs“ oder „der Verstoß gegen die guten Sitten“ als Maßstab herangezogen. Nicht zuletzt von der Literatur wurden oben gefundene Entscheidungen des Reichsgerichts und später auch des BGH in denen versucht wurde mit dem „gesunden Rechtsgefühl“ und den „guten Sitten“ eine Begrenzung der Notwehr zu erreichen, zu Recht als unscharf hinsichtlich ihrer Einschränkung des Notwehrrechts bezeichnet und kritisiert, dass sie keinen Aufschluss darüber gäben, z.B. wann Notwehr zulässig sei, wie weit die Verteidigung gehen dürfe und wann etwa Beschränkungen des Notwehrrechts hinzunehmen seien. Insbesondere seien auch diese Begriffe viel zu unbestimmt und vieldeutig, so dass sie sich zur Abgrenzung nicht eignen würden[582]. Die Diskussion um die begründenden Merkmale für die Einschränkung der Notwehrbefugnisse wird bis heute kontrovers geführt.

---

chen; so z.B. Duttge in: Dölling/Duttge/Rössner, § 32 Rn. 28; ebenso Krause in: Bruns-FS, S. 71 (86); oder gar Otto in: Würtenberger-FS, S. 129 (146), der in diesem Zusammenhang von „Einstellung des Verfahrens wegen Bagatellunrecht“ spricht.

578 Krey, JZ 1979, S. 702 (714); Jescheck/Weigend, AT, § 32 Rn. 384; Kühl, § 32 Rn. 181; Wessels/Beulke, AT, 32. Aufl.,§ 8, Rn. 343.

579 So z.B. SK-Günther, § 32, Rn. 111.

580 Kern, ZStW 64 (1952), S. 255ff; Bitzilekis, S. 132.

581 Vertiefend hierzu: Engländer, S. 39 ff.

582 Bitzilekis, S. 93; Kratzsch, Grenzen, S. 57.

Gezeigt bzw. bestätigt hat sich durch vorstehende Analyse jedoch hauptsächlich, dass auch die Literatur eine Wende vollzogen hat und entsprechend der wieder in den Vordergrund rückenden Prinzipien des Individualismus und der Humanität, geprägt unter anderem durch das Leitbild des Grundgesetzes und der EMRK, diskutierte, wie die Verteidigung bei einem krassen Missverhältnis der betroffenen Güter ausgestaltet seien soll. Mittlerweile hat sich die die Diskussion weg von der Güterproportionalität etabliert; eine klare Tendenz ist hier wieder in der Ausweitung der Notwehrbefugnisse des Individuums zu sehen. Die Verteidigung der Rechtsordnung wird in den Diskussionen zwar nicht gänzlich ausgeklammert hat jedoch eine untergeordnete Position durch die individualistisch geprägten Diskussionen eingenommen. Somit hat sich auch durch diese Untersuchung die Vermutung bestätigt, dass sich auch bezüglich der Fallgruppe „des krassen Missverhältnisses der von der Notwehr jeweils betroffenen Rechtsgüter“ wieder eine gegenläufige Tendenz auch in der Diskussion in der Literatur abzeichnet.

(2) Notwehr bei schuldunfähigem, irrendem oder vermindert schuldfähigem Angreifer

In der Nachkriegsliteratur gewann die Untersuchung von Abwehrhandlungen gegenüber schuldunfähigen Personen, nachdem diese im Nationalsozialismus eher an Bedeutung verloren hatte und in den Hintergrund gedrängt wurde, wieder mehr Beachtung. Es bildeten sich auch in dieser Fallgruppe verschiedene Meinungen heraus, von denen die für diese Untersuchung Bedeutendsten an dieser Stelle behandelt werden sollen. Auch diese Fallgruppe wurde zunächst im Rahmen der Erforderlichkeit geprüft[583].

Im Wesentlichen war die Literatur der Nachkriegszeit trotz Einigkeit hinsichtlich einer Abkehr von den noch zuvor im Nationalsozialismus propagierten restriktiven Ansichten und Begrifflichkeiten in zwei Lager gespalten, nämlich das der Vertreter, die hinsichtlich der Angriffe von Kindern, Unzurechnungsfähigen und erkennbar schuldlos Handelnden ein Notwehrrecht nicht für gegeben sehen wollten und denen, die zwar ein Notwehrrecht im Grundsatz zugestehen, dieses jedoch aufgrund verschiedener Umstände eingeschränkt wissen wollten.

Grundgedanke für eine ablehnende Haltung gegenüber dem Notwehrrecht gegen Personen, die von dieser Fallgruppe umfasst sind war die Ansicht, dass ein Angriff nur durch eine von „Rationalität und Verantwortung“ geprägte Handlung eines „verantwortlichen Menschen“ hervorrufen werden könne, was bei vorgenannter Personengruppe stark eingeschränkt oder gerade nicht der Fall sei[584].

---

583 Kohlrausch-Lange, 41. Aufl., § 53 II; Schönke-Schröder, 12. Aufl., § 53, Rn. 19; Himmelreich GA 1966, S. 129 ff; ders. MDR 1967, S. 361 (362).

584 Hall ZStW 1958, S. 41 und 55; Mayer, S. 204.

Diese Argumentation scheint wieder stark an die oben unter dem Prüfungspunkt „Notwehrrecht in der Literatur des Nationalsozialismus - Bisherige Ansätze“ behandelte, noch vor Einbruch des Nationalsozialismus vertretene Meinung anzuknüpfen, dass „Angriffe“ von Schuldlos Handelnden zwar durch ein Wollen verursacht würden, welches aber fast wie ein Zufall wirke, da diese sich letztendlich nicht wirklich gegen den tatsächlich Betroffenen als konkret ausgemachtes Individuum richteten, sondern aufgrund einer „krankhaften Verrückung“ lediglich gegen die Person gegenüber[585].

Auch unter den Vertretern, die eine Notwehreinschränkung befürworten, sind wiederum vereinzelt Begründungsmuster ersichtlich, die eine Abkehr von der noch vor 1945 vertretenen Anschauung erkennen lassen. Während seinerzeit nämlich noch ein generelles Ausweichen gefordert wurde, wurden nunmehr wieder vermehrt Stimmen laut, die in einer solchen Forderung eine Abwertung des Notwehrrechts sahen[586]. Einigkeit bestand jedenfalls darin, dass weder eine generelle Ausweichpflicht die Lösung sein kann, noch ein Zugestehen einer uneingeschränkten Ausübung der Verteidigung, so dass im Einzelfall die Tendenz zu einem vorrangigen Ausweichen ging, bevor Verteidigungshandlungen vorgenommen werden[587]. Diskutiert wurde nach wie vor, ob die Einschränkungen aus der Notwehr selbst abzuleiten, oder ob zusätzlich externe Kriterien heranzuziehen sind, wie zum Beispiel die Figur des vielbesagten Rechtsmissbrauchs. Hieraus wiederum entwickelten sich neue Begründungsmuster, die fallbezogen Einschränkungen vornahmen.

Die Figur des sog. Verbotes des Rechtsmissbrauchs als notwehreinschränkende Begründung wurde in der Weise herangezogen, dass es beispielsweise als rechtsmissbräuchlich angesehen werden sollte, gegenüber einem schuldlosen Angreifer das volle Notwehrrecht zu üben. Aber auch zusätzliche Begründungsmuster, die aus anderen Fallgruppen bereits bekannt sind, wie die soziale Rücksichtnahme und die Sozialethik wurden zur Begrenzung des Notwehrrechts herangezogen. Diese Ansicht musste sich jedoch ebenfalls vorhalten lassen, dass derartige Begriffe zu unbestimmt seien, um die Notwehrgrenzen zu definieren, da auch durch sie nicht klar festgelegt werde, wann im Einzelnen die Verteidigungshandlung abgeschwächt oder gänzlich unzulässig sein soll. Die Hinzuziehung fremder Merkmale wurde zweifelsohne als nicht tragfähig erachtet, so die Kritik, da sich eine Einschränkung der Notwehr nur aus den ihr innewohnenden Begrenzungen ergeben könne[588]. In den achtziger und neunziger Jahren entwickelte sich zunehmend dieser Gedanke, dass Einschränkungen nur

585 Siehe Fußnote 228: Geyer, S. 25 f.

586 Kratzsch, Grenzen, S. 59; Schönke-Schröder, 12. Aufl., § 53, Rn. 19.

587 Schönke-Schröder, 12. Aufl., § 53, Rn. 19; Lenckner GA 1968, S. 1 (3).

588 Hirsch in Festschrift für Eduard Dreher, S. 217; Otto in: Festschrift für Thomas Würtenberger, S. 129 (135); Bitzilekis, S. 102 ff.

aus der Notwehr selbst hervorgehen können und dürfen. In dieser Zeit ist auch wieder verstärkt die Diskussion angefacht worden, inwieweit dem individualistischen bzw. dem dualistischen Notwehrmodell der Vorzug zu geben sei.

Während auf der einen Seite vertreten wurde, dass das Rechtsbewährungsprinzip in derartigen Fällen nicht zurücktreten solle, gewann die Ansicht, dass die Interessen des Individuums bei der Bewertung vorrangig zu sehen seien und der Schutz der Rechtsordnung zwangsläufig mit tangiert aber unnötig sei zunehmend an Einfluss. Bisweilen wurde sogar vertreten, dass die Einbeziehung des Rechtsbewährungsprinzips nicht mehr zeitgemäß sei[589].

Wie jedoch der Betrachtungswinkel aus individualrechtlicher Sicht ausgestaltet sein sollte, wurde weiter kontrovers diskutiert. Während teilweise das Augenmerk vermehrt auf die Schuldunfähigkeit des Angreifers gelegt wurde, wollten Vertreter der Gegenansicht die Belange des Angegriffenen in den Vordergrund gestellt sehen[590].

Hauptargument der Befürworter für eine Fokussierung der Belange des Angegriffenen ist bis heute, dass der Angegriffene in der konkreten Notwehrsituation meist in Panik, in der Regel nur wenige Sekunden für Abwehrmaßnahmen haben dürfte, und somit eine sofortige Bewertung der Kampfeslage vorzunehmen müsse um entsprechend zu handeln. Darüber hinaus dürfte es in der Regel gerade dem Wesen eines Angriffs entsprechen, dass der Angegriffene überraschend angegriffen wird, so dass eine vorherige Überprüfung des Angreifers den Angegriffenen in nicht mehr hinnehmbar Art und Weise benachteiligen würde, wenn er in jedem Einzelfall nach Anhaltspunkten für mangelnde Schuld suchen müsste, bevor er sich verteidige[591].

Diese Argumentation ist nicht neu, denn wenn man diese einmal mit der Entwicklung vor 1933 ins Verhältnis setzt und mit der oben analysierten Literaturmeinung vor dem Veränderungsprozess im Dritten Reich vergleicht, kann nämlich festgestellt werden, dass z.B. Oetker bereits im Jahre 1930 eine ähnliche Meinung vertreten hat[592].

Vertreter einer angreiferorientierten Betrachtung argumentierten hingegen damit, dass gerade schuldlose Angreifer für die hervorgerufene Situation nicht verantwortlich seien und dass gegen diese deshalb nur Notwehr geübt werden dürfe, wenn diese für den Angriff zur Verantwortung gezogen werden können[593], denn gerade ein schuldloser Angreifer könne sein

589 Frister GA 1988, 291 (302); Wagner, Notwehrbegründung, S. 47; Renzikowski, S. 83 f.

590 Wagner, Notwehrbegründung, S. 30 ff; S. 80 ff; Lackner/Kühl, 27. Aufl., § 32, Rn. 10 b; Rienen, S. 239 ff. m.w.N; Duttge in: Dölling/Duttge/Rössner, § 32, Rn. 21.

591 Wagner, Notwehrbegründung, S. 30 ff; S. 80 ff.; Scherenberg v., S. 136.

592 Oetker, S. 359 ff.; aber auch LK-Spendel, 10. Aufl., § 32 Rdn. 309.

593 Hruschka, S. 141; Renzikowski, S. 279 ff; Frister GA 1988, 291 (305); ähnlich Kühl § 7, Rn. 194, der jedoch anmerkt, dass „es freilich schwer fiele, den geisteskranken Amokläufer als Nicht-Angreifer zu bezeichnen".

Verhalten nicht entsprechend steuern, so dass ihn allein nicht die vollen Konsequenzen der Angriffsabwehr treffen dürfen. Teilweise wird in der Notwehrsituation auch eine Kooperation zwischen Angreifer und Verteidiger gesehen, in der ein schuldloser Angreifer eine Kooperation mit dem Verteidiger aufgrund seiner Schuldunfähigkeit nicht eingehen könne[594]. Die Folge dieser Auslegung ist, dass Notwehr gegen einen nicht vorsätzlichen und nicht schuldhaften Angriff nicht zulässig ist[595].

Weiter entwickelt wird dieser Gedanke beispielsweise von Neumann, der ebenfalls das herrschende Notwehrrecht aus der beeinträchtigten Kooperation zwischen den jeweils Beteiligten ableitet[596]. Er geht nämlich über die von Renzikowski hervorgebrachte Begründung sogar noch hinaus und will den Grundsatz, „dass das Recht dem Unrecht nicht weichen müsse" auch auf die individuellrechtliche Ebene übertragen. Er sieht hierin nicht nur die Rechtsordnung als solche hiervon umfasst, sondern es sei hieraus genauso gut abzuleiten, dass das individuelle Recht des Angegriffenen dem Recht des Angreifers nicht zu weichen brauche. Nach Neumann tangiert ein Angriff nämlich nicht nur die Güter des Angegriffenen, sondern auch dessen Persönlichkeit, was wiederum den Angreifer als Person hervorhebt und ihn im Verhältnis zum Angegriffenen als gleichwertige Person wertet[597].

Dem wurde wiederum entgegengehalten, dass das Argument, dass ein Verteidiger gegen Angriffe eines schuldlos Handelnden schutzlos gestellt würde, wenn man einen vorsätzlichen und schuldhaften Angriff verlange um ein Notwehrrecht zu begründen, was im Ergebnis aber nicht durchgreife, da der Angegriffene zwischen Notwehrausübung und deren Versagung noch zahlreiche Möglichkeiten, wie zum Beispiel die der Schutzwehr in Form eines Ausweichens zur Verfügung habe. Dieser Verzicht auf sein Recht sei diesem auch zumutbar[598]. Auch diese Argumentation scheint wieder an die oben geprüfte Begründung, die noch vor der Veränderung im Nationalsozialismus im Jahre 1937 eintrat, anzuknüpfen.

Letztendlich ist feststellbar, dass sich auch in der Literatur das sogenannte Drei-Stufen-Modell, wonach nach Möglichkeit dem Angriff zuerst auszuweichen, danach erst defensive Abwehr, also Schutzwehr, dann erst Trutzwehr erlaubt ist, durchgesetzt hat[599]. Dieser von der herrschenden Lehre gewählte Weg wurde teilweise kritisiert. Dieser Vorgehensweise sei nach Ansicht der Vertreter dieser Meinung entgegenzuhalten, dass es verfehlt wäre, überhaupt ein Notwehrrecht in derartigen Fällen zuzugestehen, welches dann eingeschränkt werde, da das Vorliegen eines Schulddefizits

---

594 Renzikowski, S. 279 ff, insbes. 284.
595 Frister GA 1988, 291 (305).
596 Neumann, S. 219.
597 Neumann, S. 219 (225).
598 Renzikowski, S.285.
599 Matt, S. 161 f.; Lenckner GA 1968, S. 1 (4); Bitzilekis, S. 119 f.; Kühl, § 7, Rn. 196.

bereits dazu führe, dass erst gar keine Notwehrlage vorläge[600]. Auch dieser Ansatz konnte sich letztendlich nicht durchsetzen.

Die jüngere Diskussion wird wieder vermehrt von der Frage beherrscht, welche Personengruppen im Einzelnen von dieser Fallgruppe umfasst sein sollen. In diesem Zusammenhang ist auch vermehrt feststellbar, dass sich eine Betrachtung entwickelt hat, die innerhalb der Fallgruppe der infrage kommenden Angreifer nochmals differenziert und den Grad der Schuldunfähigkeit, aber auch deren Zustandekommen (zum Beispiel bei Betrunkenen) in stärkerem Maße berücksichtigt wissen will. Begründet wird dies zum einen damit, dass gegenüber einem von dieser Fallgruppe umfassten Personenkreis „ein gewisser Grad an sozialer Rücksichtnahme und Toleranz erwartet werden kann", zum anderen damit, dass es in solchen Fällen der Bewährung der Rechtsordnung nicht oder nicht in sonst erforderlichem Ausmaß bedarf[601]. Eine weitere Ansicht unternimmt eine Differenzierung nach von dieser Fallgruppe umfassten Personen, da eine pauschale Zusammenfassung der genannten Personen in einer Fallgruppe die gesetzgeberischen Wertentscheidungen, wie zum Beispiel die des Jugendgerichtsgesetzes (§§ 3, 105 ff. JGG) nicht berücksichtige. Es liege nämlich auf der Hand, dass das Rechtsbewährungsprinzip nicht bei allen unter diese Gruppe subsummierbaren Personen gleich stark tangiert sei. Dies entfalle nämlich beispielsweise bei kindlichen Angreifern, wohingegen bei jugendlichen Angreifern bereits eine Einzelfallentscheidung erforderlich werde[602]. Teilweise wird auch vertreten verschiedene Gruppen aus dieser Fallgruppe herauszunehmen, da diese keiner besonderen Schutzbedürftigkeit bedürften[603].

---

600 Rienen, S. 241 m.w.N.

601 Lenckner/Perron in: Schönke/Schröder, 26. Aufl., § 32, Rn. 52; Rosenau in: Satzger/Schmitt/Widmaier, § 32, Rn. 32; Schmidhäuser in: Honig FS, S. 194.

602 Rienen, S. 259.

603 Z.B. Jescheck/Weigend, AT, § 32 S. 345; Krey AT 1, § 12, Rn. 489 ff; Kühl, § 7 Rn. 192 f.

(2.1) Zwischenergebnis

Auch in dieser Fallgruppe wird deutlich, dass sich nach dem Übergang in die Demokratie sehr schnell eine lebhafte Diskussion über die Notwehrbegrenzungen entwickelt hat. Es kann aber auf jeden Fall gesagt werden, dass die Betrachtung des Individuums, ob nun Angreifer oder Angegriffener, wieder stark in den Vordergrund gerückt ist. Verglichen mit der Ansicht, welche noch vor 1945 vorherrschte, wird ersichtlich, dass die Angreiferinteressen nunmehr fast nur noch individuell ausgelegt wurden, wobei das Rechtsbewährungsprinzip oder gar staatliche Interessen nahezu komplett verdrängt wurden, was wiederum zu einer Stärkung der Interessen des Angegriffenen geführt hat. Wo noch zuvor eine generelle Ausweichpflicht angenommen wurde, wurde nunmehr, anknüpfend an die Ansätze vor der Diktatur, zunehmend erörtert, wie dem Notwehrübenden wieder mehr Rechte eingeräumt werden können, ohne jedoch die Belange des Angreifers, der ein Schulddefizit aufweist, außer Acht zu lassen.

Es wird ersichtlich, dass im Unterschied zu den diktatorischen Ansätzen, wo durchgängig, fast schon pauschal angenommen wurde, dass durch einen Schuldunfähigen erst gar kein Angriff vorläge, nunmehr die Notwehrsituation von dessen Warte aus betrachtet wurde und somit dessen Belange mit einbezog. So konnten sich Ansätze entwickeln, die zum Beispiel mit einbezogen, dass der schuldlose Angreifer den Schutzzweck der Norm erst gar nicht erfassen könne oder, dass dieser eine Kooperation mit dem Verteidiger aufgrund seiner Schuldunfähigkeit nicht eingehen könne. Vor allem in der jüngeren Literatur ist festzustellen, dass sich vermehrt Diskussionen zeigen, die sogar eine Herausnahme verschiedener Personen aus dieser Fallgruppe fordern. Gerade durch diese Diskussion wird die Vermutung gestützt, dass eine Entwicklung wieder dahingehend zu verzeichnen ist, dass beim Angreifer nicht mehr alleine die mangelnde Schuldfähigkeit zu Einschränkungen der Rechte des Verteidigers führen soll. Hierin ist also ein wieder vermehrt restriktiverer Umgang mit den Einschränkungen und somit eine Stärkung des Interesses des Angreifers an der Schonung seiner Rechtsgüter zu sehen, wodurch die Position des Angegriffenen wiederum entsprechend gestärkt wird.

(3) Notwehr im Rahmen von engen persönlichen Beziehungen

Nach dem zweiten Weltkrieg wurde zunächst auch in der Literatur noch vertreten, dass der Angegriffene einem Angriff dann auszuweichen habe, wenn er „ohne Preisgabe eigener oder fremder berechtigter Interessen die Möglichkeit hat, dem Angriff auszuweichen, indem er aus Richtung des Angriffs heraustritt“[604].

Genannt wurden in diesem Zusammenhang hauptsächlich die aus der Zeit vor 1945 bekannten und oben bereits angesprochenen sog. Pietätsver-

---

[604] So z.B. bei Gutmann NJW 1962, 286 ff.

hältnisse zwischen Eltern und Kind oder unter Kollegen bzw. zwischen Vorgesetzten und Mitarbeitern“[605]. Mit zunehmender Veränderung der gesellschaftlichen Ansichten nach 1945, vor allem mit dem Schwinden des Einflusses althergebrachter Autoritäten, wurde auch zunehmend die in diesen Nähe- und Subordinationsverhältnissen gesehene Einschränkung infrage gestellt, stattdessen wurde vermehrt auf das Verhältnis bzw. der persönlichen Beziehung der jeweils Betroffenen untereinander abgestellt[606]. Die gesellschaftlichen Veränderungen, welche sowohl die Familie als auch den Arbeitsplatz betrafen, wirkten sich auch auf die Ansichten zur Notwehr im Rahmen von engen persönlichen Beziehungen aus. So war nicht etwa - wie noch zuvor - der Vorgesetzte aufgrund seines Amtes oder seiner Stellung oder der jeweilige Ehepartner aufgrund seiner Stellung innerhalb der Familie und somit als Teil der politischen Weltanschauung relevant, sondern es wurde auf die enge Verbundenheit der Beteiligten untereinander abgestellt[607]. Hieraus erwuchs schnell der Gedanke, dass derartige Verbindungen, die durch ein entsprechendes Näheverhältnis geprägt sind, eine besondere Pflicht zur Rücksichtnahme begründen[608], so dass hieraus ein eingeschränktes Notwehrrecht abzuleiten ist[609]. Es sollte von nun an nicht mehr ausreichend sein, dass beispielsweise eine formell, also lediglich auf dem Papier bestehende Ehe, der die materielle Schutzwürdigkeit aufgrund der inneren Verbundenheit fehlt, bereits entsprechende Pflichten entfaltet[610].

Dieser Gedanke wurde weiter entwickelt und eine Einschränkung des Notwehrrechts innerhalb von ehelichen Nähebeziehungen aus einer derselben innewohnenden Garantenpflicht zwischen den Parteien abgeleitet[611]. Auch diese sollte dazu führen, dass dem Verteidiger ein eingeschränktes Notwehrrecht zur Seite stand. Für den Garanten, der sich einem rechtswidrigen Angriff seines Gegenübers ausgesetzt sieht, muss demnach das Garantieverhältnis spezielle Pflichten entfalten, da hierdurch „eine Modifizierung der Notwehrbefugnis derart entsteht, dass das Notwehrrecht und die Garantenpflicht sich zu einer Pflicht, die Notwehr schonend auszuüben verbinden“[612].

Auch in dieser Fallgruppe ist feststellbar, dass wiederum Anhänger der verschiedenen Notwehrbegründungen aufeinander treffen, die jeweils verschiedene Begründungsmuster für die ihrer Ansicht nach richtige Notwehreinschränkung herleiten. Insgesamt kann jedoch festgestellt werden, dass die Entwicklung weg von einer überindividuellen, hin zu einer rein

605 Vgl. oben, noch vor 1945: Nagler in: Ebermayer/Lobe/Rosenberg, § 53, S. 425, bzw. 1954: LK - Nagler/Jagusch § 53 III d).

606 Marxen, Grenzen, S. 54 f.

607 Bitzilekis, S. 59.

608 Bitzilekis, S. 125; Geilen Jura 1981, 370 (374).

609 Geilen Jura 1981, 370 (374).

610 Dreher/Tröndle, § 13, Rnrn. 6 und 10; Marxen, Grenzen, S. 49 f m.w.N.

611 Geilen JR 1976, 314 (316); LK-Jescheck, § 13, Rnrn. 22ff; Schramm, S. 109.

612 Marxen, Grenzen, S. 43 und 49.

individuellen Begründung geht. Schließlich, so die Argumentation, betreffe eine derartige Fallkonstellation die Auseinandersetzung zwischen Personen, die sich eng verbunden seien, so dass aus der gegenseitigen Verpflichtung zur Schonung des Gegenüber ein höheres Interesse erwachse, als an der Ahndung der Verletzung der Rechtsordnung, die hier nur sehr nachrangig betroffen sei[613].

Entsprechende Kritik an dieser Ansicht, wenn sie sich letztendlich auch nicht durchsetzen konnte, ließ natürlich in dieser Fallgruppe auch nicht lange auf sich warten. Die Kritik führte von der generellen Ablehnung der Grundsätze der Garantenstellung bis zum kompletten Ausschluss dieser Konstellation aus dieser Fallgruppe. So hoben Vertreter dieser im Vordringen befindlichen Gegenansicht beispielsweise nicht ganz unbegründet hervor, dass eine Sonderbehandlung ehelicher Nähebeziehungen einen Teil meist erheblich zur Rücksichtnahme verpflichte, während vom anderen Teil eben diese Pflichten gravierend verletzt würden. Schließlich sei nicht zu verkennen, dass gerade der Angreifer in einer solchen Beziehung die auch ihm obliegenden Pflichten mit Füßen trete. Dies führe generell zu unvertretbaren Ergebnissen. So sei zum Beispiel von der Ehefrau, die hiervon meist betroffen sei, wohl kaum zu erwarten, dass sie aufgrund der langjährigen Kenntnis ihres Ehepartners und seines Verhaltens besondere Rücksicht nehmen und verständnisvoll auf den angreifenden Ehepartner eingehen soll, während dieser seine ehelichen Pflichten in erheblichem Maße verletze. Derartige Ansichten würden der Wirklichkeit nicht gerecht und führten zur Verkehrung von Recht und Unrecht[614]. Im Verhältnis zu anderen Verteidigungssituationen würde außerdem der Verteidiger, der sich in einer familiären Nähebeziehung befindet, allein aufgrund seiner Beziehung zum Angreifer schlechter gestellt als dies in normalen Notwehrsituationen der Fall wäre. Dies, so Vertreter dieser Ansicht, führe zu nicht mehr hinnehmbaren Ergebnisen[615].

Kritiker an der Lösung über die Garantenstellung bemängeln deren dogmatische Herleitung. Eine Garantenstellung fordere, so die Vertreter dieser Ansicht, eine aktive Hilfeleistung aus dem Verhältnis der sich nahestehenden Personen; eine Zurücknahme der eigenen Rechte im Sinne der Duldung derer Verletzung sei hieraus jedoch keinesfalls ableitbar[616]. Schließlich habe es der Angreifer in der Hand seine Güter selbst zu schützen indem er den anderen nicht rechtswidrig angreife; deshalb sei dieser auch nicht schutzbedürftig[617].

---

613 Jescheck/Weigend, AT, § 32, S. 346; Lenckner/Perron in: Schönke/Schröder, 26. Aufl., § 32, Rn. 53 f.

614 Engels, GA 1982, 109 (112 f.); Spendel JZ 1984, 507 (509); LK-Spendel, 10. Aufl., § 32 Rdn. 310; Fischer, 56. Aufl., § 32 Rn. 37; Scherenberg v., S. 175 f.

615 Spendel JZ 1984, 507.

616 Renzikowski, S. 310; Montenbruck, JR 1985, 113 (116), der jedoch eine gefährliche Abwehr ohne Vorwarnung nicht zulassen will.; Zieschang, Jura 2003, 527 (530).

617 Engländer in: Matt/Renzikowski, § 32, Rnrn. 47 f.

Überwiegend durchgesetzt hat sich jedoch in der jüngeren Literatur die Ansicht, dass wenn man auch nicht den oben genannten Einwänden sämtliche Berechtigung absprechen könne, dennoch eine Einschränkung der Notwehrbefugnisse in engen familiären Nähebeziehungen vorgenommen werden müsse. Konkret sei zum Beispiel Angriffen von geringer Intensität, die keine ernsthafte Gefahr für Leib oder Leben darstellen und wenn die Umstände es zulassen auszuweichen, bevor tödliche Abwehrmittel gewählt würden. Wenn keine entsprechende Ausweichmöglichkeit bestünde, seien im Rahmen der gebotenen Verteidigung notfalls auch kleinere Misshandlungen hinzunehmen[618]. Diese Einschränkung solle jedoch nicht in diesem Maße - wie noch zuvor – für Verhältnisse im Rahmen bloß desselben Lebenskreises, wie etwa unter Kollegen oder Mitschülern oder im Verhältnis zu Schwiegereltern gelten, ebenso nicht für nicht mehr intakte Verhältnisse[619]. Damit wurde klargestellt, dass von nun an nicht mehr, wie noch bis in die Fünfzigerjahre vertreten, „nicht feindlich Gesinnte desselben Lebenskreises“ von der Fallgruppe und der damit verbundenen Notwehrrestriktion umfasst sein sollen, so dass gegen diese Personengruppen unter Umständen das volle Notwehrrecht geübt werden kann. Damit schließt sich auch die Literatur der zuvor untersuchten BGH-Rechtsprechung zumindest in weiten Teilen an. Anhaltend ist jedoch auch in dieser Fallgruppe eine Diskussion über Grund und Grenzen der Einschränkungen festzustellen.

(3.1) Zwischenergebnis

Obwohl anfänglich auch in der Literatur noch die Ansichten von vor 1945 übernommen wurden, ist eine lebhafte Diskussion feststellbar, die hauptsächlich über den Grund dieser Einschränkungen geführt wurde. Während nur vereinzelt die Existenz der Fallgruppe überhaupt infrage gestellt wurde, bestand jedoch weitestgehend Einigkeit, dass nicht nur aufgrund des tatsächlichen Bestehens einer solchen Verbindung, sondern gerade aufgrund der inneren Verbundenheit entsprechende Schutz und Rücksichtnahmepflichten abzuleiten seien, welche letztendlich zur maßvollen Verteidigung führen sollen. Hier wird nicht zuletzt auch die gesellschaftliche Entwicklung die sich vollzogen hat und sich auch in der Diskussion um das Notwehrrecht widerspiegelt deutlich. Es konnte nämlich unter anderem gezeigt werden, dass die Diskussion hauptsächlich über die Individuen bzw. Akteure einer Auseinandersetzung geführt wurde, wobei die einstige Einbeziehung der

[618] Kindhäuser, § 32, Rn. 52; LK-Spendel, 10. Aufl., § 32 Rdn. 309 f; Otto in: Festschrift für Thomas Würtenberger, S. 129 (148); Lesch in Festschrift für Hans Dahs, S. 81 und 104; Renzikowski, S. 311 f; Kühl, Jura 1990, S. 244 (253); Wessels/Beulke, AT, 32. Aufl., Rn. 345; Pouleas, S. 46 ff.; Rosenau in: Satzger/Schmitt/Widmaier, § 32, Rn. 33; Lackner/Kühl, 27. Aufl. § 32 Rn. 14.

[619] Rosenau in: Satzger/Schmitt/Widmaier, § 32, Rn. 33; Lenckner/Perron in: Schönke/Schröder, 26. Aufl., § 32, Rn. 53; Bitzilekis, S. 125; Marxen, Grenzen, S. 50; Lesch in Festschrift für Hans Dahs, S. 104 f.; Wohlers, JZ 1999, 434 (441).

staatlichen Interessen (z.B. die Familie als Stütze des Staates) u.a. mit dem Argument, dass in einer solchen Konstellation fast ausschließlich rein individuelle Interessen betroffen seien, gänzlich in den Hintergrund gedrängt wurde.

Betrachtet man die Entwicklung insgesamt, so hat sich außerdem gezeigt, dass nicht nur verschiedene Gruppen wie zum Beispiel Kollegen oder Mitschüler mit der Zeit aus dieser Fallgruppe herausgenommen wurden, sondern dass auch an die verbleibenden Konstellationen, wie Eltern-Kind-Verhältnisse oder das Verhältnis unter Ehegatten strengere Anforderungen hinsichtlich möglicherweise aufzuerlegender Notwehrrestriktionen gestellt wurden, so dass nur noch einmalige Konfliktsituationen, die jedoch von entsprechendem Gewicht sein müssen und auch nur im Rahmen von intakten Beziehungen, erfasst werden sollen.

Auch hierdurch bestätigt sich weitestgehend oben in der Rechtsprechung gefundenes Ergebnis, wonach dem Verteidiger innerhalb solcher Beziehungen wieder „ein Mehr an Notwehr" zugestanden wurde, indem nicht mehr gegenüber nicht feindlich Gesinnten desselben Lebenskreises, worunter anfänglich noch Kollegialitätsverhältnisse et cetera subsumiert wurden, Notwehreinschränkungen hinzunehmen waren, sondern nur noch gegenüber der verbleibenden Personengruppen, nämlich der innerhalb einer intakten Familie.

Durch die bis heute anhaltende Diskussion über das „ob" und „wie" von Notwehreinschränkungen in dieser Fallgruppe zeigt sich gleichermaßen die durch eine liberale und demokratische gesellschaftliche und politische Entwicklung beeinflusste Strömung, die anhaltend durch die Forderung einer weniger starken Restriktionen der Verteidigerbefugnisse - teilweise auch eine Herausnahme von Nähebeziehungen aus dieser Fallgruppe - versucht innerhalb dieser Nähebeziehungen maximale Gerechtigkeit zwischen den beteiligten Individuen zu schaffen.

(4) Notwehr bei Angriffsprovokation bzw. auf andere Weise verschuldetem Angriff

Aus der Nachkriegsliteratur zur Notwehr bei Angriffsprovokation bzw. sonst verschuldetem Angriff ist ersichtlich, dass weiter zwischen Angriffsprovokation und sonst verschuldetem Angriff unterschieden wurde.

Auch hier bestand Einigkeit mit der Rechtsprechung, dass demjenigen, der einen Angriff bewusst und gewollt hervorgerufen hat der Verteidigungswille fehle, da er tatsächlich sich nicht verteidigen sondern angreifen wolle. Eine solche Absichtsprovokation sei rechtsmissbräuchlich, so dass dem Provokateur das Notwehrrecht zu versagen sei,[620] denn schließlich habe

[620] Mayer, S. 205; LK - Jagusch § 53, 2 G; Stratenwerth, AT, Rn.436; Maurach AT, S. 266.

sich dieser bewusst und gewollt dem Angriff ausgesetzt, so dass er nicht geschützt werden müsse[621].

Zunehmend wurde jedoch an dieser an die Rechtsprechung des Reichsgerichts[622] angelehnten Ansicht des BGH[623], die anfänglich auch von der Literatur übernommen wurde, Kritik geübt[624]. Hauptargument der Kritiker war, dass die bisher gängige Ansicht, demjenigen, der eine absichtliche Notwehrlage herbeigeführt hat, das Notwehrrecht zu versagen, zu unvertretbaren Ergebnissen führe, da eine gänzliche Versagung des Notwehrrechts in derartigen Fällen dazu führe, dass der Provokateur Gefahren für Leib oder Leben in Kauf nehmen müsse, ohne wenigstens ein abgestuftes Notwehrrecht ausüben zu können. Dem Provokateur das Notwehrrecht aus Gründen des Rechtsmissbrauchs zu versagen könne aus diesem Grund nicht zugestimmt werden[625]. Schließlich, so die Kritiker, käme dies einer Betonung des Unrechts der Tat des Provokateurs gleich, wohingegen das Verhalten des Provozierten der angreife den Anschein der Rechtmäßigkeit erhalte[626].

In der Folgezeit etablierten sich zahlreiche verschiedene Begründungsmuster zur Herleitung einer sachgerechten Notwehreinschränkung.

Eine sachgerechte Lösung dieses Problems sah ein Teil des Schrifttums zum Beispiel darin, eine Begründung der dem Provokateur aufzuerlegenden Notwehreinschränkungen über die analoge Anwendung der Rechtsfigur der sog. actio illicita in causa herzuleiten[627]. Beispielhaft wurde die Rechtsfigur der sog. Actio libera in causa angeführt. Hiernach sollte nicht die Notwehrhandlung an sich sondern bereits das Vorverhalten nämlich die Provokation selbst maßgeblich sein[628]. Die eigentliche Notwehrhandlung des Provokateurs sei rechtmäßig, so Vertreter dieser Ansicht, die der Notwehr vorgelagerte Provokation hingegen nicht[629]. Damit knüpft die Strafbarkeit bereits an dieses Verhalten an. Die hiergegen erhobene Kritik führte unter anderem an, dass die vorgelagerte Provokation an sich nicht bereits schon den der späteren Abwehr- bzw. der späteren unrechtmäßigen Abwehr innewohnende Unrechtsgehalt aufweise; dass durch das Verhalten des Provokateurs eine Ursache für die zukünftige Verwirklichung des jeweils objektiven Tatbe-

621 Roxin ZStW 75 (1963), 541 (575).

622 Z.B. RGSt 71, 133.

623 Vgl. sog. „Barackenfall“; BGH NJW 1962, 308, 309.

624 So z.B. auch Bockelmann in: Honig-FS, S. 20 ff., der eine solche Forderung sogar als nicht haltbar und deshalb einer kritischen Überprüfung zu unterziehend bezeichnet; ebenso Lenckner GA 1961, S. 299 (301 f.); Bertel ZStW 84 (1972), 1 (4).

625 Lenckner GA 1961, S. 299 (301 f.); Bertel ZStW 84 (1972), 1 (4).

626 Lenckner GA 1961, S. 299 (301 f.), Der in einer völligen Versagung des Notwehrrechts sogar eine „Pervertierung“ sieht. Eine Rechtfertigung solle nach diesem dann versagt werden, wenn der Provokateur keine Möglichkeit zum Ausweichen hatte.

627 Lenckner GA 1961, S. 299 (302 f.); Baumann MDR 1962, S. 349 f; Schröder JR 1962, 187 f.; Bertel ZStW 84 (1972), 1 (14); Schönke-Schröder, 12. Aufl., § 53, Rn. 31.

628 Kühl § 7, Rn. 242, der darauf hinweist, dass damit „eine Handlung, die im Ursprung unerlaubt ist“ zum Anknüpfungspunkt für die Strafbarkeit gemacht wird.

629 Schmidhäuser AT, 6/82.

stands gesetzt wurde, reiche für eine tatbestandsmäßige Handlung nicht aus[630]. Außerdem, und dies sei immerhin der wesentliche Unterschied zwischen den beiden Rechtsfiguren, werde bei der actio libera in causa ein Kausalverlauf in Gang gesetzt, welcher durchweg durch den Täter bestimmt wird, wohingegen bei der actio illicita in causa zunächst ein provokatives Vorverhalten möglicherweise einen Kausalverlauf in Gang setzen soll, welcher jedoch überwiegend nicht mehr vom Provokateur, sondern wesentlich vom herausgeforderten Provozierten fortgeführt wird. Im Übrigen sei hierbei nicht einmal gewiss, ob der Provozierte sich herausfordern lässt und die vom Provokateur begonnene Kausalkette durch einen Angriff fortsetzt[631]. Letztlich waren es diese Unzulänglichkeiten, die dazu führten, dass sich die Rechtsfigur der actio illicita in causa in der Literatur nicht etablieren konnte[632]. Teilweise wurde versucht die Grundsätze der Garantenstellung heranzuziehen, indem dem Provokateur sein Verhalten dahingehend zugerechnet werden sollte, dass dieser durch sein Vorverhalten, nämlich die Provokation seinen Gegenüber, der ursprünglich gar nicht angreifen wollte, in eine gefährliche Lage brachte, aus der sich die Verpflichtung des Provokateurs für den Rechtsgüterschutz des Provozierten im Sinne einer Garantenstellung ergebe[633]. Dies habe zur Folge, dass der Provokateur aufgrund seiner Verpflichtung dem Angriff nur unter äußerster Schonung der Rechtsgüter des Angegriffenen begegnen dürfe[634]. Diese Ansicht, auch wenn sie teilweise heute noch vertreten wird, konnte sich jedoch aus verschiedenen Gründen nicht durchsetzen, unter anderem da ihr entgegengehalten wurde, dass der Provozierte einen nicht unerheblichen Anteil an der Auseinandersetzung und somit an der Verwirklichung der Gefahr habe, so dass letztendlich die alleinige Verantwortung nicht beim Provokateur liegen könne; im übrigen befinde sich der Provozierte - anders als in den Fällen die eine Garantenpflicht auslösen - nicht in einer hilflosen Lage. Schließlich, so Vertreter dieser Ansicht, sei eine derartige Herleitung der Einschränkungsbegründung nicht geeignet, die hier jedoch zwingend erforderliche Abgrenzung zwischen Absichtsprovokation und sonst schuldhaft herbeigeführter Notwehrlage vorzunehmen[635].

Nach einer weiteren Ansicht soll der Provokateur nach seiner Vorstellung durch sein Verhalten konkludent in die Auseinandersetzung eingewilligt und somit auch konkludent auf den ihm normalerweise zustehenden

---

630 So z.B. Bitzilekis, S. 155.

631 So z.B. Neumann, Zurechnung und „Vorverschulden", S. 150.

632 So auch zutreffend Wessels/Beulke, AT, 32. Aufl., § 8, Rn. 350.

633 Marxen, Grenzen, S. 58 f.

634 Marxen, Grenzen, S. 58 f., der die Garantenpflicht aus der Verleitung des Herausgeforderten zum Angriff und der damit einhergehenden Schaffung der Gefahrensituation ableitet; Köhler, AT, S. 262.

635 Bitzilekis, S. 166 f.

Schutz verzichtet haben[636]. Auch diese Ansicht konnte sich letztendlich nicht durchsetzen, wird aber vereinzelt bis heute vertreten[637].

Zumindest konnte durch die kontrovers geführte Diskussion um die Einschränkung des Notwehrrechts des Absichtsprovokateurs dahingehend Einigkeit erzielt werden, dass dem Provokateur nicht das volle Notwehrrecht versagt werden sollte, da zumindest auch der Tatsache Rechnung zu tragen sei, dass auch der Provozierte einen Angriff ausübe[638]. Die Frage ob dem Provokateur das volle Notwehrrecht zu versagen sei wird zwar bis in die heutige Zeit immer wieder diskutiert, konnte sich jedoch bisher nicht etablieren. Zunehmend wird heute auch für die Fälle der Absichtsprovokation verlangt, dass der Provokateur zunächst zum Ausweichen verpflichtet sei und erst dann, wenn ein Ausweichen nicht oder nur mit erheblichen Risiken verbunden ist, sei der Provokateur auf den Einsatz milderer und für ihn riskanter Verteidigungsmittel zu verweisen[639].

Aber auch die übrigen Fälle betreffend, namentlich solche des sonst verschuldeten Angriffs sind entsprechende Veränderungen auszumachen. Es sollte auf der Hand liegen, dass wenn schon im Rahmen der Absichtsprovokation entsprechende Entwicklungen auszumachen waren, sich solche auch bei der Behandlung der sonst verschuldeten Notwehrlage aufzeigen lassen müssten.

Wie oben aufgedeckt wurden noch vor 1945 allgemein, d.h. nicht nur im Falle der Notwehrprovokation sondern auch bei nicht absichtlichem Vorverhalten äußerst restriktive Ansichten vertreten. Anfänglich vertrat nach 1945 auch noch die Literatur die Ansicht, dass dem am Entstehen einer späteren Notwehrsituation auf irgendeine Art und Weise Beteiligten entsprechende Ausweichpflichten aufzuerlegen seien[640]. Dadurch wird zum einen deutlich, dass auch durch die Literatur bis dahin noch nicht zwischen Absichtsprovokation und der Herbeiführung der späteren Notwehrlage in den übrigen Fällen unterschieden wurde, zum anderen zeigt dies, dass die restriktiven Ansichten, die auch vom BGH anfänglich noch übernommen wurden weiter herangezogen wurden. Zunehmend wurde jedoch auch in der Literatur gefordert, dass eine Trennung dieser Konstellationen vorgenommen

---

636 Montenbruck, Thesen, S. 42 f.; Wagner, Notwehrbegründung, S. 71.

637 So z.B. von Wagner, Notwehrbegründung, S. 71.

638 Lenckner/Perron in: Schönke/Schröder, 26. Aufl., § 32, Rn. 56; Bockelmann in: Honig-FS, S. 29 f.; Hassemer in: Bockelmann-FS, S. 234 ff. u. 244, der genauso wie Bockelmann jedoch jegliche Einschränkungen der Notwehr bei einem provozierten Angriff ablehnt; ebenso Marxen, S. 59 f.; Otto in: Würtenberger-FS, S. 142.

639 Jescheck/Weigend, AT, § 32, S. 347; Kühl, § 7, Rnrn. 246 ff; Lenckner/Perron in: Schönke/Schröder, 26. Aufl., § 32, Rn. 56 ff; Lesch in: Dahs-FS, S. 105; Rosenau in: Satzger/Schmitt/Widmaier, § 32, Rn. 34; Engländer in: Matt/Renzikowski, § 32, Rn. 51.

640 Mayer, S. 205; Schönke-Schröder, 7. Aufl., § 53, Anm. IV.

werden müsse. Es ist jedoch festzustellen, dass trotzdem weiterhin auch in diesen Fällen eine Ausweichpflicht gefordert wurde[641].

Auslöser für diese Diskussionen war auch hier unter anderem oben bereits behandelter „Barackenfall“[642], wo noch ein Notwehrrecht wegen fahrlässiger Herbeiführung der späteren Notwehrlage verneint wurde[643].

Im Zuge dieser Diskussion wurde vermehrt vertreten, dass zum Beispiel auch bei nur fahrlässiger Herbeiführung der späteren Notwehrlage, bzw. in den noch verbleibenden Fallkonstellationen, die nicht unter die Absichtsprovokation fallen, dem Betroffenen nur geringe Einschränkungen des Notwehrrechts aufzuerlegen seien[644]. Begründet wurde dies unter anderem damit, dassdem Notwehrübenden zu große Einschränkungen auferlegt würden, wenn selbst diese Konstellationen die Versagung des vollen Notwehrrechts mit sich brächten[645].

In der Folge wurde erneut eine Differenzierung vorgenommen – man sprach sich zunächst dafür aus, zwischen den Fällen, in denen eine Notwehrlage durch ein sozialadäquates Vorverhalten herbeigeführt wurde, sowie solchen, in denen zwar nicht rechtswidriges, wohl aber sozialethisch zu beanstandendes Vorverhalten vorlag und solche, in denen das Vorverhalten zwar nicht vorsätzlich, aber dennoch rechtlich zu beanstanden war, zu unterscheiden[646].

Weitgehend Einigkeit bestand bezüglich der Fälle, in denen durch ein entsprechendes Vorverhalten die Notwehrlage zwar verursacht wurde, dies jedoch auf sozialadäquate Art geschah. Hier stimmte die Literatur mit der BGH Ansicht überein, dass wer die Situation nicht von vorneherein beeinflussen wolle und deshalb mit einem rechtswidrigen Angriff auch nicht gerechnet habe geschützt werden müsse[647].

Hinsichtlich der Fälle, in denen das Vorverhalten zwar nicht rechtswidrig wohl aber sozialethisch zu beanstanden ist, wurde von der Literatur (anders als in dem oben genannten BGH-Fall[648] in dem ein Ausweichen gefordert wurde und der u.a. aus diesem Grunde auch in der überwiegenden Literatur auf Kritik gestoßen ist) ein uneingeschränktes Notwehrrecht zugestanden, da Einschränkungen nur bei rechtlich zu beanstandem Vorverhalten

641 Kohlrausch-Lange, 41. Aufl., § 53 II; Mayer, S. 205; Schröder JR 1962, 187, 188f.; Rudolphi, JuS 1969, 461, 464.

642 BGH NJW 1962, 308, 309.

643 Kritisch z.B. Schröder JR 1962, 187, 189, der eine generelle Ausweispflicht sogar als „Kapitulation des Rechts vor dem Unrecht“ bezeichnet; oder gar Gutmann NJW 1962, 286 ff., der es für „unerträglich“ hält, dass lediglich „unkluges Verhalten“ trotz einer drohenden Gefahr für Leib und Leben zur Versagung des Notwehrrechts ausreiche.

644 Roxin ZStW 75 (1963), 541 (579); Rudolphi, JuS 1969, 461, 464; Bitzilekis, S. 184; Kühl, § 7, Rn. 219.

645 So z.B. Bitzilekis, S. 184; Kühl, § 7, Rn. 219.

646 LK-Jescheck, § 32, Rn. 290 m.w.N.

647 Leipold/Tsambikakis/Zöller, § 32, Rn. 17.

648 BGHSt 42, 97, 101 (sog. Abteilfenster-Fall).

in Betracht kämen, denn schließlich finde sich auch im Gesetz keine hinreichende Grundlage für die Unterscheidung zwischen sozialethisch zu missbilligendem und sozialethisch zu billigendem Verhalten[649]. Hinsichtlich der verbleibenden Fälle des rechtlich zu beanstandenden Vorverhaltens wurde auch von der Literatur diskutiert, ob derjenige der eine Notwehrsituation zwar nicht absichtlich aber sonst rechtswidrig und vorwerfbar (also mindestens fahrlässig) herbeigeführt hat, dadurch die spätere Notwehrsituation mitverschuldet hat und deshalb auszuweichen habe[650].

Einigkeit bestand weitestgehend darin, dass die Intensität des Notwehrrechts an der des Angriffsauslösenden Vorverhaltens zu messen sei. Übereinstimmend mit der Rechtsprechung hat sich auch die Literatur überwiegend dafür ausgesprochen, in den Fällen des rechtlich zu beanstandenden (also mindestens fahrlässigen) Vorverhaltens die sogenannte Drei-Stufen-Theorie anzuwenden, wonach nach Möglichkeit dem Angriff auszuweichen, sodann defensive Verteidigungsmittel anzuwenden seien, und erst wenn diese Schutzwehr nicht mehr ausreiche zur Trutzwehr übergegangen werden dürfe[651].

Darüber hinaus wurden zum einen die Notwehr als auch das zugrunde liegende angriffsauslösende Vorverhalten dahingehend verknüpft, als dass gefordert wurde, dass ein enger räumlicher und zeitlicher Zusammenhang zwischen beiden bestehen müsse[652].

Im gleichen Zug ist zunehmend feststellbar, dass sich eine Tendenz bis in die heutige Zeit dahingehend abzeichnet, dass zumindest in den Fällen, in denen das Vorverhalten zwar in irgendeiner Weise zur späteren Notwehrsituation beigetragen hat, jedoch nicht rechtlich zu beanstanden war, dem Notwehrübenden das uneingeschränkte Notwehrrecht zur Seite stehen sollte[653].

---

649 Otto in: Würtenberger-FS, S. 142 f.; ders. AT, Rn. 87; Lenckner GA 1961, S. 299 (309 f.); Kühl, § 7, Rnrn. 219 ff, 222 f., der die Problematik darstellt, dass die Trennlinie zwischen rechtswidrigem und sozialethisch zu beanstandem Verhalten nicht immer genau zu ziehen ist; LK-Rönnau/Hohn, § 32 Rdn. 255; Schmidt, S. 135; Leipold/Tsambikakis/Zöller, § 32, Rn. 18; dagegen: Wessels/Beulke, , AT, 32. Aufl., § 8, Rn. 348; ebenso Fischer, 56. Aufl., § 32 Rn. 44, der zumindest von der Möglichkeit einer Einschränkung ausgeht.

650 So z.B. LK-Rönnau/Hohn, § 32 Rn. 255, die sich jedoch für geringe Einschränkungen aussprechen; a.A.. z.B. Kudlich, JA 3/2011, 233, 235, der in diesem Zusammenhang von einer „unangemessenen Aushöhlung des Notwehrrechts“ spricht, wenn von vorneherein das Gebot bestünde, gefahrträchtige Situationen zu vermeiden; ebenso Krey, AT 1, § 12, Rn. 520a, der sich bei fahrlässiger Herbeiführung des späteren Notwehrlage ebenfalls für das volle Notwehrrecht ausspricht.

651 Schmidt, S. 135; Tröndle/Fischer, § 32, Rn. 24.

652 Schmidt, S. 135; LK-Rönnau/Hohn, § 32 Rn. 255.

653 Lenckner GA 1961, S. 299 (309); Roxin, ZStW 93 (1981) S. 68 (91); Lenckner/Perron in: Schönke/Schröder, 26. Aufl., § 32, Rn. 59; LK-Rönnau/Hohn, § 32 Rn. 254 f.; Rosenau in: Satzger/Schmitt/Widmaier, § 32, Rn. 40; Engländer in: Matt/Renzikowski, § 32, Rn. 50.

Hauptargument war, dass demjenigen, der sich zwar leichtsinnig aber rechtmäßig verhalte keine Notwehreinschränkungen auferlegt werden können, wohingegen derjenige, der dieses Verhalten zum Anlass nehme einen Angriff vorzunehmen, derjenige sei, der sich nicht mehr rechtmäßig verhalte[654].

Ebenso wurde hervorgehoben, dass die Trennlinie welche Handlungen als nicht mehr sozialethisch vertretbar erscheinen lässt und deshalb zu einer Einschränkung führen muss mangels brauchbarer Merkmale nicht eindeutig zu ziehen sei[655]. Schließlich könne nicht aus dem gleichen Verhalten zugleich der Schluss der Rechtmäßigkeit gezogen und zugleich aber aus einem solchen Verhalten eine Einschränkung des Notwehrrechts gefordert werden[656], denn die Entscheidung, was Recht und was Unrecht sei habe sich alleine am positiven Recht zu orientieren[657].

(4.1) Zwischenergebnis

Als Zwischenergebnis für die Entwicklung der Ansichten in der Literatur kann zunächst festgestellt werden, dass auch die Lehre sich zunächst den restriktiven Ansichten der Rechtsprechung angeschlossen hat, wobei zunehmend die Belange des Angegriffenen in den Fokus der Diskussion rückten. Zunehmend wurden auch die Ansichten der Rechtsprechung von der Literatur kritisiert, was zu kontroversen Diskussionen unter den Kritikern selbst führte. Es wurden daraufhin vermehrt diverse Versuche unternommen eine sachgerechte Lösung zu finden. Diese bestand zunächst in der Abgrenzung der Art des Vorverhaltens, nachdem zunächst fast ausschließlich die Absichtsprovokation im Mittelpunkt der Diskussion stand. Bei gleichzeitiger Verwerfung früherer Herleitungen wie zum Beispiel der des Verbotes des Rechtsmissbrauchs bewegte sich die Entwicklung weg von einer generellen Versagung des Notwehrrechts hin zu einer am Vorverhalten gemessenen Einschränkung. Anhaltend wird auch diskutiert, ob ein generelles Absehen von jeglichen Einschränkungen zielführend sein könnte. Überwiegend wird jedoch mit den Ansichten der Rechtsprechung übereinstimmend eine zunehmende Stärkung der Interessen des Angegriffenen ersichtlich. Es ist feststellbar, dass sich dies auch in der Literatur dergestalt äußert, dass selbst im Rahmen der Absichtsprovokation nicht mehr das volle Notwehrrecht versagt werden sollte, sondern Einschränkungen für ausreichend erachtet wurden.

---

654 Otto in: Würtenberger-FS, S. 145; Kühl, § 7, Rn. 215.

655 Kühl, § 7, Rn. 219.

656 Bitzilekis, S. 143; ähnlich Kühl, § 7, Rnrn. 219 f.; Engländer in: Matt/Renzikowski, § 32, Rn. 50.

657 Engländer in: Matt/Renzikowski, § 32, Rn. 50.

c) Gesamtergebnis Literatur

Die Entwicklung der Ansichten zur Notwehr in der Literatur weist deutliche Parallelen zu denen der Rechtsprechung auf. Es ist jedoch immer wieder feststellbar, dass aufgrund der Strömung der Zeit diverse Urteile in der Literatur teilweise kontrovers diskutiert wurden. Teilweise führte diese Kritik auch zur Beeinflussung der Rechtsprechung in dem Maße, dass auch dort ältere Ansichten überdacht wurden. In gleichem Maße feststellbar ist, dass auch die Terminologie von gesellschaftlichen Veränderungen stark beeinflusst und demokratischen Betrachtungsweisen unterzogen wurde.

Auch in der Notwehrdiskussion die in der Literatur geführt wurde ist eine Entwicklung dahingehend zu verzeichnen, dass mit zunehmender Liberalisierung von Staat und Gesellschaft auch eine differenziertere Betrachtung der Gesamt-Notwehrsituation stattfand, die vermehrt den Belangen der jeweils an einer Auseinandersetzung Beteiligten, insbesondere denen des Notwehrübenden, Rechnung getragen hat. Insgesamt ist auch in der Literatur anhaltend eine Stärkung der Notwehrrechte des Einzelnen feststellbar, während Allgemeininteressen, wie zum Beispiel die Bewährung der Rechtsordnung teilweise fast gänzlich in den Hintergrund gedrängt wurden. Feststellbar ist auch in der Literatur, dass sich, beeinflusst von gesellschaftlichen und politischen Strömungen, eine zunächst schrittweise, jedoch noch stark an die Ansichten vor 1945 angelehnte Entwicklung vollzogen hat, die anfänglich auch noch stark von der Terminologie jener Zeit geprägt war, sich jedoch zunehmend gegenläufig entwickelt hat. Damit hat sich auch die Vermutung einer tendenziell diametralen Entwicklung in der Literatur bestätigt.

3. Ergebnis der Gegenprobe

Die Gegenprobe hat die zunächst vermutete Tendenz - bis auf wenige Ausnahmen - bestätigt, dass parallel zur gesellschaftlichen und politischen Entwicklung auch im Notwehrrecht, sowohl in Rechtsprechung als auch Literatur, wieder eine dieser Entwicklung entsprechende schrittweise gegenläufige Entwicklung stattfand. Konkret hat sich das niedergeschlagen in einer Stärkung der Rechte des jeweiligen an einer Auseinandersetzung Beteiligten Individuums, wobei sich gleichzeitig abgezeichnet hat, dass die zuvor noch stärker hervorgehobenen Interessen des Staates und der Gesellschaft, wie beispielsweise das Rechtsbewährungsrinzip in gleichem Maße in den Hintergrund gerückt sind. Vermehrt ist offensichtlich mit zunehmender demokratischer Entwicklung der Gesellschaft auch im Notwehrrecht ein Wandel dahingehend eingetreten, dass nicht nur dem Verteidiger in einer Notwehrsituation wieder mehr Befugnisse eingeräumt wurden, sondern dass auch versucht wurde der einer Notwehrsituation immanenten Korrelation dadurch entsprechend Rechnung zu tragen, dass die Belange sowohl des Angreifers als auch des Angegriffenen im Zusammenhang mit der Gesamtsituation gesehen wurden um hierdurch eine Harmonisierung der gegensätzlichen Belange bzw. hierdurch ein höchstmögliches Maß an maximaler

Gerechtigkeit zu erreichen. Dennoch ist insgesamt feststellbar, dass in demokratischen Strukturen dem Notwehrübenden wieder weniger starke Einschränkungen auferlegt wurden. Darüber hinaus konnte festgestellt werden, dass sowohl zwischen der Rechtsprechung als auch der Literatur jederzeit eine enge Verknüpfung bestand, die sich in einem Wechselspiel der Einflussnahme widerspiegelt und auch aktuell als weitere Komponente neben der gesellschaftlichen und politischen Einflussnahme auf die Ausformung des Notwehrrechts hinwirkt.

F. Zusammenfassung und Würdigung des gefundenen Ergebnisses

Die jeweils vorherrschende Definition von Notwehrmerkmalen insbesondere zunehmend von Notwehrrestriktionen wird maßgeblich von der gesellschaftlichen und politischen Entwicklung des jeweils vorherrschenden Gesellschaftssystems geprägt[658]. Durch die Untersuchung der verschiedenen Einflüsse auf das Notwehrrecht hat sich herausgestellt, dass dieser Entwicklung eine wechselseitige Beziehung innewohnt; es konnte also bestätigt werden, dass es teilweise erhebliche Parallelen und Interdependenzen zwischen dem Notwehrrecht und der jeweiligen gesellschaftlichen und politischen Entwicklung gibt. Es hat sich zunächst gezeigt, dass gesellschaftliche und politische Einflüsse das Notwehrrecht geprägt haben und umgekehrt die konkreten Auswirkungen des so geschaffenen Notwehrrechts wiederum dazu geführt haben, dass gesellschaftliche und politische Einflüsse aufkamen, die wiederum versucht haben hierauf Einfluss zu nehmen. Hieraus kann abgeleitet werden, dass bei Betrachtung der Gesamtentwicklung des Notwehrrechts über einen längeren Zeitraum Tendenzen der jeweiligen gesellschaftlichen und politischen Entwicklungen möglicherweise vorhergesehen werden können.

Konkret deutlich wird durch den Verlauf der aufgezeigten Entwicklung, dass sich das Notwehrrecht zunächst bis zu den Anfängen des 20. Jahrhunderts zugunsten des notwehrübenden Individuums entwickelt hat, indem diesem ein nahezu schrankenloses Notwehrrecht zugestanden wurde. Versuche dieses vermehrt einzuschränken sind in dieser Zeit zwar immer wieder unternommen worden, können in ihrer Gesamtheit jedoch als recht zögerlich und wenig verheißend bezeichnet werden. Ausdruck dieses liberalen, sich gegen jegliche obrigkeitliche Beeinflussung richtenden Gedankens waren Ansichten, die sich zum Beispiel wiederspiegeln in Aussagen wie dem eingangs bereits zitierten Satz Berners, dass „das Recht dem Unrecht nicht weichen müsse“[659].

[658] Ähnlich auch Fasten, S. 234 ff., die immerhin zwar einige Veränderungen herausstellt, aber diese nur teilweise bzw. vage in Bezug zu den politischen und gesellschaftlichen Entwicklungen setzt.

[659] Vgl. Berner, S. 107; ders. Archiv des Criminalrechts 1848, S. 562 und 577.

Schon hierdurch wird deutlich, dass liberale Ansichten eher ein starkes, das Individuum hervorhebendes und dessen Interessen stärkendes, Notwehrrecht zum Ziel hatten. Die Belange des Angreifers hingegen wurden so gut wie nicht thematisiert, vor allem da die Ansicht vorherrschte, dass dieser allein für die spätere Notwehrsituation verantwortlich sei.

Zu Beginn des 20. Jahrhunderts sind erste deutliche Tendenzen ersichtlich auch dem Angegriffenen entsprechende Einschränkungen aufzuerlegen. Damit wird schon eine auszumachende gesellschaftliche und politische Entwicklung, einhergehend damit eine in Ansätzen vorhandene Entwicklung deutlich, die sich weg von liberalen Strukturen entwickelt hat.

Eine schrittweise Zurückdrängung der trotz diverser Einschränkungstendenzen noch immer stark ausgeprägten Individualnotwehrrechte erfolgte mit dem Systemwechsel in die Diktatur entsprechend der Zurückdrängung des liberalen und demokratischen Gedankengutes bei gleichzeitig vermehrter Hervorhebung staatlicher bzw. allgemeiner Interessen. Im vermeintlichen Scheitern vorangegangener Bemühungen liberale politische, aber auch juristische Strukturen zu schaffen, sahen Vertreter des Nationalsozialismus schließlich die Bestätigung ihrer Bemühungen einer Zurückdrängung dieser Entwicklung. Individualnotwehrrechte wurden nur noch als Teil des Staates bzw. des Systems und der Gesellschaft an diesen Maßstäben gemessen, so dass letztendlich die Einschränkungen in einer generellen Ausweichpflicht gipfelten, die das Notwehrrecht des Einzelnen völlig in den Hintergrund drängten. Ausnahmen wurden nur dort zugelassen wo staatliche Interessen tangiert waren.

Während im totalitären Staatswesen, wie am Beispiel Sozialismus der DDR aufgezeigt werden konnte, zeitgleich zwar äußerlich eine Abkehr von diktatorischen Elementen erfolgte, wurde bei genauerer Betrachtung jedoch eine Anpassung des Rechtsinstituts der Notwehr an die Bedürfnisse des Systems vorgenommen. Im Unterschied zu den Veränderungen im Nationalsozialismus, wo im Wortlaut lediglich das „gesunde Volksempfinden“ als Maßstab erkennbar war, wurde hier klar und deutlich der Schutz des sozialistischen Systems im Wortlaut der Norm genannt. Das Notwehrrecht des Einzelnen wurde zugunsten gesellschaftlicher und staatlicher Interessen, die wieder vermehrt in den Vordergrund rücken, erheblich eingeschränkt. Individualinteressen sollten nur da an Bedeutung erlangen, wo sie sich mit den gesellschaftlichen und staatlichen Interessen deckten.

Es kann also gesagt werden, dass in autoritären und totalitären Staaten eine Zurückdrängung der Individualinteressen und Einschränkung der Notwehrbefugnisse bei gleichzeitiger Stärkung der Allgemeininteressen stattfand. Für die Kaiserzeit hat sich dies jedoch nicht bestätigt, was offensichtlich der Eigenheit des Systems sowie der starken Beeinflussung durch liberales Gedankengut geschuldet ist. Das deutsche Kaiserreich kann zwar, wie bereits unter diesem Punkt behandelt, als autoritäre Staatsform bezeichnet werden, doch war dieses gleichzeitig von modernen Einflüssen, u.a. dem gravierenden Wirtschaftswachstum, geprägt, weshalb die autoritären Züge offensichtlich weniger zum Ausdruck kamen.

Durch den erneuten Wechsel in demokratische Strukturen in Westdeutschland wird wieder eine gegenläufige Entwicklung ersichtlich. Die anfängliche Übernahme der noch aus dem totalitären System herrührenden restriktiven Ansichten musste zunehmend einer Entwicklung weichen, die sowohl die Belange des Angreifers, als auch die Interessen des Angegriffenen in der jeweils konkreten Notwehrsituation berücksichtigt wissen wollte. Staatliche Belange wurden wieder vermehrt in den Hintergrund gedrängt, verschwanden jedoch nie ganz. Vielmehr wurden die Interessen der jeweils an einer Notwehrsituation beteiligten Individuen vermehrt im Lichte der gesellschaftlichen Entwicklung gesehen. Begriffe wie „soziale Rücksichtnahme" bzw. „Mindestsolidarität" mit dem Angreifer wurden in wachsendem Maße zur Begrenzung des Notwehrrechts herangezogen. Entsprechend der gesellschaftlichen Entwicklung hat sich auch die Sichtweise auf die konkreten Beteiligten einer Notwehrsituation, die nunmehr nicht mehr nur nach Angreifer und Verteidiger eingeordnet wurden, geändert. Sehr deutlich wird dies z.B. mit der Herausnahme von Kollegialitäts- und anderen Verhältnissen aus dem persönlichen Nähebereich, der Betrachtung der Ehefrau als oftmals körperlich Unterlegene eines Ehekonfliktes, oder gar der Einordnung schuldunfähiger Personen, z.B. nach dem Grad ihrer Schuldunfähigkeit. Insgesamt ist damit wieder eine Stärkung der Individualinteressen in den Fokus der Betrachtung gerückt. Trotz zunehmender Einschränkungen ist jedoch im Vergleich zu autoritären und totalitären Systemen wieder ein gewisses „Mehr" an Notwehr in Form einer „Ausweitung" des Notwehrrechts zu verzeichnen.

In demokratischen Strukturen zeichnete sich also wie aufgezeigt grundsätzlich wieder eine gegenläufige Entwicklung ab. Individualrechte wurden erneut gestärkt und gesellschaftliche und staatliche Belange wurden wieder in den Hintergrund gedrängt. Aufgrund dieses Wechselspiels ist auch zu verzeichnen, dass durch zu große Einschränkungen oder umgekehrt die gesellschaftliche Einflussnahme dazu geführt hat, dass die Ausweitungen bzw. Einschränkungen stets diskutiert wurden.

Darüber hinaus hat sich durch die Untersuchung herausgestellt, dass die Entwicklung bzw. Änderung zwischen den abrupten Systemwechseln nicht etwa auch abrupt stattfand, sondern dass diese vielmehr simultan mit der gesellschaftlichen Entwicklung einherging.

Es kann darüber hinaus als Ergebnis festgehalten werden, dass durch die Einfügung unbestimmter Begriffe, wie zum Beispiel dem „gesunden Volksempfinden" aber auch dem „Verbot des Rechtsmissbrauchs", etc. immer wieder der Versuch unternommen wurde, das Notwehrrecht den Bedürfnissen des jeweiligen Systems dadurch anzupassen, dass das Notwehrrecht auslegungsbedürftig und auslegungsfähig gestaltet wurde und somit den aktuellen gesellschaftlichen und politischen Bedürfnissen und Entwicklungen angepasst werden konnte.

Durch die Untersuchung konnte jedoch aber auch herausgestellt werden, dass die immer wieder von gesellschaftlichen und politischen Veränderungen geprägten Voraussetzungen der Einschränkungen, jenseits derer ein Notwehrrecht zugestanden wird, zu größten Unsicherheiten bei den betreffenden Normadressaten geführt haben. Diese Unsicherheiten über die Einzelheiten des Notwehrrechts sind bis in die heutige Zeit feststellbar[660].

Es kann also gesagt werden, dass die Entwicklung des Notwehrrechts Spiegel der gesellschaftlichen und politischen Entwicklung ist und umgekehrt. Je nach Entwicklung des Notwehrrechts können daher möglicherweise durch die Veränderung bestimmter aufgezeigter Indikatoren auch entsprechende Tendenzen in der gesellschaftlichen und politischen Entwicklung und umgekehrt aufgezeigt werden.

---

660 Jüngst wieder bestätigt durch Kilian, Die Dresdner Notwehrstudie, Baden-Baden, 2011.

G. Schlussbetrachtung

Auch zukünftig wird das Institut der Notwehr sehr stark von den gesellschaftlichen und politischen Anschauungen der jeweiligen Zeit beeinflusst werden. Dies gilt besonders für die immer wieder von neuem kontrovers konferierten Notwehrrestriktionen, die wohl auch zukünftig in Literatur und Praxis heftig diskutiert werden. Hier sachgerechte Lösungen zu finden wird eine der schwierigen Aufgaben sein, die die Jurisprudenz in Zukunft zu bewältigen hat. Vorstehende Untersuchung hat gezeigt, dass die Geschichte der Notwehr von einer langen Diskussion um die Notwehrrestriktionen geprägt ist, die immer wieder von Ausweitungen und Einschränkungen durchzogen und geprägt war. Nebenbei hat sich, wie oben bereits angesprochen gezeigt, dass sich (wie unter anderem auch in der aktuellen Dresdner Notwehrstudie[661], oder in Petitionen jüngerer Zeit[662] immer wieder bestätigt wurde) das Institut der Notwehr, besonders die Einschränkungen betreffend, gerade den hiervon betroffenen Bürgern als Normadressaten nicht eindeutig erschließt. Die Schaffung weiterer Fallgruppen, die im Rahmen der Gebotenheit zu erörtern sind und den jeweiligen Strömungen politischer und gesellschaftlicher Art unterliegen, tragen dem Gebot der Bestimmtheit, wonach der Gesetzgeber sich so präzise zu fassen hat wie dies im Hinblick auf den Regelungsgegenstand möglich ist, sicher nicht ausreichend Rechnung. Zudem muss durch die Schaffung weiterer Fallgruppen befürchtet werden, dass sich das Wesen der Notwehr zunehmend ins Gegenteil verkehrt und durch vermehrte Einschränkungen auf eine Ebene verlagert, die dem Angegriffenen nahezu jegliche Handlungsbefugnis nimmt. Dieser würde zu der Tatsache, dass er sich durch einen oftmals unvermit-

[661] Kilian, Die Dresdner Notwehrstudie, Baden-Baden, 2011.

[662] Beispielsweise: Deutscher Bundestag, Entscheidung über die Petition 7333 vom 11.11.2010: Als Anlass für diese Petition wurden die Stärkung der Rechte des Notwehrübenden, sowie die Schaffung von Rechtssicherheit und die Stärkung von Zivilcourage genannt. Letztendlich hat der Bundestag zwar beschlossen, dass das Petitionsverfahren abgeschlossen sei, da die gewünschten Änderungen durch die Rechtsprechung des BGH bereits erfüllt sind, doch zeigt die Begründung in der Petition selbst, dass auch rechtspolitisch immer wieder eine Ausweitung der Rechte des Notwehrübenden gefordert wird. In gleichem Maße zeigt sich aber auch oben genannte Problematik, dass sich der Notwehrtatbestand den Betroffenen oft nicht ausreichend erschließt.

telten Angriff in einer Notwehrsituation befindet zusätzlich in seiner Abwehr dadurch beeinträchtigt, dass er in Bruchteilen von Sekunden (über die bisherigen Einschränkungen hinaus) zahlreiche Überlegungen anstellen müsste um eine gesetzeskonforme Abwehr vorzunehmen. Eine solche Forderung würde, abgesehen von der Unvereinbarkeit mit den gesetzlichen Grundlagen, den tatsächlichen Erfordernissen einer Notwehrsituation nicht gerecht werden, aber auch dem Grundgedanken der Notwehr zuwider laufen.

Die Diskussion der Zukunft wird sich also unter anderem auch damit zu beschäftigen haben, inwieweit bei Aufrechterhaltung maximaler Gerechtigkeit und unter Berücksichtigung des Bestimmtheitsgebotes ein möglichst klar definierter und verständlicher, aber auch den tatsächlichen Gegebenheiten einer konkreten Kampfeslage Rechnung tragender Notwehrtatbestand geschaffen werden kann. Möglicherweise kann dies nur dadurch erreicht werden, dass die bestehenden Fallgruppen weiter präzisiert werden. Die Schaffung eines möglicherweise von gesellschaftlichen und politischen Einflüssen unabhängigen Notwehrtatbestandes wird jedoch schon deshalb nicht möglich sein, weil die zwangsweise Verknüpfung beider Determinanten unabdingbare Voraussetzung der Norm ist. Demzufolge ist es unerlässlich, die Gesellschaft, an die sich letztendlich die Norm richtet, vermehrt hierfür zu sensibilisieren und Unsicherheiten auszuräumen anstatt durch widersprüchliche Urteile mehr Unsicherheit zu schaffen. Die Jurisprudenz muss sich zukünftig auch in diesem Bereich vermehrt den gesellschaftlichen Bedürfnissen öffnen und losgelöst von einer rein juristischen Diskussion die eigene Rechtsmaterie vermehrt der Gesellschaft zugänglich machen.

Kolibri 360 GmbH
Ferdinand-Jühlke-Straße 7
99095 Erfurt, Deutschland
produktsicherheit@kolibri360.de